U0452776

检察公益诉讼
实践与思考

Practice and Reflections on
Procuratorial Public Interest Litigation

杨学飞　著

法律出版社
LAW PRESS·CHINA

图书在版编目（CIP）数据

检察公益诉讼实践与思考 / 杨学飞著. -- 北京：法律出版社, 2025. -- ISBN 978-7-5244-0155-1

Ⅰ. D925.04

中国国家版本馆 CIP 数据核字第 20254YG168 号

检察公益诉讼实践与思考
JIANCHA GONGYI SUSONG SHIJIAN YU SIKAO

杨学飞 著

策划编辑 许 睿
责任编辑 许 睿
装帧设计 李 瞻

出版发行 法律出版社	开本 710 毫米×1000 毫米 1/16
编辑统筹 司法实务出版分社	印张 19.75　字数 281 千
责任校对 晁明慧	版本 2025 年 6 月第 1 版
责任印制 胡晓雅	印次 2025 年 6 月第 1 次印刷
经　　销 新华书店	印刷 北京建宏印刷有限公司

地址:北京市丰台区莲花池西里 7 号(100073)
网址:www.lawpress.com.cn　　　　　　　销售电话:010-83938349
投稿邮箱:info@lawpress.com.cn　　　　　客服电话:010-83938350
举报盗版邮箱:jbwq@lawpress.com.cn　　　咨询电话:010-63939796
版权所有·侵权必究

书号:ISBN 978-7-5244-0155-1　　　　　　　定价:85.00 元

凡购买本社图书,如有印装错误,我社负责退换。电话:010-83938349

序 言

李 浩*

公益诉讼作为与私益诉讼相对应的概念和制度,最早可追溯到古罗马时代。罗马法将法划分为"公法"和"私法",相对应的诉讼也区分为"公诉"及"私诉",是否涉及社会公共利益保护是其区分的关键。公益诉讼作为一项制度,在我国立法、司法上的历史并不久远。虽然检察机关在改革开放后就探索过民事公益诉讼,既有针对低价转让国有资产的行为,又有针对污染环境的行为提起公益诉讼,但民事公益诉讼作为一项制度写入法律,则是在2012年修订《民事诉讼法》期间。行政公益诉讼入法稍迟于民事公益诉讼,在2014年修订《行政诉讼法》时,这项制度才出现在立法中。从我国关于公益诉讼立法的内容看,都仅对公益诉讼中的核心问题作出规定,仅规定了有权提起公益诉讼的主体和公益诉讼案件的范围。在民事公益诉讼中,检察机关被定性为补充性主体,只是在无其他适格主体提起诉讼的情况下才发挥兜底作用提起诉讼;在行政公益诉讼中,检察机关是唯一被授权提起公益诉讼的主体。从实践层面看,多年来各类主体提起民事公益诉讼的案件数量表明,作为补充主体的检察机关提起案件的数量远远超过了行政机关与社会公益组织,原本应为补充主体的检察机关成为提起民事公益诉讼的主力军。

---

* 李浩:南京师范大学法学院教授、博士生导师,兼任中国法学会民事诉讼法学研究会常务副会长、中国行为法学会强制执行法研究会副会长、江苏省法学会民事诉讼法研究会会长等职。

构建公益诉讼制度期间，我对民事公益诉讼制度做过一些研究，为了了解检察机关探索公益诉讼的情况，还到江苏省人民检察院做过调研，学飞同志在江苏省人民检察院从事公益诉讼检察工作，我与他就是在那个期间认识的，后来，又和他在一起参加了几次公益诉讼方面的学术会议。他是我的小师弟，勤学善思，有一段时间常通过微信询问与探讨一些专业问题。后各自忙于自己的事情，联系渐少。近来突然与我联系，说已写出一部20余万字的研究公益诉讼著作将要出版，要我替他写个序。我虽然近期事情较多，但未忍拒其请求。

抽空一览其稿，觉得这部书稿与已有的研究成果相比较确有其特色。首先，尽管是侧重于对实践问题的思考，但对于所探讨的实践问题，也能够从理论的高度切入与分析；其次，因作者本人是检察官，奋斗在公益诉讼的一线，故眼光敏锐，关注的多为公益诉讼实践与理论研究中的热点问题；最后，书稿对一些问题做了相当深入的分析，资料数据翔实，结论也堪称精当。这部书稿，系学飞同志在工作实践基础上乘隙而作，显示其有相当的研究功力。当然书稿也存在一些不足，诸如体系不够严密，对一些问题的分析还不够周全等。

当下检察公益诉讼专门立法进入关键阶段，除了理论界的同行研究探讨外，也需要更多如学飞同志这般在一线工作的同仁对相关问题提出真知灼见。诉讼法学研究领域中，公益诉讼是关注度相当高的课题，有广阔的研究空间。学飞同志在这方面有很好的基础和条件，且愿意长期关注、研究这一问题，相信今后还会出更多的成果。

是为序。

2025 年 6 月 17 日

目 录

绪 言 　　　　　　　　　　　　　　　　　　　　　　　　001

第一章　检察公益诉讼制度的建立与发展　　　　　　　003
第一节　公益诉讼制度的引入　　　　　　　　　　　　003
一、公益诉讼的含义　　　　　　　　　　　　　　　　003
二、公益诉讼的基本特征　　　　　　　　　　　　　　005
三、2015年以前我国法律关于公益诉讼的规定及其局限性　　007
四、司法机关在公益诉讼制度构建中的努力及实践探索　　012
第二节　检察公益诉讼制度创立前检察机关公益保护探索　014
一、督促履职及督促起诉模式　　　　　　　　　　　　014
二、支持起诉模式　　　　　　　　　　　　　　　　　016
三、社会公益调查模式　　　　　　　　　　　　　　　017
四、以"民事公益诉讼人"身份提起公益诉讼模式　　　018
第三节　检察权介入公益诉讼分析　　　　　　　　　　020
一、检察机关以外的其他主体提起公益诉讼的局限性　　020
二、由检察机关提起公益诉讼的优势　　　　　　　　　024
第四节　检察公益诉讼制度的创立和迅速发展　　　　　026
一、检察公益诉讼制度设想的提出　　　　　　　　　　026
二、检察公益诉讼试点探索　　　　　　　　　　　　　027
三、检察公益诉讼制度的确立　　　　　　　　　　　　029
四、检察公益诉讼的迅速发展　　　　　　　　　　　　030

第五节　公序良俗与公益诉讼检察履职　　032
一、民法公序良俗原则的含义　　032
二、公序良俗原则在我国民事立法中的确立　　034
三、民法公序良俗原则的功能　　036
四、公序良俗原则为检察公益诉讼探索提供法律空间　　038

第二章　检察公益诉讼线索发现与立案　　041

第一节　公益诉讼案件线索发现与评估　　041
一、线索来源　　042
二、线索筛查评估原则　　043
三、线索初步筛查　　045
四、线索研判与处置　　046
五、科技赋能与群众参与　　048

第二节　检察公益诉讼立案程序选择　　049
一、现行规定　　050
二、实践做法　　051
三、问题与困惑　　052
四、选择路径　　054

第三节　检察行政公益诉讼中被监督行政机关的选择与确定　　057
一、确定被监督行政机关的原则　　059
二、确定被监督行政机关的标准　　065
三、实践中遇到的问题　　070
四、选择确定被监督行政机关的方法　　072
五、特定情况下被监督行政机关的选择与确定　　074

第三章　检察公益诉讼办案机制与办案组织　　076

第一节　检察公益诉讼一体化办案机制　　076
一、检察一体化的理论基础　　077

二、我国法律关于"检察一体"的规定 078
三、我国检察一体化的组织保障和实践 079
四、检察公益诉讼履职需要发挥检察一体化优势 080

第二节 检察公益诉讼复合型办案模式 082
一、复合型办案模式的探索和形成 083
二、特定条件下以事立案并对办案进行统一调度 085
三、在监督内容和履职方式上实现新发展 085
四、以融合思维和方式追求最优办案效果 086

第四章 检察公益诉讼调查 087

第一节 检察公益诉讼调查权运用 087
一、公益诉讼调查权的内涵及特征 087
二、有关公益诉讼调查权的规定 089
三、公益诉讼调查权运用原则 092
四、公益诉讼调查权的内容 093
五、进一步明确和加强检察公益诉讼调查权 098

第二节 公益诉讼检察听证 100
一、公益诉讼检察听证的程序定位 101
二、听证会的准备 103
三、听证会的参加人 104
四、听证意见 105
五、听证与其他程序的关系 106

第三节 检察行政公益诉讼磋商 107
一、磋商的程序定位 108
二、磋商的功能与价值 109
三、磋商的原则 111
四、规范适用磋商程序 112
五、磋商后的跟进监督 116

第五章　检察公益诉讼起诉前置程序　118

第一节　起诉前置程序制度设计及实践　119
一、检察公益诉讼起诉前置程序含义　119
二、检察公益诉讼起诉前置程序特征　120
三、检察公益诉讼起诉前置程序设置的历史变化　121
四、检察公益诉讼起诉前置程序的实践效果　123

第二节　检察民事公益诉讼起诉前置程序设置与完善　125
一、检察民事公益诉讼设置起诉前置程序的初衷　125
二、试点期间民事公益诉讼起诉前置程序实践情况　133
三、试点后对检察民事公益诉讼起诉前置程序的完善　138

第三节　检察民事公益诉讼起诉前置程序优化再思考　142
一、检察民事公益诉讼起诉前置程序规范设置　143
二、现阶段检察民事公益诉讼起诉前置程序存在的问题　146
三、进一步优化检察民事公益诉讼起诉前置程序　150

第四节　检察行政公益诉讼起诉前置程序的设置与完善　154
一、检察行政公益诉讼起诉前置程序规范分析　155
二、检察行政公益诉讼起诉前置程序设置原因分析　156
三、检察行政公益诉讼起诉前置程序的功能与价值　158
四、试点后对检察行政公益诉讼起诉前置程序的完善　160

第五节　检察行政公益诉讼起诉前置程序优化再思考　164
一、检察行政公益诉讼起诉前置程序内容分析　164
二、实践中存在的问题　167
三、进一步优化行政公益诉讼起诉前置程序　170

第六章　检察机关对公益诉讼的提起与支持　174

第一节　检察行政公益诉讼诉求的确定　174
一、行政公益诉讼请求权基础　175
二、提出行政公益诉讼诉求的原则　177

三、实践中行政公益诉讼诉求存在的问题　　179
　　四、确定行政公益诉讼诉求之路径　　180
第二节　检察行政公益诉讼证明责任分配　　184
　　一、关于证明责任的内涵及相关理论　　184
　　二、行政诉讼中的举证责任倒置　　187
　　三、检察行政公益诉讼证明责任分配主张　　188
　　四、检察行政公益诉讼的举证责任分配　　190
　　五、优化检察行政公益诉讼证明责任分配规则　　194
第三节　检察行政公益诉讼的可诉性　　196
　　一、检察行政公益诉讼形式可诉性之内容　　197
　　二、检察行政公益诉讼实质可诉性之基础　　200
　　三、提升行政公益诉讼可诉性的多维价值与意义　　203
　　四、提升检察行政公益诉讼可诉性路径　　205
第四节　检察民事公益诉讼惩罚性赔偿的适用　　209
　　一、我国民事领域惩罚性赔偿制度的建立和发展　　209
　　二、惩罚性赔偿适用在实践中遇到的问题　　212
　　三、检察民事公益诉讼提出惩罚性赔偿诉求的正当性基础　　213
　　四、提出惩罚性赔偿诉讼请求实务问题　　215
第五节　刑事附带民事公益诉讼案件的办理　　219
　　一、刑事附带民事公益诉讼的价值与功能　　219
　　二、刑事附带民事公益诉讼案件起诉条件　　222
　　三、刑事附带民事公益诉讼在实践中遇到的问题　　223
　　四、刑事附带民事公益诉讼程序的完善　　226
第六节　检察机关在公益诉讼中的支持起诉　　228
　　一、检察机关支持起诉的基础　　229
　　二、检察机关支持起诉的历史发展　　231
　　三、支持起诉面临的问题　　233
　　四、检察机关支持起诉制度的完善　　235

第七章 特定领域的检察公益诉讼和配套制度 　　238
第一节 湿地生态环境保护制度建设 　　238
一、检察机关参与湿地保护的理论基础及优势 　　240
二、中国有关湿地检察保护的法律政策现状 　　246
三、检察机关对湿地生态环境保护的实践 　　251
四、湿地生态环境检察保护遇到的困难和发现的问题 　　257
五、强化湿地生态环境检察保护建议 　　262

第二节 无障碍环境建设 　　267
一、检察公益诉讼助力无障碍环境建设 　　268
二、无障碍环境建设存在的问题 　　274
三、进一步提升无障碍环境建设水平 　　277

第三节 知识产权公益诉讼制度构建 　　280
一、司法实践提出知识产权公益诉讼问题 　　281
二、知识产权公益诉讼制度构建的法学分析 　　282
三、知识产权公益诉讼制度构建的现实需要 　　285
四、知识产权与公益诉讼制度榫合界定 　　286
五、知识产权公益诉讼内容想定 　　288

第四节 消费者权益保护公益基金的建立和发展 　　293
一、消费者权益保护公益基金的制度基础分析 　　293
二、消费者权益保护公益基金的运作模式 　　297
三、对我国消费者权益保护基金设立及运作模式的思考 　　301

后　记 　　304

绪　言

改革开放40多年来,我国经济建设取得了举世瞩目的成就,经济总量规模稳居全球第二位,工业化和城市化有了长足的进展,社会发展各方面都有了令人欢欣鼓舞、积极而又深刻的变化。但是,毋庸讳言,在取得这一巨大成绩的同时,也付出了不小的代价。

经济学将环境问题定义为环境外部不经济性,即未签订契约就以环境污染或生态破坏的形式将其生产成本的一部分强加给他人使他人利益受损。[1] 一些地方为了一时的经济发展,不惜以牺牲环境为代价,随意排放污染物,或对自然资源进行掠夺式开采,造成影响恶劣的生态灾难。"重大环境污染事件时有发生,污染环境违法犯罪行为屡见不鲜。最重要的原因在于企业的守法成本太高,违法成本太低,导致企业环境治理主体意识极其淡薄。"[2]一些企业为了追求短期的经济利益,在生产过程中掺杂掺假、以假充真、以次充好、以不合格产品冒充合格产品,甚至公然生产销售有毒有害食品药品,或者利用其优势地位,牟取不合常理的暴利,实行价格歧视,搭售不相关产品,订立格式合同,排除、限制消费者的正当权益。一些人为了追求自身利益的最大化,以不正当手段侵占、损害国家、社会的公共资源和利益。这些行为和现象的大量出现及存在,严重侵害了社会公共利益,在很大程度上毒害了社会风气,扰乱了市场秩序,也破坏了国家的法制。

就社会公共利益被侵害,得不到有效保护的原因来说,并不仅仅是行为人

---

[1]　参见李云燕:《环境外部不经济性的产生根源和解决途径》,载《山西财经大学学报》2007年第6期。

[2]　参见夏道虎:《中国环境司法改革之江苏实践》,江苏凤凰文艺出版社2020年版,第173页。

法律意识淡薄,在利益驱动之下,以牺牲公共利益为代价来追求个人私利,其根源实际上是多方面的,公共利益维护救济法律制度的缺失无疑也是非常重要的因素之一。为改变这种状况,从国家层面上来说,需要在转变发展理念、修改法律规范、完善制度设计、改革司法实践等多方面进行努力,于是检察公益诉讼制度应运而生。

检察公益诉讼制度从顶层设计到实践落地,从初创开拓到发展完善,形成了习近平法治思想的标识性概念、原创性成果。[①] 2014年10月,习近平总书记在党的十八届四中全会上作《关于〈中共中央关于全面推进依法治国若干重大问题的决定〉的说明》,首次提出"探索建立检察机关提起公益诉讼制度"[②]。2015年7月1日,十二届全国人大常委会第十五次会议通过《全国人民代表大会常务委员会关于授权最高人民检察院在部分地区开展公益诉讼试点工作的决定》(以下简称《授权决定》),开始在13个省、自治区、直辖市试点探索检察机关提起公益诉讼。经过两年的试点探索,在取得成效、积累经验的基础上,又于2017年6月通过修改法律将检察公益诉讼改革成果固定下来。2017年7月1日,修改后的《民事诉讼法》《行政诉讼法》正式施行,公益诉讼检察工作全面推开。为适应新的形势发展,党的二十大报告又专门部署"完善公益诉讼制度",2023年9月十四届全国人大常委会立法规划把制定"检察公益诉讼法"列入一类项目,从而为进一步完善检察公益诉讼制度确定了基本路径。

在检察公益诉讼开始进入专门立法阶段之时,笔者结合试点以来多年参与公益诉讼检察实践的经验,对工作中遇到的一些问题力所能及地进行探讨和思考,并尝试提出相应的建议,以求为这一制度的完善和当下正在推进的立法工作贡献涓埃之力。

[①] 参见闫晶晶:《检察公益诉讼制度十年发展历程回眸》,载《检察日报》2024年12月20日,第2版。

[②] 参见《中共中央关于全面推进依法治国若干重大问题的决定》,人民出版社2014年版,第57页。

第一章　检察公益诉讼制度的建立与发展

相对于普通的私益诉讼,公益诉讼有其自身的诉讼特点和规律。公益诉讼本身又包括民事公益诉讼和行政公益诉讼,两者领域范围不同,在程序上也存在明显差异。本章主要以检察公益诉讼为视角,回顾和总结一下包括检察公益诉讼在内的公益诉讼制度在我国建立发展的历程,弄清楚这一制度构建所蕴含和体现的法治观念、理论基础,方能理解这一过程和结果的内在逻辑必然性。

第一节　公益诉讼制度的引入

公益诉讼作为一项制度,在我国立法、司法上的历史并不久远,2012年修改《民事诉讼法》时才算是正式确立下来。公益诉讼这些年来在我国经历了从无到有、从初创到完善的过程,尤其是检察公益诉讼异军突起,检察机关以国家法律监督机关的身份介入公益诉讼领域,极大地推动了公益诉讼在实践中和理论上的发展成熟。实际上,在我国立法正式引入公益诉讼制度之前,学界及司法实务中对于公益诉讼的理论探讨与实践探索已经进行了多年,并积累了相当多的成果和经验。

一、公益诉讼的含义

对于什么是公益诉讼,国内外不少学者都进行过相应的思考,并提出了自己的看法。不过,公益诉讼概念本身是很难给予精确界定的,因此一直没有一个人们都能接受的解释。从国内外学者对公益诉讼的定义来看,公益诉讼的概念可以分为广义和狭义两种。狭义论者多认为,只有那些纯粹为了公共利益而提起的诉讼,才能归属于公益诉讼。① 易言之,原告起诉不能是为了自己的利益,甚至不能带有自己的利益,而只能是完全为了公共利益而起诉。广义论者多认为,所谓公益诉讼是指涉及公共利益或者具有公共利益的诉讼。② 在广义论者看来,只要诉讼涉及公共利益,或者某些环节、方面牵涉公共利益的因素,即可归为公益诉讼。③

就狭义论者来说,将公益诉讼完全限定于为了除原告之外的不特定多数人的利益而提起的诉讼,而将原告自身利益也同样受到侵害的情形排除在外,可能失之过狭,而且不利于对公益的保护及对投身公益的鼓励;而就广义论者来讲,将所有具有公共利益因素的诉讼均称为公益诉讼,似又过于宽泛,有些诉讼仅仅具有些许公益因素,实质上仍是原告为自身权益而提起的私益诉讼,并无将之归入公益诉讼之必要。因此,要准确定义公益诉讼,尚需在狭义和广义之间找到一个符合实际情形的平衡。

在借鉴前人研究成果的基础上,结合近年来我国公益诉讼的实践和制度发展,基本上可以提出这样一个相对合理的公益诉讼定义,即所谓公益诉讼可以认定为适格主体根据法律授权,就实际上侵害社会公共利益或者对社会公共利益有侵害之虞的行为,向法院提起的一种特别诉讼。从我国公益诉讼探索和制度构建的路径来看,我国的公益诉讼制度是从普通民事诉讼和行政诉讼制度发展而来,是对传统民事诉讼和行政诉讼格局进行改造和突破的结果。

公益诉讼作为与私益诉讼相对应的概念和制度,最早可追溯到古罗马时代。在古罗马早期,国家颁布法律更侧重某个具体人的利益,而公益却不在最初法律制定者的考虑之内,人们也更关注切身利益是否受损。人人只关注私益就导致"公地悲剧"的发生,虽然人人都是利益攸关者,但最后的结果是因为缺

---

① 参见潘申明:《比较法视野下的民事公益诉讼》,法律出版社 2011 年版,第 13 页。
② 参见解志勇:《论公益诉讼》,载《行政法学研究》2002 年第 2 期;林莉红:《亚洲六国公益诉讼考察报告》,中国社会科学出版社 2010 年版,第 7 页。
③ 参见林莉红:《亚洲六国公益诉讼考察报告》,中国社会科学出版社 2010 年版,第 7 页;Christian Schall, *Public Interest Litigation Concerning Environmental Matters Before Human Rights Courts: A Promising Future Concept*, 20 L. Envtl. L. 2008, P. 417.

乏明确的责任人,导致没有人对侵害行为予以制止。人们逐渐认识到,公共利益的维护只有授予具体的个人或者法律拟定具有独立人格的代表,才能避免公共利益受到侵害而无救济的局面出现。在古罗马时期,由于保护公益的政权机构不健全,遂授权市民代表社会集体进行起诉,这是公益诉讼的起源。①

罗马法将法划分为"公法"和"私法",相对应的诉讼也区分为"公诉"及"私诉",是否涉及国家利益保护是其区分的关键。② 在罗马法中,私益诉讼是保护个体权利的诉讼,仅特定的人才可提起;而公益诉讼是保护社会公共利益的诉讼,除法律有特别规定外,所有市民均可提起。由于当时国家并未设置专门的控诉机关,因此在古罗马无论是私益诉讼,还是公益诉讼,实际均由私人提起。

公益诉讼制度源于国家利益和社会公共利益亟待保护的需求,但从本质上讲,公益诉讼制度,无论是民事公益诉讼还是行政公益诉讼,均发轫于传统的民事诉讼和行政诉讼。公益诉讼也就是将原来在主要关注私益诉讼的司法实践中不具有诉的利益和诉的可能性的一些诉讼接纳进来,以达到通过司法救济来维护法律秩序、保护社会公共利益的目的。

二、公益诉讼的基本特征

作为现代社会中一类与私益诉讼相区别的新型诉讼,公益诉讼具有以下特征。

(一)公益诉讼的核心在于其公益性

私益诉讼中,双方当事人关注的是自身的权利和义务,法院通过审判活动来解决作为平等主体的私人之间发生的普通财产或者人身权益的纠纷。公益诉讼则不然,它的诉讼标的已经超越了私人纠纷的领域,带有鲜明的公共性。污染环境、侵害众多消费者合法权益等行为,对社会公共利益造成了重大侵害,

---

① 参见张雪樵:《检察公益诉讼比较研究》,载《国家检察官学院学报》2019年第1期。
② 参见周枏:《罗马法原论》,商务印书馆2001年版,第995页。

是普通的私益诉讼所无法解决的,法院在裁判案件时不能仅仅考虑这些行为对某一个具体个体的侵害,更要将其对整个社会公共利益的损害纳入考量。因此,公益诉讼的核心意义就在于其是为整个社会的公益而诉,而非专注于个人利益之得失。

(二)公益诉讼的提起主体具有特定性

私益诉讼的原告必须是争议法律关系的一方,即要求对案件有直接的利害关系,否则法院不予受理。公益诉讼则突破了与案件有"直接利害关系"的限制,只要适格的机关、组织认为行为人的行为侵害了社会公共利益,就有权向法院提起诉讼,而并不要求其对待决事实具有诉的利益,将来还有可能放宽到个人。由于不再要求主体有"直接利害关系",为防止出现滥诉,在司法实践中往往会对公益诉讼的提起主体进行适当的限制。根据《行政诉讼法》(2017年6月修正)第25条的规定,只有检察机关可以依法提起行政公益诉讼;而《民事诉讼法》(2023年9月修正)第58条第1款规定:"对污染环境、侵害众多消费者合法权益等损害社会公共利益的行为,法律规定的机关和有关组织可以向人民法院提起诉讼。"可见,现阶段除英雄烈士保护领域外,在我国能够提起民事公益诉讼的主体仅限于法律规定的机关和有关组织,个人尚不包括在内。[①]根据《环境保护法》《消费者权益保护法》《个人信息保护法》等法律规定,目前符合条件的机关仅限于检察机关,省级、市级人民政府及其指定的相关部门、机构,或者受国务院委托行使全民所有自然资源资产所有权的部门,行使海洋环境监督管理权的部门;有关组织主要包括符合条件的从事环境保护公益活动的组织、省级以上的消费者权益保护组织以及国家网信部门确定的组织。

(三)公益诉讼提起主体处分权的限制性

公益诉讼所涉及的是社会的公共利益,而非诉讼提起者本人的私利,因此

---

① 个人不能提起公益诉讼实际上并不绝对。根据《英雄烈士保护法》第25条第1款的规定,在英雄烈士保护领域,对侵害英雄烈士的姓名、肖像、名誉、荣誉的行为,英雄烈士的近亲属可以向法院提起诉讼。但对于英雄烈士近亲属依据该条款规定所提起的诉讼是否为公益诉讼存在争议。

提起人不能像在私益诉讼中任意处分自己的权利那样来处分社会公共利益。因此,法律一般会对公益诉讼中提起人的处分权进行一定程度的限制。如在一般的私益诉讼中,在宣判之前原告可以随时申请撤诉,法院一般都裁定予以准许,而公益诉讼则不然。根据《最高人民法院关于适用〈中华人民共和国民事诉讼法〉的解释》(2022年修正)第288条的规定,公益诉讼案件的原告只能在法庭辩论终结前申请撤诉,如果在法庭辩论终结后提出申请,法院将不予准许。而《最高人民法院关于审理环境民事公益诉讼案件适用法律若干问题的解释》(2020年12月修正)(以下简称《环境民事公益诉讼解释》)第16条也规定:"原告在诉讼过程中承认的对己方不利的事实和认可的证据,人民法院认为损害社会公共利益的,应当不予确认。"

(四)公益诉讼审理程序的开放性

在私益诉讼一旦被提起,除了继承等纠纷外,原被告的人数原则上是确定的,第三人如认为对诉讼标的有独立的请求权或案件处理结果同其有法律上的利害关系,可以第三人的身份参加诉讼。在公益诉讼中,法院受理案件后,依法可以提起诉讼的其他机关或者组织,均可以在开庭前申请参加诉讼,法院审查后准许的,列为共同原告。另外,对于公益诉讼案件,如果当事人达成和解或者调解协议,法院则要将协议内容予以公告,以便让社会公众知情和监督。

(五)公益诉讼判决效力的扩张(散)性

在私益诉讼中,民事判决的效力一般仅及于诉讼当事人,而不具有"对世效力"。在公益诉讼中,并非所有的被侵害人都参加了案件的审理,但这些受害者被法律拟制为一个群体,由特定的机关、组织或者个人作为代表提起诉讼,法院最终作出的判决的效力扩散及于该群体的所有成员。从这个意义上来说,公益诉讼的判决具有某种"对世性",其法律效力具有一定程度的扩散性。

三、2015年以前我国法律关于公益诉讼的规定及其局限性

由于对公益诉讼的客观需要,进入近代以后以法国、德国为代表的大陆法

系国家以及以英国、美国为代表的普通法系国家,多根据自身国情逐步确立了各具特色的公益诉讼制度。如法国 1806 年《民事诉讼法》和《法院组织法》规定了检察机关可以为维护公共秩序提起公益诉讼。① 1863 年德国巴登州《内部行政组织法》率先规定了公益代表人制度,"二战"后德国国家全面构筑了从中央到各州的完整的公益诉讼制度。在德国,高等联邦检察官(后为联邦利益代表人)、州公益代表人可以作为诉讼一方当事人参与公益诉讼。② 在英国,总检察长是王室最高法律顾问和代表,代表国家起诉或应诉,可以监督、指导和进行"一切重要或者困难的案件,或者在特殊情况下的案件,或者个人不愿起诉或因失败不愿进行的案件"的起诉工作。③ 英国检察官在案件起诉过程中除了证据审查外,还要进行公共利益审查,是否起诉完全取决于检察官在证据审查和公共利益审查后的自主判断。④ 美国继受英国法律模式,由联邦及州检察长作为法律及公益之代表,为维护公共福祉,可由检察长或其下属官员参与法院的程序。⑤ 除了由国家机关代表公益提起诉讼之外,根据美国、日本等国家的法律制度,公益诉讼也可以由个人发起。

就我国来说,如果不考虑 1949 年以前的旧法统及 1978 年以前一段时期内《宪法》(1954 年)、《中央人民政府最高人民检察署试行组织条例》(1949 年)等法律文件赋予检察机关范围广泛的一般监督权的历史情况,我国法律在 2012 年以前并没有纯粹意义上的公益诉讼制度设计,只是一些具体法律规定带有一些公益色彩。2012 年以后,我国法律关于公益诉讼的规定开始出现,公益诉讼制度初见峥嵘。但在 2015 年检察公益诉讼试点之前,法律关于公益诉讼的规定仅见于《民事诉讼法》,不仅条文很少,而且过于原则,存在操作性不强等情况。

2012 年 8 月 31 日,十一届全国人大常委会第二十八次会议审议通过了

---

① 参见任允正、刘兆兴主编:《司法制度比较研究》,中国社会科学出版社 1996 年版,第 31 页。
② 参见魏武:《法德检察制度》,中国检察出版社 2008 年版,第 243 页。
③ 参见[英]A. D. K. 欧文等:《英国人之生活与思想》,王学哲译述,商务印书馆 1945 年版,第 114~116 页。
④ 参见张建伟:《比较法视野下检察机关的主导作用》,载《国家检察官学院学报》2022 年第 1 期。
⑤ 参见潘申明:《比较法视野下的民事公益诉讼》,法律出版社 2011 年版,第 220~225 页。

《关于修改〈中华人民共和国民事诉讼法〉的决定》。在本次修订中,增加了一条,作为《民事诉讼法》第55条①,即"对污染环境、侵害众多消费者合法权益等损害社会公共利益的行为,法律规定的机关和有关组织可以向人民法院提起诉讼"。该条款虽然是立法的一小步,但对于公益诉讼制度来说却是迈出了从无到有的一大步。至此,公益诉讼在我国民事诉讼中得以正式占有一席之地。

根据2012年《民事诉讼法》第55条的规定,在我国能够提起公益诉讼的主体在现阶段仅限于法律规定的机关和有关组织,个人是不能提起的。② 至于法律规定的机关和有关组织具体包括哪些主体,《民事诉讼法》并未明确。在2012年《民事诉讼法》修正案通过之时,相关的法律除了1999年《海洋环境保护法》第90条③笼统模糊的规定,使行使海洋环境监督管理权的部门有可能提起公益诉讼之外,尚无其他法律涉及公益诉讼原告资格的规定。不过,立法机关在2013年10月修改《消费者权益保护法》时增加的第47条,规定了中国消费者协会以及在省、自治区、直辖市设立的消费者协会可以对侵害众多消费者合法权益的行为向法院提起诉讼;2014年4月修改《环境保护法》时增加的第58条,规定了符合条件的社会组织对污染环境、破坏生态,损害社会公共利益的行为可以向法院提起诉讼。④

此外,2012年《民事诉讼法》第15条规定:"机关、社会团体、企业事业单位对损害国家、集体或者个人民事权益的行为,可以支持受损害的单位或者个人

---

① 现为第58条第1款。
② 虽然《英雄烈士保护法》第25条规定,对侵害英雄烈士的姓名、肖像、名誉、荣誉的行为,英雄烈士的近亲属可以依法向人民法院提起诉讼,此类诉讼虽带有公益色彩,但本质上还是为自身权益提起的诉讼,不能称为公益诉讼。只有检察机关提起的保护英雄烈士的姓名、肖像、名誉、荣誉的诉讼,才是法律意义上的公益诉讼。
③ 《海洋环境保护法》第90条规定:"造成海洋环境污染损害的责任者,应当排除危害,并赔偿损失;完全由于第三者的故意或者过失,造成海洋环境污染损害的,由第三者排除危害,并承担赔偿责任。对破坏海洋生态、海洋水产资源、海洋保护区,给国家造成重大损失的,由依照本法规定行使海洋环境监督管理权的部门代表国家对责任者提出损害赔偿要求。"
④ 《环境保护法》第58条规定:"对污染环境、破坏生态,损害社会公共利益的行为,符合下列条件的社会组织可以向人民法院提起诉讼:(一)依法在设区的市级以上人民政府民政部门登记;(二)专门从事环境保护公益活动连续五年以上且无违法记录。符合前款规定的社会组织向人民法院提起诉讼,人民法院应当依法受理。提起诉讼的社会组织不得通过诉讼牟取经济利益。"可见,《环境保护法》对提起环境民事公益诉讼的社会组织的限制还是比较严格的。

向人民法院起诉。"检察机关在实践中往往依据该条规定,支持有关单位、组织向法院提起民事公益诉讼。但该条规定不够具体,在实践中可操作性比较差,主要体现在以下方面:

1. 没有规定支持起诉的具体方式。有观点认为,支持起诉的具体方式可以包括"向他们宣传法律知识、提供法律咨询服务,使他们熟悉法律所规定的权利义务,提高法制观念,加强法律意识,敢于和善于运用法律武器维护自己的合法权益;也可以经他们同意,接受他们的委托或者推荐律师当他们的诉讼代理人,帮助他们维护合法权益;也可以向他们提供物质帮助,如代交诉讼费、律师费等"①。但是,由于条文中没有明确的规定,实践中采取的具体方式多种多样,如有的检察机关采取了派员出庭的方式支持起诉,但是持反对意见的人却认为检察机关派员出庭支持起诉没有法律依据。②

2. 没有明确支持起诉是否可以用于公益诉讼。由于该条款规定了可以支持受损害的单位或者个人起诉,但是在公益诉讼案件中,提起公益诉讼的主体一般是负有某种义务的机关或者有关组织,而这些作为诉讼发起者的机关或组织,其自身利益往往并未受到损害,因此实践中有人认为检察机关不能支持自身利益受到损害的机关或者组织提起民事公益诉讼。

不过无论怎么说,2012年《民事诉讼法》在因应公共利益保护问题上还是迈出了一大步,首次明确规定了公益诉讼制度。该法第55条③对公益诉讼做了原则性的规定,但是由于该条文的规定同样存在不够明确具体的情况,在实践中往往容易产生不同的理解,主要表现在以下方面:

1. 立法技术上的问题。根据《民事诉讼法》第55条的规定,提起公益诉讼的主体是法律规定的"机关和有关组织",还是"法律规定的机关"和"有关组织",从字面上看很容易产生歧义。如果单从法理的角度进行理解,该条应该是指"法律规定的机关"和"有关组织"。因为对于公权力机关来说,应当是法

---

① 王胜明主编:《中华人民共和国民事诉讼法释义:最新修正版》,法律出版社2012年版,第27页;唐玉玲、苏锡飞:《检察机关出庭支持起诉民事案件之据及实践应对》,载《中国检察官》2013年第12期。

② 参见高飞、刘奇:《检察机关民事支持起诉制度的实践把握》,载《中国检察官》2024年第9期。

③ 现为第58条。

无明文规定不可为,而对于民间的社会组织来说,应当是法无明文禁止即可为,所以该条中作为原告的机关必须是经法律明确规定或者授权的,而有关组织则无须由法律明确规定,但从后来的立法活动和司法实践来看,实际上是采用了第一种从严解释。

2. 在适用范围上存在不同理解和认识。该条仅规定了"污染环境、侵害众多消费者合法权益等损害社会公共利益的行为"可以提起公益诉讼,而对于污染环境、侵害众多消费者合法权益以外的其他领域损害社会公共利益的行为,或者损害国家利益的行为是否可以提起公益诉讼,缺乏明确表述,容易产生歧见。因此,该条存在适用范围狭窄的问题。当然,该条表述也有我国公益诉讼尚处于起步阶段,适用范围不宜过宽的考虑。

在这一阶段,除《民事诉讼法》外,关于公益诉讼的法律依据,还体现在《环境保护法》中。1989 年《环境保护法》第 6 条规定:"一切单位和个人都有保护环境的义务,并有权对污染和破坏环境的单位和个人进行检举和控告。"不过,2014 年修改后的《环境保护法》将"并有权对污染和破坏环境的单位和个人进行检举和控告"的内容删去。1989 年《环境保护法》的上述规定在过去的一段时期内曾经是提起公益诉讼的重要法律依据,但是在实践中也存在以下问题:

1. 扩大了提起公益诉讼主体的范围。"一切单位和个人"的表述过于宽泛,实际上等于对提起公益诉讼的主体没有任何限制,也超越了《民事诉讼法》对于原告范围的规定,可能导致诉权的滥用。

2. 监督方式不明确。实践中,对于"检举和控告"有不同的理解,有的观点认为检举和控告包括提起民事诉讼,而有的观点认为仅仅是指向负有相应职责的行政机关或者司法机关检举或者控告,而不包括提起诉讼。①

2014 年《环境保护法》删去该内容后,解决了上述问题,但是仍然存在一些值得商榷的地方:一是对可以提起公益诉讼的社会组织进行了规定,但并没有明确规定生态环境保护主管部门是否可以提起公益诉讼;二是规定可以提起公

---

① 参见李潇:《投诉举报人行政诉讼原告资格问题研究》(郑州大学 2021 年法律硕士学位论文),载硕士电子期刊 2022 年第 5 期。

益诉讼的社会组织为"专门从事环境保护公益活动连续五年以上且无违法记录",就目前而言过于苛刻。以江苏省为例,在这一时期全省还有不少地级市根本不存在符合这一条件的社会组织,有的是没有成立,有的是成立的时间尚未达到5年。

四、司法机关在公益诉讼制度构建中的努力及实践探索

由于《民事诉讼法》对公益诉讼的规定过于原则,在司法实践中缺乏可操作性,最高人民法院为了解决法律适用中的具体问题,在一个较短的时间内先后两次就公益诉讼问题作出司法解释。一是2014年12月8日通过的《环境民事公益诉讼解释》,该解释主要是对环境民事公益诉讼进行了规定;二是2014年12月18日《最高人民法院关于适用〈中华人民共和国民事诉讼法〉的解释》在第十三部分专列"公益诉讼",对包括因污染环境、侵害众多消费者合法权益等损害社会公共利益而提起的公益诉讼进行了规定。

根据《环境民事公益诉讼解释》第11条的规定,检察机关、负有环境资源保护监督管理职责的部门及其他机关、社会组织、企业事业单位依据《民事诉讼法》第15条的规定,可以通过提供法律咨询、提交书面意见、协助调查取证等方式支持社会组织依法提起环境民事公益诉讼。因此,在这一阶段最高人民法院对于检察机关等机关、社会组织、企事业单位采用支持起诉方式开展公益诉讼工作是支持和认可的。与《民事诉讼法》相比,该司法解释规定的内容更加明确,也相应具有更强的操作性。

《环境民事公益诉讼解释》第11条规定虽然有很大进步,但是囿于《民事诉讼法》等基本法律并未明确授权检察机关可以提起公益诉讼,最高人民法院只对检察机关采用支持起诉的方式进行明确,而并未规定检察机关可以直接提起民事公益诉讼。而且该司法解释对于支持起诉方式的列举式规定明显范围较窄,特别是对于检察机关可否派员出庭支持起诉语焉不详。虽然审判机关的主流观点认为检察机关可以派员出庭支持起诉,但是由于没有具体的法律和司法解释予以明确,在实践中容易受到质疑。

虽然法律在2012年以前并没有纯粹意义上的公益诉讼制度设置,但一些具有公益保护意识的个人,借助于私益诉讼的机制,也提起了一些具有公益诉讼色彩的案件,一些地方的检察机关也在公益诉讼方面进行了积极的实践。例如,1996年的丘某某诉某公用电话亭案被称为中国公益第一案,因为某公用电话亭不执行邮电部"夜间、节假日长话收费半价"的规定,多收了丘某某电话费0.6元,丘某某根据《消费者权益保护法》第49条①的规定向法院起诉,要求公用电话亭双倍赔偿1.2元,并要求公用电话亭摘下未载明半价规定的资费表,向其赔礼道歉。在这一阶段,除了公民个人,一些地方检察机关也积极参与了公益诉讼的实践和探索。如1996年河南省方城县人民检察院提起诉讼的案件,因为方城县独树镇工商所将国家划拨给该所的办公用房出售给汤某,违反了《城镇国有土地使用权出让和转让暂行条例》的规定,造成国有资产流失,方城县人民检察院将买卖双方诉至法院,要求确认买卖协议无效,并最终获得法院的支持。

2012—2015年,虽然公益诉讼已经得到法律的认可,但由于受到各种条件的限制,由有关组织提起的公益诉讼案件数量总数不多。不过,一些敢于尝试的环保组织以自己的名义提起了真正法律意义上的公益诉讼案件。2012年12月以和解结案的自然之友、重庆绿联会、曲靖市环保局诉云南陆良化工厂铬污染案成为环保组织提起公益诉讼的第一案。② 2014年由泰州市人民检察院支持起诉的泰州市环保联合会诉泰州市常隆、锦汇等6家化工企业违法偷排危险废物污染环境案,成为2014年《环境保护法》通过后全国首例由环保组织提起的环境公益诉讼,最终1.6亿余元的赔偿数额也在较长一段时间内使其成为判

---

① 《消费者权益保护法》(1993年)第49条规定:"经营者提供商品或者服务有欺诈行为的,应当按照消费者的要求增加赔偿其受到的损失,增加赔偿的金额为消费者购买商品的价款或者接受服务的费用的一倍。"

② 参见《环境公益诉讼第一案带来的新启示》,载新华网官方微博2020年8月10日,https://mr.mbd.bsidu.com/r/1BzKd31XSkU? f = cp&rs = 1866081257&ruk = jeDx9aQk7omYFIRGvtwaJg&u = ac392d434f0fd740&urlext = %7B%22cuid%22%3A%22g8BQiYil – a_1iS8A0u2Dagal2i_eu2a9Y8HmiYuOSiKo0qqSB%22%7D。

赔额度最高的环境保护公益诉讼案。①

第二节　检察公益诉讼制度创立前
　　　　检察机关公益保护探索

2015年7月，全国人大常委会授权检察机关开展公益诉讼试点工作，检察公益诉讼制度的构建迈出第一步。但在此之前，在公共利益保护的客观需求之下，检察机关依据当时的法律规定，立足检察职能，已经在较长的一段时间里开展了理性、有限、有益的公益保护探索。2011年至2016年10月，江苏省检察机关通过督促履行职责、督促起诉、支持起诉、开展公益调查等多种方式，积极办理公益检察保护案件5000余件，帮助挽回国有资产或者公益损失共计30余亿元。②

无论是在实践中还是在理论探讨上，检察机关参与公益诉讼的方式都不止一种，并且在实践中各种方式还可以相互补充、各取其长。下面以检察机关在2015年以前所开展的公益检察保护的实践探索为样本，考察和分析检察机关参与公益诉讼的方式及其价值。

一、督促履职及督促起诉模式

长期以来，基于我国检察机关的宪法定位和职责属性，在实践中不少人都认为，检察机关在履行职责过程中，如果发现对国家利益和社会公共利益负有监管维护职责的单位或部门怠于履行或不履行其法律规定的职责，基于自身法律监督机关的职能定位，可通过向相关单位和部门发出督促履职的检察建议、

---

① 参见《首例赔偿超亿元环保诉讼案：泰州6企业赔环境修复费1.6亿》，载人民日报官方微博2018年12月12日，https://mo.mbd.baidu.com/r/1BzMcU9EWQM？F = cp&rs = 3299654165&ruk = jeDx9aQk7omYFIRGvtwaJg&u = 00663f8aec6543d9&urlext = %7B%22cuid%22%3A%22g8QiYil - a_1iS7A0u2Daga12i_eu2a9Y8HmiYuOSiKo0qqSB%22%7D。

② 参见马超：《江苏检察机关：积极开展公益诉讼工作探索与实践》，载《法制日报》2016年10月30日，第2版。

督促(建议)起诉意见书等方式,督促其通过提起诉讼或采取其他有效措施,依法及时履行维护国家利益和社会公共利益的职责。

在2015年之前,全国各地都有一些检察机关在督促履职及督促起诉方面进行过探索。以江苏省检察机关为例,2011—2015年江苏省检察机关通过督促履行职责、督促起诉方式开展的公益保护案件有2164件。如南京市人民检察院在2012年通过检察建议,督促南京市六合区国土局成功依法追缴国有土地使用权出让金1.8亿元。①

检察机关督促负有监管职责的部门或者单位依法履职或者提起诉讼,实际上是检察机关法律监督履职方式之一。我国《宪法》规定了检察机关是法律监督机关,检察机关对行政权的监督,从本质上来说,就是在履行法律监督职责。当然,检察权在运作中并非与行政权等同,而是两者相互制约。从本质上来讲,检察权与行政权在实际运行中的监督与被监督的关系,体现了我国国家机关之间相互制约、相互配合以准确有效地执行法律的原则。

从理论上看,基于行政权的主动性,检察权对行政裁量权必须保持相应的理性和尊重。检察权对行政权进行有限监督时,又体现为一定的优先权或优位权,以保障监督权的正常运行。② 此种由检察机关督促行政机关正确履行职责或提起诉讼,而非由检察机关代行其职责的方式,也遵循了检察权对行政权的尊重,体现了有限监督、事后监督的原则。

通过检察机关督促履职来维护国家利益、社会公共利益的方式,虽然有其积极性和灵活性,但是单纯采用这种模式也存在缺乏刚性等不足。在最初的探索过程中就已经发现,检察机关发出督促意见后,如果出现负有监管职责的单位或者部门不予理睬的情况,检察机关则缺乏后续跟进的监督措施。对此,检察机关应当探索运用有效的后续跟进措施。当时普遍认为,可以考虑的措施包括移送涉嫌职务犯罪或渎职犯罪线索、对行政机关提起行政公益诉讼、对侵权人提起民事公益诉讼,等等。

---

① 参见《南京:"督促履职"追缴近1.8亿元土地出让金》,载最高人民检察院官网,https://www.spp.gov.cn/spp/dfjcdt/201212/t20121219_47698.shtml?_refluxos=a10。
② 参见傅国云:《行政检察监督研究:从历史变迁到制度架构》,法律出版社2014年版,第117页。

二、支持起诉模式

当国家利益、社会公共利益受到损害或有受到损害的现实危险时,检察机关可以通过支持适格主体提起诉讼,要求违法侵权主体停止侵害、排除妨害、消除危险、恢复原状或者赔偿损失,以维护国家利益和社会公共利益。这种模式是被授权提起公益诉讼之前,检察机关开展公益诉讼探索与实践中最主要也最为有效的途径之一。在此前较长的一段时间内,各地检察机关通过支持起诉的方式维护国家利益和社会公共利益,收到了明显的成效。如2014年江苏省泰州市人民检察院支持泰州市环保联合会对泰州常隆农化有限公司等6家公司提起环境污染侵权赔偿公益诉讼,最终法院采纳了检察机关的支持起诉意见,判决被告赔偿1.6亿余元环境修复费用。[1]

对民事诉讼而言,一般来讲是由民事权益受到损害的公民、法人或者其他组织向人民法院提起诉讼,无须其他机关、组织或者个人的介入和干预。但是在特殊情况下,如果受损害的单位或者个人处于弱势地位,凭借其自身的力量无法独立维护其正当权益,则需要有关机关、团体、单位给予支持,以帮助其实现诉讼权利。

在民事公益诉讼中,社会公共利益遭到侵害,往往表现为不特定多数人的利益受到侵害,而让每个利益受到侵害的个体单独起诉是不现实的。在未形成有效的公益诉讼激励机制的情况下,让众多的个体选出代表进行诉讼同样不现实。因此,需要立法机关授权法律规定的机关和有关组织提起公益诉讼。有种观点认为,法律规定的机关和有关组织并非居于弱势地位,由检察机关支持其起诉不符合立法本意。公益诉讼制度的建立主要是弥补传统民事诉讼理论中直接利害关系规则的欠缺,其首要目的并非与侵权人形成均势,而是解决在损害公共利益的案件中,因受害人具有不特定性,出现无人起诉的问题。[2]

---

[1] 参见《"天价环境公益诉讼案"二审维持原判》,载最高人民检察院官网,https://www.spp.gov.cn/ztk/2015/2014jcz/rc_2300/201503/t20150316_93219.shtml?_refluxos=a10。

[2] 参见谢凡:《环境民事公益诉讼当事人地位论——从该诉的特殊性出发》,载《新疆大学学报(哲学·人文社会科学版)》2019年第5期。

提起公益诉讼的机关和组织所代表的是不特定多数人的利益,在有关组织诉讼担当动力不足、能力偏弱,使公共利益得不到有效救济的情况下,检察机关支持其起诉符合立法本意。作为支持起诉机关的检察机关并非当事人,不具有当事人在诉讼中的质证、答辩等权利,不会打破诉讼平衡。当然,支持起诉方式也存在一些欠缺,主要表现在支持起诉的具体方式不够明确,检察机关是否可以出庭支持起诉、出庭时享有哪些权利,很长时间内缺乏具体明确的规定。

三、社会公益调查模式

针对社会公共利益受侵害的情况,检察机关可以组织进行深度专业调查并形成调查报告,以检察建议方式督促相应行政机关依法积极履职或转化为人大代表建议、政协委员提案等,从而达到维护社会公共利益的目的。苏州检察机关较早发起这一模式,其成效也较为典型。

发轫于 2007 年的苏州检察机关公益调查,把生态环境保护作为重要内容,针对可能危害生态环境的事件,主动展开调查,形成检察建议,推动相关部门齐抓共管、落在实处。苏州市人民检察院于 2011 年制定出台了《苏州市人民检察院关于开展检察机关社会公益调查工作的暂行办法》,对公益调查的范围、程序、手段以及调查成果转化方式等进行了明确规定。2012 年 5 月,苏州胥江水质出现异常情况,可能为太湖取水口水质污染。面对生态危机,苏州市检察院及时启动公益调查,剖析存在的问题,向相关部门提出对策建议,促成市政府完善管理机制、制定治污时间表。2011 年至 2013 年 4 月,苏州检察机关对古城保护、太湖水环境治理、村庄环境整治等热点开展公益调查 13 次,得到苏州市委和基层党委、人大主要领导批示 5 次,推动开展环保执法 6 次,解决了一批事关群众切身利益的环境问题。[1] 2015 年苏州市检察院公益调查被评为苏州市"关爱民生法治行"活动优秀项目。[2]

---

[1] 参见卢志坚、朱家春、李跃:《江苏苏州:服务保障生态文明建设》,载《检察日报》2013 年 4 月 8 日,第 4 版。

[2] 参见苏州市人民检察院:《2015 年苏州市人民检察院工作报告》,载江苏检察网,http://sz.jsjc.gov.cn/jianwu/baogao/201712/t20171206_209630.shtml?_refluxos=a10。

社会公益调查模式虽然有其积极意义,但不可否认,这一仍然需要不断探索完善的方式在实践中也存在相应的不足。一是检察机关启动调查程序的切入点较模糊,检察机关启动社会公益调查的条件是什么,是否对于任何行为都可以启动调查权,不够明确;二是社会公益调查仅仅是一种手段和措施,不能单独存在,需要依托于其他的监督手段。严格地说,社会公益调查并非检察机关参与公益诉讼的方式,而应属于公益检察保护的措施和手段,检察机关通过行使调查权,对损害社会公共利益的行为进行调查,为随后采用的督促履职、支持起诉等监督措施奠定基础。

四、以"民事公益诉讼人"身份提起公益诉讼模式

由于在 2015 年 7 月之前法律并未明确检察机关可以提起公益诉讼,因而在检察机关开展公益诉讼探索与实践的诸种模式之中,由检察机关直接提起诉讼是争议最大、也是最具挑战的一种模式。江苏检察机关在一段时间内,尝试通过刑事附带民事的方式,探索公益检察保护。根据 2012 年《刑事诉讼法》第 99 条第 2 款①的规定,如果是国家财产、集体财产遭受损失的,人民检察院在提起公诉的时候,可以提起附带民事诉讼。以此规定为依据,2009 年 6 月无锡市锡山区人民检察院以"民事公益诉讼人"的身份,对李某某、刘某某盗伐高速公路防护林一案以刑事附带民事诉讼的方式向锡山区人民法院提起诉讼。②

需要特别指出的是,为了有效保护公共利益,一些地方的司法机关也在公益诉讼制度建设方面做出了努力,如 2008 年 9 月无锡市法检两院联合签署了《关于办理环境民事公益诉讼案件的试行规定》;2008 年 11 月昆明市法检两院联合公安局、环保局联合签署了《关于建立环境保护执法协调机制的实施意见》等。③ 这些地方性文件大多就检察机关提起公益诉讼作出了程序性的规定。

---

① 2018 年 10 月,第十三届全国人大常委会第六次会议对《刑事诉讼法》进行了第三次修正,该条文内容现为第 101 条第 2 款。

② 参见《无锡检察高筑碧水青山法律屏障》,载新浪网,https://news.sina.cn/2015-06-10/detail-icrvvsuv9594297.d.html?from=wap&_refluxos=a10。

③ 参见刘百军:《7 年 6 件公益诉讼案仍需制度支持》,载《法制日报》2015 年 2 月 18 日,第 2 版。

实际上，在这一阶段地方探索的冲动和积极性是显而易见的，但在国家层面尤其是最高司法机关，在2015年7月之前对于检察机关提起的公益诉讼一直保持着一种非常谨慎的态度。2007年，各级法院按要求不再受理检察机关作为原告提起的国有资产流失案件。① 不过，在此后较长的一段时间内，检察机关仍立足检察职能，将重点放在污染环境、国有资产保护等领域，依据2012年《民事诉讼法》第15条②的规定，以支持起诉等方式参与公益保护诉讼实践，并办理了一批具有重大社会影响的公益案件。如前述2014年泰州市人民检察院通过支持泰州市环保联合会提起诉讼的方式参与办理了"12·19"环境公益诉讼案③，一审法院全部采纳了检察机关的支持起诉意见，当庭判决6家被告化工企业赔偿环境修复费用1.6亿余元。江苏省高级人民法院二审经开庭审理，依法维持了原审判决。该案诉讼的成功，达到了法律效果和社会效果的统一，在全国范围内引起了较大的反响。

2015年7月1日之前，虽然由于立法层面上缺乏明确的规定，检察机关试图在法律框架内对公益保护的探索遇到过种种问题，但这种积极审慎的探索实践，仍然为检察公益诉讼制度的构建和落实奠定了良好的基础，也积累了宝贵的经验。就检察机关提起公益诉讼的方式来讲，主要是各地检察机关在司法实践中的自发性探索，而自2015年7月1日全国人大常委会正式授权检察机关提起公益诉讼试点后，试点地区的检察机关提起公益诉讼才终于在国家层面有了明确的法律依据。

由检察机关以"公益诉讼人"或"公益诉讼起诉人"身份提起公益诉讼，使检察机关作为法律监督机关可以充分发挥自身优势和长处，在公益保护问题积极作为，并实现对审判机关、行政机关监督工作的有效衔接。2015年7月之前

---

① 参见阿计：《〈检察机关：公益诉讼总动员〉系列报道之二：公益诉讼之突围轨迹》，载《民主与法制》2018年第6期。

② 现行《民事诉讼法》于1991年4月9日由七届全国人大第四次会议通过，虽经2007年10月、2012年8月、2017年6月、2021年12月四次修正，但支持起诉原则包括文字表述、条款顺序等一直未变。

③ 参见《"天价环境公益诉讼案"二审维持原判》，载最高人民检察院官网，https://www.spp.gov.cn/ztk/2015/2014jcz/rc_2300/201503/t20150316_93219.shtml?_refluxos=a10。

检察机关在公益保护方面的积极探索,体现了我国检察机关担当作为和为大局服务的特点,也最终推动了我国诉讼制度的创新和发展。

第三节 检察权介入公益诉讼分析

检察公益诉讼制度是习近平法治思想在公益保护领域的原创性成果[①],与我国国情和公益保护的需求高度契合,自提出以来迅速得到发展和完善。实际上,在我国现阶段,于公益诉讼中引入检察权意义重大,具有非常强的必要性、合理性和正当性。

一、检察机关以外的其他主体提起公益诉讼的局限性

公益诉讼按照程序类型来划分,可以分为民事公益诉讼和行政公益诉讼两类。其中,可以提起民事公益诉讼的适格主体除检察机关外,还有法律规定的其他机关及有关组织,而行政公益诉讼仅有检察机关可以依法提起。在国外的司法实践中,也有允许公民个人提起公益诉讼的立法例。现阶段我国立法之所以赋予检察机关在公益诉讼中更多、更为重要的职责,与我国的国家体制、社会发展阶段有着密切的联系。从各方面条件来看,由检察机关以外的其他国家机关、社会组织及公民个人提起公益诉讼不可避免地存在这样那样的各种因素或局限性。

(一)一般社会组织和公民个人提起公益诉讼的局限性

有学者将检察机关等国家机关提起的公益诉讼称为公益公诉,而将一般社会组织和公民个人提起的公益诉讼称为公益私诉。根据现行法律规定,可以提起民事公益诉讼的社会组织主要有:(1)符合法律规定条件的环境保护公益组织对污染环境、破坏生态,损害社会公共利益的行为可以依法提起诉讼;(2)在

---

① 参见应勇:《为大局服务 为人民司法 为法治担当》,载《求是》2024年第9期。

消费者权益保护领域,只有中国消费者协会以及在省、自治区、直辖市设立的消费者协会,对侵害众多消费者合法权益的行为,可以向人民法院提起诉讼;(3)在个人信息保护领域,法律规定的消费者组织和由国家网信部门确定的组织,对个人信息处理者违反法律规定处理个人信息,侵害众多个人的权益的行为,可以依法向人民法院提起诉讼。在现阶段,除以上适格组织外,其他的社会组织暂时还不能作为公益诉讼的原告,而且即使是上述立法授权的公益组织,对其条件也作出了较为严格的限制。在检察公益诉讼试点期间,江苏省7个公益诉讼试点城市中符合诉讼主体资格的社会公益组织仅苏州、常州各有2家,其他地方没有符合条件的组织。①

实际上,从相关法律出台之后的司法实践来看,由适格社会组织提起的公益诉讼并不多,远没有达到人们当初的期望。2018年至2022年,社会组织提起的公益诉讼案件仅有700件左右;②而检察机关共提起的公益诉讼案件达4万件,年均上升41.5%。而且,仅2023年上半年,检察机关就立案办理公益诉讼案件10.9万件,最终提起诉讼5308件,同比上升9.7%。③

深入分析即可发现,这种结果一点也不令人意外,因为在我国现阶段,公益组织由于主客观因素的限制,在参与公益诉讼方面,先天存在一些较为明显的局限性和不足。近年来虽然有所改观,但大多处于起步阶段,从发展到成熟还有很长的路要走,短期内大多难堪大任。体制内以"公益组织"为名的团体又大多习惯于按部就班,各有主业,对参与公益诉讼既缺乏热情和积极性,也多不具备相应的专业背景和能力。

现阶段,由于受专业知识、经济能力、时间精力等多方面的限制,由公民个人提起公益诉讼,即所谓的公益私诉,环境和条件尚不够成熟。在我国经济社

---

① 参见马超:《江苏检察机关:积极开展公益诉讼工作探索与实践》,载《法制日报》2016年10月30日,第3版。
② 参见孙谦:《中国特色检察公益诉讼的制度与实践》,载微信公众号"中国检察官"2023年4月13日,https://mp.weixin.qq.com/s?_biz=MzA5NTE0Nzk4NA%3D%3D&mid=2655710143&idx=2&sn=18ee687806655f14f3debb3649b25a61&chksm=8bfd8900bc8a00160402bcc7aa35959df3a3c5edde79881895ef6a78055ef86a6e991dbaf982&scene=27&_refluxos=a10。
③ 参见应勇:《以习近平法治思想为指引加快推进检察公益诉讼立法》,载《人民检察》2023年第21期。

会处于深度转型期的当下,公民的权利意识不断增强,维权的热情和能力有待提高,但几千年来的"厌讼"文化及"穷不与富斗,富不与官争"的社会心理仍然影响深远。因此,对于与自身无直接利害关系或者所受损失不大的公益诉讼案件,尤其是面对强势的侵害公共利益的侵权人,大多数人最终选择隐忍与忽视。故我国现行公益诉讼法律制度设计暂时未考虑开放公益私诉,没有将公民个人涵盖在提起公益诉讼的主体范围之内,也是可以理解的。①

由于特定的侵权行为最终侵害的是国家利益或者社会公共利益,与公民、法人和其他社会组织等一般社会主体不存在直接的利害关系,其在通常的情况下并没有足够的热情、动力采取救济行动,而且面对的不法者又可能是在经济、资源、权力、舆论等方面具有巨大优势和较强影响力的组织乃至国家机关,作为一般的社会主体,即使其有诉诸行动的意愿,本身也缺乏足够的能力和相应的经济支持。在现阶段,我国法律将机关和社会组织规定为提起民事公益诉讼的适格主体,而将个人排除在外,应该说是一种较为保守的立法思路,但实际上也是在考虑了我国社会状况之后的一种理性现实选择。

(二)其他机关提起公益诉讼的局限性

在我国现行国家体制中,国家机关包括立法机关、行政机关、司法机关以及军事机关,其中立法机关、军事机关显然不适合作为公益诉讼的发起人,那么就剩下行政机关和司法机关了。司法机关又包括法院和检察院,法院作为国家审判机关,是不可能作为公益诉讼的提起主体的,因此我国《民事诉讼法》规定的可以作为公益诉讼发起人的机关就只能在行政机关和检察机关中进行选择了。

实际上,我国对由政府提起生态环境损害赔偿诉讼也进行了试点探索。2015年12月,中共中央办公厅、国务院办公厅印发《生态环境损害赔偿制度改革试点方案》,明确国务院授权的省级政府可作为赔偿权利人依法提起诉讼,并在7个省、市开展试点。2017年12月,《生态环境损害赔偿制度改革方案》

---

① 英雄烈士近亲属对侵害英雄烈士姓名、肖像、名誉、荣誉的行为向法院提起诉讼,虽然带有一定的公益诉讼色彩,但更多还是基于传统民事诉讼对民事主体人格利益的保护。

将起诉主体进一步扩大为国务院授权的省级、市地级政府(包括直辖市所辖的区县政府),这一制度在全国范围内正式铺开。最高人民法院于2019年6月发布《最高人民法院关于审理生态环境损害赔偿案件的若干规定(试行)》,2022年4月生态环境部等发布《生态环境损害赔偿管理规定》,为生态环境损害赔偿及相关诉讼提供了程序保障。但各地符合条件的政府(包括生态环境部门)提起的生态环境损害赔偿诉讼案件并不多,从中国裁判文书网等各检索平台查询情况来看,从2017年至2022年,全国各地由政府(包括生态环境部门)提起的生态环境损害赔偿类案件仅能查询到57件。

由于各方面的原因,行政机关作为民事公益诉讼原告的局限性比较突出,其提起公益诉讼的动力也明显不足。如果由行政机关作为公益诉讼的提起者,从逻辑上讲,不可能把这一重担交给毫不相关的部门,而只能由对侵害社会公共利益行为负有监督管理职责的机关去担负。不过,由负有监督职责的行政机关提起诉讼,又不可避免地会带来相应的问题:一则行政机关对公共利益的保护是其应尽的职责,通常来讲其有能力通过事先预防或事后处罚违法行为的方式,实现保护社会公共利益的目的,而无须通过民事公益诉讼来解决问题;二则当行政机关违法行使职权或不履行法定职责,致使国家利益和社会公共利益遭受侵害时,其本身就要承担相应的责任,可能成为行政公益诉讼的被告。因此,行政机关对于提起公益诉讼在主观上缺乏积极性,甚至不排除可能会存在一些抵触情绪。

此外,从诉讼本身来看,由行政机关担当公益诉讼提起者在理论上也存在障碍。行政机关握有行政上的监督管理权,本身对于另一方当事人就具有强制约束力,现在又以原告的身份提起公益诉讼,两种身份叠加可能会对另一方当事人造成过度的威胁和压迫,势必加剧诉讼过程中两造之失衡。

综上,其他国家机关要么与可能出现的公益诉讼没有职责上的关联性,要么可能因主客观因素不适合提起,因此由检察机关以外的其他国家机关来提起公益诉讼在实际上难以落实。只有检察机关因其职责定位和人员专业化优势,更适合作为提起公益诉讼的法定机关。

二、由检察机关提起公益诉讼的优势

由检察机关提起公益诉讼之所以成为众望所归,是因为检察机关在公益诉讼(保护)方面有着其他主体无可比拟的条件和独特的优势。

(一)检察机关作为国家法律监督机关与公共利益代表的角色天然契合

人民检察院是国家的法律监督机关,其被法律赋予的职责就是通过行使检察权,追诉犯罪,维护国家安全和社会秩序,维护个人和组织的合法权益,维护国家利益和社会公共利益,保障法律正确实施,维护社会公平正义,维护国家法制统一、尊严和权威,保障中国特色社会主义建设的顺利进行。[①] 我国《宪法》第134条规定:"中华人民共和国人民检察院是国家的法律监督机关。"从宪法定位来看,检察机关作为国家的法律监督机关,负有监督法律统一、正确实施的职责,不言而喻地应当成为国家利益和社会公共利益的代表者、维护者和实现者。自我国检察制度产生以来,检察机关就以国家利益和社会公共利益代表的身份出现。当国家利益和社会公共利益受到侵害,在其他社会主体不愿、不敢起诉,或者无人、无法起诉时,检察机关作为国家利益和社会公共利益的代表提起诉讼为理所当然。检察机关在公益诉讼中所追求的价值和所欲达成的目标,与其所承担的刑事公诉职能相比如出一辙。检察机关提起公益诉讼就是通过诉的方式来履行法律监督职责,实现其捍卫社会主义核心价值观、参与国家社会治理体系、维护国家利益和社会公共利益的目标和任务。

(二)检察机关在收集证据、担负诉讼成本的能力和提起诉讼所需的专业知识等方面有着突出的优势

根据我国《宪法》的规定,检察机关是国家法律监督机关,在性质上属于司

[①] 《人民检察院组织法》(2018年10月修订)第2条规定:"人民检察院是国家的法律监督机关。人民检察院通过行使检察权,追诉犯罪,维护国家安全和社会秩序,维护个人和组织的合法权益,维护国家利益和社会公共利益,保障法律正确实施,维护社会公平正义,维护国家法制统一、尊严和权威,保障中国特色社会主义建设的顺利进行。"

法机关。为保证履职需要，检察机关在人员队伍构成上配备了较多的法律专门人才，在工作上熟悉对各种法律事实的调查核实程序，对于证据的发现、提取、固定、收集等具有相对的专业优势，在参与公益诉讼的专业能力和素养方面有着社会组织、公民个人乃至其他行政机关都无法比拟的优势。公益诉讼作为一种新类型的诉讼，具有取证难、成本高、耗时长、激励不足等问题。这些困难和挑战对于一般主体来说，往往会使他们望而却步，即使勉强提起诉讼，在审理过程中能否顺利完成出庭、举证等各种诉讼任务也存在很大的不确定性。对此，检察机关作为法律监督机关，可以发挥自己的专业优势，担负起这一挑战性较强、对其他主体来说较难达成的任务。

（三）检察机关已经积累了提起、参与公益诉讼的实践经验

自20世纪90年代以来，全国各地的检察机关通过刑事附带民事诉讼、直接提起民事公益诉讼、支持起诉、社会公益调查等各种方式，在生态环境保护、国有资产保护、消费者权益保护等社会公益保护方面做了大量的探索和实践。就以江苏来讲，从2011年至2015年7月，江苏检察机关通过督促履行职责、督促起诉、支持起诉、开展公益调查以及直接提起公益诉讼等多种方式，积极参与或办理公益诉讼类案件4295件，帮助挽回国有资产或公益损失共计30多亿元，有效维护了国家利益和社会公共利益。[①] 可以说，在提起、参与公益诉讼方面，检察机关已经积累了较为丰富的实践经验。

正是由于相对其他主体来说，有着较为明显的合理性、正当性与突出的条件优势，由检察机关提起、参与公益诉讼一直以来在学界都有着较高的呼声，在社会上也存在较高的期待。因此，2014年10月党的十八届四中全会通过《中共中央关于全面推进依法治国若干重大问题的决定》，提出要"探索建立检察机关提起公益诉讼制度"。2015年7月全国人大常委会授权试点和2017年6月同时对《民事诉讼法》《行政诉讼法》进行修订，使我国最终完成了构建检察

---

① 参见丁国锋、田野、卢志坚：《江苏检察机关迎来公益诉讼春天》，载《法制日报》2016年3月10日，第4版。

公益诉讼制度的关键性法律程序。

学界、立法机关、司法实践部门乃至社会舆论等,都对赋予检察机关提起公益诉讼职责给予了积极评价,下一步在总结实践经验的基础上,为满足检察履职需求和时代需要而制定一部检察公益诉讼法,也已经成为广大人民群众的一致呼声和愿望。2023年3月十四届全国人大一次会议收到的271件议案中,建议单独制定"检察公益诉讼法"的有17件,占全部议案的6.3%;699名代表参与议案的提出,占全体代表的23.5%。① 在总结近年来实践经验和理论研究成果的基础上,制定这样一部满足检察公益诉讼特殊需求的法律,也是将习近平法治思想在公益保护领域生动实践和原创性成果的法治化、制度化。

第四节 检察公益诉讼制度的创立和迅速发展

由于2012年《民事诉讼法》所增加的公益诉讼条款过于原则,其中"法律规定的机关"究为何指在一段时间内一直未予明确,但毕竟在公益诉讼的大框架下有了讨论和解释的空间,在法律上授权检察机关提起公益诉讼也就呼之欲出了。

一、检察公益诉讼制度设想的提出

党的十八大以来,新时代中国特色社会主义法治建设取得了历史性成就,发生了历史性变革,其中最为引人注目的成果之一就是检察公益诉讼制度的创立与迅速发展。检察公益诉讼制度是中国司法改革过程中为呼应社会发展和公益保护需求而创建的一项崭新司法制度,已经成为世界法治文明的新样本、新形态。

在民事和行政诉讼领域,我国在2012年以前较长的时期内坚持原告起诉

---

① 参见应勇:《以习近平法治思想为指引加快推进检察公益诉讼立法》,载《人民检察》2023年第21期。

的"直接利害关系"说,缺乏容纳纯粹公益诉讼的制度空间。为解决这一问题,《民事诉讼法》在2012年8月修改时作了突破,其第55条对公益诉讼作了原则性的规定。检察机关作为公共利益的代表,在公益保护中理应肩负起重要责任。为适应公益保护发展的新形势、新要求,2014年10月,党的十八届四中全会通过的《中共中央关于全面推进依法治国若干重大问题的决定》,明确提出要"探索建立检察机关提起公益诉讼制度"。

习近平总书记在《关于〈中共中央关于全面推进依法治国若干重大问题的决定〉的说明》中指出:"对一些行政机关违法行使职权或者不作为造成对国家利益和社会公共利益侵害或者有侵害危险的案件,如国有资产保护、国有土地使用权转让、生态环境和资源保护等,由于与公民、法人和其他社会组织没有直接利害关系,使其没有也无法提起公益诉讼,导致违法行政行为缺乏有效司法监督,不利于促进依法行政、严格执法,加强对公共利益的保护。由检察机关提起公益诉讼,有利于优化司法职权配置、完善行政诉讼制度,也有利于推进法治政府建设。"[1]该说明不仅将各界所期望的由检察机关提起民事公益诉讼纳入考量,更为重要的是从司法职权配置、诉讼制度完善和法治政府建设的角度着眼,开创性地提出了行政公益诉讼的概念和制度设计。

二、检察公益诉讼试点探索

党的十八届四中全会后,检察公益诉讼的制度建设就提上了议事日程。2015年7月1日,十二届全国人大常委会第十五次会议通过《授权决定》,授权部分地区检察机关在生态环境和资源保护、国有资产保护、国有土地使用权出让、食品药品安全等领域开展提起公益诉讼试点工作。[2] 依据《授权决定》,提起公益诉讼前,人民检察院应当依法督促行政机关纠正违法行政行为、履行法定职责,或者督促、支持法律规定的机关和有关组织提起公益诉讼。也就是说,

---

[1] 参见《中共中央关于全面推进依法治国若干重大问题的决定》,人民出版社2014年版,第58页。
[2] 根据《授权决定》,试点地区确定为北京、内蒙古、吉林、江苏、安徽、福建、山东、湖北、广东、贵州、云南、陕西、甘肃13个省(区、市),试点期限为2年。

检察机关除了被授权与法律规定的机关和有关组织一样可以提起民事公益诉讼外,还单独享有提起行政公益诉讼的主体资格。

2015年7月,在全国人大常委会《授权决定》公布之后,最高人民检察院随即提出了《检察机关提起公益诉讼改革试点方案》(以下简称《公益诉讼试点方案》)。《公益诉讼试点方案》将公益诉讼分为民事公益诉讼和行政公益诉讼两种类型,并分别规定了各自的起诉前置程序。关于民事公益诉讼的起诉前置程序,《公益诉讼试点方案》规定,检察机关"应当依法督促或者支持法律规定的机关或有关组织提起民事公益诉讼。法律规定的机关或者有关组织应当在收到督促或者支持起诉意见书后一个月内依法办理,并将办理情况及时书面回复检察机关"。关于行政公益诉讼的起诉前置程序,《公益诉讼试点方案》规定,"检察机关应当先行向相关行政机关提出检察建议,督促其纠正违法行政行为或者依法履行职责。行政机关应当在收到检察建议书后一个月内依法办理,并将办理情况及时书面回复检察机关"。《公益诉讼试点方案》强调,只有经过起诉前置程序,国家利益和社会公共利益仍处于受侵害状态,检察机关才可以提起民事或行政公益诉讼。

经过一段时间的试点探索,最高人民检察院在初步总结试点经验的基础上又制定了《人民检察院提起公益诉讼试点工作实施办法》(以下简称《公益诉讼实施办法》,已失效),并于2015年12月24日以司法解释的形式向社会公开发布。①《公益诉讼实施办法》将民事公益诉讼和行政公益诉讼分为两章,并各自规定了其起诉前置程序。民事公益诉讼起诉前置程序规定在第13条,其第1款内容是"人民检察院在提起民事公益诉讼之前,应当履行以下诉前程序:(一)依法督促法律规定的机关提起民事公益诉讼;(二)建议辖区内符合法律规定条件的有关组织提起民事公益诉讼。有关组织提出需要人民检察院支持起诉的,可以依照相关法律规定支持其提起民事公益诉讼"。第2款内容是

---

① 2017年6月28日,最高人民检察院《关于全面开展公益诉讼工作有关问题的通知》(高检发民字〔2017〕7号)对法律适用问题作了明确。根据该通知精神,2017年7月1日以后,在最高人民检察院新的司法解释出台前,继续适用《公益诉讼实施办法》;非试点地区关于立案、调查、发出检察建议、提起诉讼等具体程序,可以参照适用《公益诉讼实施办法》等司法解释。

"法律规定的机关和有关组织应当在收到督促起诉意见书或者检察建议书后一个月内依法办理,并将办理情况及时书面回复人民检察院"。第14条规定:"经过诉前程序,法律规定的机关和有关组织没有提起民事公益诉讼,或者没有适格主体提起诉讼,社会公共利益仍处于受侵害状态的,人民检察院可以提起民事公益诉讼。"行政公益诉讼起诉前置程序规定在第40条,具体表述与《公益诉讼试点方案》相比变化不大。

为配合检察机关提起公益诉讼试点工作,最高人民法院在2016年2月发布了《人民法院审理人民检察院提起公益诉讼案件试点工作实施办法》,其中在第2条规定起诉提交的材料时,要求人民检察院在起诉时提交已经履行督促或者支持法律规定的机关或有关组织提起民事公益诉讼的诉前程序的证明材料。因此,检察机关履行诉前程序的情况,在诉讼过程中将成为法院审查的内容之一。

检察机关提起公益诉讼试点工作的成效是极为显著的。2015年7月至2017年3月,全国参与试点的13个省(区、市)检察机关在生态环境和资源保护等领域共办理公益诉讼案件5109件。其中,向相关行政机关或社会组织提出检察建议、督促履行职责4562件,相关行政机关已履行职责或纠正违法3206件,相关社会组织提起公益诉讼28件,合计约占70.9%。对仍不履行职责、公益继续受到侵害的,向人民法院提起诉讼547件。通过办案,督促恢复被污染、破坏的耕地、林地、湿地、草原12.8万公顷;督促1443家违法企业进行整改,索赔治理环境、恢复生态等费用2亿元;督促收回欠缴的国有土地出让金54亿元。①

三、检察公益诉讼制度的确立

在检察公益诉讼两年试点工作取得良好效果的基础上,2017年6月27日,十二届全国人大常委会第二十八次会议同时对《民事诉讼法》和《行政诉讼

---

① 参见2017年3月12日最高人民检察院检察长曹建明在第十二届全国人民代表大会第五次会议上的工作报告,载最高人民检察院官网,https://www.spp.gov.cn/spp/gzbg/201703/t20170320_185861.shtml?_refluxos=a10。

法》进行了修改。在《民事诉讼法》第 55 条[①]增加了一款,作为第 2 款:"人民检察院在履行职责中发现破坏生态环境和资源保护、食品药品安全领域侵害众多消费者合法权益等损害社会公共利益的行为,在没有前款规定的机关和组织或者前款规定的机关和组织不提起诉讼的情况下,可以向人民法院提起诉讼。前款规定的机关或者组织提起诉讼的,人民检察院可以支持起诉"。在《行政诉讼法》第 25 条增加了一款,作为第 4 款:"人民检察院在履行职责中发现生态环境和资源保护、食品药品安全、国有财产保护、国有土地使用权出让等领域负有监督管理职责的行政机关违法行使职权或者不作为,致使国家利益或者社会公共利益受到侵害的,应当向行政机关提出检察建议,督促其依法履行职责。行政机关不依法履行职责的,人民检察院依法向人民法院提起诉讼。"

为了进一步解决司法机关在实践中的法律适用问题,最高人民法院、最高人民检察院结合审判、检察工作实际,于 2018 年 3 月联合制定发布了《最高人民法院、最高人民检察院关于检察公益诉讼案件适用法律若干问题的解释》[②],对于审判机关、检察机关办理公益诉讼案件的主要任务、基本原则、管辖、调查、起诉、庭审、裁判等问题均作出了较为明确具体的规定。2020 年 9 月,为了加强对国家利益和社会公共利益的保护,进一步规范检察机关履行公益诉讼检察职责,最高人民检察院又制定通过了《人民检察院公益诉讼办案规则》(以下简称《公益诉讼办案规则》)。该规则共 6 章 112 条,几乎涵盖公益诉讼检察工作的方方面面,对公益诉讼检察工作进行全流程规范,成为检察公益诉讼履职办案的工作指南和宝典。

四、检察公益诉讼的迅速发展

2017 年以来,检察公益诉讼履职从最初的生态环境和资源保护、食品药品安全、国有财产保护、国有土地使用权出让 4 个法定领域,通过单行法嵌入检察公益诉讼条款的方式,逐步拓展为"4 + N"的格局。截至目前,已有 25 部现行

---

① 现行《民事诉讼法》第 58 条。
② 该司法解释于 2020 年修正。

法律引入了检察公益诉讼条款,共涉及 15 个法定领域。① 全国检察机关持续推动习近平法治思想的检察实践,把公益诉讼检察作为新时代检察工作创新发展的重要方面,与刑事检察、民事检察、行政检察并列为"四大检察"统筹推进,依法履行"公共利益代表"的神圣职责,制度运行成效显著。②

根据检察公益诉讼制度设计,对于损害社会公共利益的违法行为主体,在没有其他法律规定的机关和有关组织,或者这些机关和组织不提起诉讼的情况下,检察机关可以提起民事公益诉讼;对于负有监督管理职责而违法行使职权或者不作为导致国家利益或者社会公共利益受到侵害的行政机关,检察机关依法提起行政公益诉讼。在目前 15 个检察公益诉讼法定履职领域中,只授权检察机关提起行政公益诉讼的领域是国有财产保护、国有土地使用权出让,检察机关仅能提起民事公益诉讼的领域有英雄烈士保护、个人信息保护、反垄断等。在其他更多的领域,如生态环境和资源保护、食品药品安全、未成年人保护、军人地位和权益保障、安全生产、反电信网络诈骗、农产品质量安全、妇女权益保障、无障碍环境建设、文物保护等,法律对检察民事公益诉讼和检察行政公益诉讼均有授权,两者可以并行不悖。当然,对于法律授权检察机关仅能提起民事公益诉讼或者行政公益诉讼的领域,理论上检察机关也可以进行行政公益诉讼或者民事公益诉讼的探索。

2012 年尤其是 2017 年以来,我国立法、司法机关通过修改法律、出台司法解释等在制度设计和完善方面不断发力,初步建构起我国的公益诉讼制度框架。从办案数量来看,2017 年 7 月至 2023 年 12 月,全国检察机关共立案公益

---

① 2023 年 12 月应勇检察长在广东调研时指出,当前公益诉讼的领域不断拓展,22 部法律规定了检察机关可以开展公益诉讼,法定领域从最初的 4 个拓展到 15 个。2024 年 6 月全国人大常委会制定通过了《农村集体经济组织法》,其第 56 条第 2 款规定,确认农村集体经济组织成员身份时侵害妇女合法权益,导致社会公共利益受损的,检察机关可以发出检察建议或者依法提起公益诉讼。2024 年 11 月,第十四届全国人民代表大会常务委员会第十二次会议对《文物保护法》和《矿产资源法》进行了修订。修订后的《文物保护法》第 99 条规定:"因违反本法规定造成文物严重损害或者存在严重损害风险,致使社会公共利益受到侵害的,人民检察院可以依照有关诉讼法的规定提起公益诉讼。"《矿产资源法》第 74 条规定:"违反本法规定,破坏矿产资源或者污染环境、破坏生态,损害国家利益、社会公共利益的,人民检察院、法律规定的机关和有关组织可以依法向人民法院提起诉讼。"

② 参见应勇:《以习近平法治思想为指引加快推进检察公益诉讼立法》,载《人民检察》2023 年第 21 期。

诉讼案件 90 余万件,民事公益诉讼 9.7 万件,行政公益诉讼 85.7 万件。其中,2018 年至 2023 年共立案办理检察公益诉讼案件 94.6 万件,提起诉讼 5.3 万件。① 实践中,检察公益诉讼起诉案件占到全部公益诉讼起诉案件总数的 95% 以上,行政公益诉讼案件占检察公益诉讼案件总数的 90% 左右。② 在公益诉讼司法实践中,事实上已经形成了以检察公益诉讼为主的基本格局。

综上,检察公益诉讼制度自创立而发展至今,制度运行成效有目共睹,成为中国检察事业的亮丽名片。公益诉讼检察承担公共利益代表者和维护者的法定职责,与刑事检察、民事检察、行政检察并列为"四大检察",依法履行"公共利益代表"的神圣职责,已成为十大检察业务的重要组成部分,在维护公共利益方面发挥着至为重要的关键作用。

第五节　公序良俗与公益诉讼检察履职

2020 年 5 月 28 日,十三届全国人民代表大会第三次会议审议通过了《民法典》,并于 2021 年 1 月 1 日起正式施行。《民法典》第 8 条规定:"民事主体从事民事活动,不得违反法律,不得违背公序良俗";第 10 条规定:"处理民事纠纷,应当依照法律;法律没有规定的,可以适用习惯,但是不得违背公序良俗。"作为民法的一项重要的基本原则,公序良俗在本次法典编纂中得以最终确立,将会对相应的民事活动、司法实践乃至理论研究,起到积极正向的规范、引导和激励作用。《民法典》确立的公序良俗原则,也必将对公益诉讼检察履职产生不可忽视的重要影响。

一、民法公序良俗原则的含义

自人类社会进入近现代以来,社会分工日益发达,民事主体按照社会分工

---

① 参见屈辰:《当好公共利益守护者》,载《瞭望》2024 年第 12 期。
② 参见应勇:《以习近平法治思想为指引加快推进检察公益诉讼立法》,载《人民检察》2023 年第 21 期。

从事经济活动,而为满足各自的需求,彼此之间需要进行产品和服务的交换。如同正常和谐的家庭生活需要遵循相应的伦理规则一样,要保证因社会分工而产生的这种交流和合作顺畅进行,就需要参与经济活动的各类民事主体遵循一定的规则。人们在社会生活中,根据由国家立法、公共道德以及伦理风俗等所组成的规则体系进行民事活动,并最终形成了相应的社会秩序。这种具有公序良俗内涵的法律规范及道德伦理,构成整个社会分工及家庭生活所赖以循环运行的外在环境和条件。因此,由建立在公序良俗基础上的法律规范和伦理规则所组成的相应体系,是整个社会正常运行所不可或缺的重要制度支撑。

民法所谓公序良俗原则,是指法律行为的内容及目的不得违反公共秩序或善良风俗。① 由于其在整个法律体系中所起到的重要地位及其所发挥的功能,公序良俗是现代民法的一项非常重要的基本原则。从内容上来说,公序良俗包括公共秩序和善良风俗两个方面。

(一) 公共秩序

所谓公序,就是指公共秩序,它主要包括社会及生活能够保持良好运行的一种秩序和状态。公共秩序是指"社会之存在及其发展所必要之一般秩序"②。由于每一个人都在现有社会秩序下生存和发展,因此所谓公共秩序,实际上就是社会的公共利益。维护全体社会成员所赖以生活的公共秩序,就是在维护全体社会成员的共同利益。法律保障社会公共利益,也就是在保护每一个公民的自身利益。对于公共秩序的维护,一般在法律上都会有明确的规定,危害社会公共秩序的行为通常也成为国家立法中强制性规范所禁止的对象。但立法机关事先订立的具体条款不可能将所有具有损害公共利益内容的行为涵盖无余,但有了不得侵害公共秩序的原则条款,凡民事行为危害国家公共安全和秩序,即使现行法律没有具体的规定,司法机关也可以根据公共秩序的基本原则宣告其无效。

---

① 参见梁慧星:《民法总论》,法律出版社2007年版,第49页。
② 史尚宽:《民法总论》,中国政法大学出版社2000年版,第334页。

（二）善良风俗

所谓良俗,也称为社会公共道德,它是指由社会全体成员所普遍认可、遵循的道德准则。① 善良风俗主要包括两个方面:一是为社会所普遍承认的伦理道德,如救死扶伤、助人为乐等;二是某个区域社会所普遍存在的风俗习惯,如中国云南一些地区流行的泼水节风俗。我国民法提倡家庭生活中互相帮助、和睦团结,弘扬拾金不昧的良风美俗,规定因维护他人利益而蒙受损失者有权获得补偿等,都是从正面倡导社会公德。而禁止市场活动中的不正当竞争行为以及以假乱真、以次充好、以不合格产品冒充合格产品等,则是从反面杜绝违反社会公德的行为。实际上,有不少伦理道德方面的规则已经上升为法律的强行规范,但也还有很多现存或者正在发展中的道德尚未被法律所反映和涵盖,所以需要通过善良风俗这样一个原则性条款,尽可能地将其纳入民法的评价体系中来。

由此可见,公序良俗包括了社会公共秩序、生活秩序以及社会全体成员所普遍认许和遵循的道德准则。它是社会美好生活的重要基础和有机组成部分,是一个社会正常运转所不可或缺的重要保障。

二、公序良俗原则在我国民事立法中的确立

"公序良俗"这一概念,早在罗马法时期中就已有相关的内容表述。按照罗马法学家的解释,所谓公序,即国家的安全、人民的根本利益;所谓良俗,即人民的一般道德准则。公序良俗的含义非常广泛,而且随着社会的发展而不断变化。② 在19世纪以后的《法国民法典》《德国民法典》《日本民法典》等在完全采纳意思自治原则的同时,也都确认了公序良俗的基本原则。

因受苏俄民事立法和民法理论的影响,在很长一段时间里,20世纪50年代以后我国相关的民事立法并未使用公共秩序和善良风俗的概念表述,"公序良俗"仅只存于学术讨论中。1986年制定的《民法通则》第7条规定:"民事活

---

① 参见王利明:《民法总则研究》,中国人民大学出版社2012年版,第134页。
② 参见周枏:《罗马法原论》(下册),商务印书馆1994年版,第599页。

动应当尊重社会公德,不得损害社会公共利益……"根据该法第58条的规定,违反法律或者社会公共利益的民事行为无效。1999年制定的《合同法》第7条规定:"当事人订立、履行合同,应当遵守法律、行政法规,尊重社会公德,不得扰乱社会经济秩序,损害社会公共利益。"2007年制定的《物权法》第7条同样只是规定:"物权的取得和行使,应当遵守法律,尊重社会公德,不得损害公共利益和他人合法权益。"《民法通则》《合同法》《物权法》的相关条款都是从社会道德和社会公共利益方面概括了公序良俗原则的具体内容。依学者通说,上述这些法律规定所谓"社会公共利益"及"社会公德",在性质和作用上与公序良俗原则相当,"社会公共利益"相当于"公共秩序","社会公德"相当于"善良风俗"。[1] 对此,不少学者主张我国在民事立法中应当借鉴国外民法中关于公序良俗的概念,并将其作为民法的一项基本原则加以规定。[2]

2017年3月全国人大通过的《民法总则》终于接纳了"公序良俗"的概念。《民法总则》第8条规定:"民事主体从事民事活动,不得违反法律,不得违背公序良俗。"到《民法典》编纂时,对"公序良俗"的概念予以重申,并对《民法总则》的条文表述完全吸纳,未做任何变动。至此,公序良俗的概念最终以法典的形式巩固下来。

综合来看,应该说采用"公序良俗"的概念更加科学和合理。因为公序良俗的概念相对来说,更为简洁和准确。公序良俗是由公共秩序和善良风俗两方面含义所组成,完全涵盖了社会公共道德和社会公共利益两个方面的内容。从概念表述上来看,"公序良俗"相对于"社会公共利益"和"社会公德"的表述方式,也更为言简意赅,不仅方便言说表达,而且便于理解。此外,由于大陆法系国家一般都采用善良风俗和公共秩序的概念术语,而我国民事立法也没有必要再另造新的法律术语,因为如果非要如此,不仅没有益处,而且会在文化交流中徒添障碍。

---

[1] 参见李双元、温世扬主编:《比较民法学》,武汉大学出版社1998年版,第67页;梁慧星主编:《民商法论丛》(第1卷),法律出版社1994年版,第49页。
[2] 参见梁慧星:《民法总论》,法律出版社2007年版,第50页;王利明:《民法总则研究》,中国人民大学出版社2012年版,第135页。

三、民法公序良俗原则的功能

在现代市场经济条件下,公序良俗原则发挥着维护国家利益、社会公共利益及一般道德观念的重要功能。民法号称民事权利的宣言书,而权利又与自由密切地联系在一起。但民事主体在行使自己的权利和自由的时候,还必须承担相应的义务,而其相应概括性的义务就是个人权利(私权)之行使不得违反法律和损害社会公共利益。故《民法典》第 132 条特别规定:"民事主体不得滥用民事权利损害国家利益、社会公共利益或者他人合法权益。"

法律作为一种社会契约,其内容既有保护个人私益的规范,也有保护社会公益的条款。当民事主体违反有关保护个人私益的法律规定时,便构成对他人私权的侵害。当违反有关保护社会公益的法律规定时,便构成对社会公共利益的侵害。因此,被称为"人民自由圣经"的《民法典》一方面奉行私权神圣原则,充分保护私权;另一方面又确立了公序良俗原则,禁止权利的滥用,将权利之行使限制在不违反法律和不损害社会公共利益的范围之内。其目的是调和个人利益和社会公共利益的冲突,以维护社会的正常运行和秩序。

我国《民法典》确立公序良俗的基本原则,其功能在于:

1. 对意思自治进行必要的限制

公序良俗的原则是对意思自治的一种限制。以公序良俗干预意思自治的范围,是罗马法以来公认的原则。在我国,尽管为了适应发展市场经济的需要,应当扩大民事主体的意思自治范围,允许其在民事活动领域依法享有广泛的自由,然而意思自治原则必须要同时有公序良俗原则来进行必要的规范。民事主体依法享有意思自治,但其前提是不违反公序良俗。因为完全没有边界和限制的个人权利和自由,对其他人来说就是一种侵害和灾难。以法律有必要设立公序良俗这样的原则,以对意思自治进行必要的限制。民法对民事主体意思自治的调整和规制,除了分则中设立强行性规定一类的规范外,还有就是在总则上确立公序良俗的基本原则,来对民事行为提出总括性的指向和要求。

2. 弘扬公德形成秩序

公序良俗就是要强调民事主体进行民事活动时必须遵循社会所普遍认同

的道德，从而使社会有序发展。公序良俗之所以成为民法的基本原则，因为其直接涉及民法规则与道德规范之间的互动关系问题。随着社会生活的发展，人们的价值观念也会随之发生变化。立法者可以借助善良风俗的一般条款来反映不断变化的价值观，以便积极灵活地吸纳其合理成分。故在立法中引入公序良俗概念，以动态地体现和反映社会主流的伦理观念。这是"将道德伦理摄入于法的境界里，而对于其违反行为从法的领域驱逐"①。除了将公序良俗确立为基本原则外，立法还将一些重要而又相对稳定成熟的道德观念直接上升为法律规范，以便更有效地弘扬道德风尚，防止违反社会公德行为的发生。如以危害人体健康、违背伦理道德、损害公共利益的方式从事与人体基因、人体胚胎等有关的医学和科研活动，侵害英雄烈士等的姓名、肖像、名誉、荣誉等的行为，均为法律所明确禁止，因为倘若允许这样的自由和自治，无疑将严重危害社会秩序。

3. 协调私益与公益冲突

公序良俗可以在社会中发挥调节性的功能，如果在法律价值追求与生活现实之间，或者在法律与道德之间出现罅隙，则公序良俗正可以进行弥补。"公序良俗的调整机能由确保社会正义和伦理秩序向调节当事人之间的利益关系、确保市场交易的公正性转变，从而使法院不仅从行为本身，而且结合行为的有关情势综合判断其是否具有反公序良俗性"。② 公序良俗原则对利益冲突的协调表现在两方面，一方面如果民事主体因为追求利益的最大化所从事的行为与社会公共利益发生冲突和矛盾，无论是否存在对强行法的违反，都应当优先维护社会公共利益；另一方面一些法律、法规所确定的强行法规则可能过于僵化，缺乏弹性，或者在适用中具有明显的不合理性，此时，法官就应当考虑援用公序良俗原则解决个人利益与社会公共利益的冲突。

4. 弥补强行法规定之不足

公序良俗作为一个弹性条款，之所以要确立为民法的基本原则，根本原因

---

① 刘得宽：《民法总则》，台北，五南图书出版公司1996年版，第420页。
② 李双元、温世扬主编：《比较民法学》，武汉大学出版社1998年版，第70页。

在于强行法不能穷尽多彩生活的全部，其立法设计不能将各种民事活动都涵盖其中。为了实现对秩序的控制，需要对民事活动进行规范，而这种规范不仅要靠强行法来完成，还需要通过法律上设立抽象的弹性条款，对民事行为提供更为全面的规范，并对其效力作出评价。

尽管民法中许多条款都已经将道德规则吸纳其中，但民法也不可能将所有的伦理道德全部摄入其中，而民事活动，无论是交易活动还是一般的社会生活，大都离不开道德的评价和规制。违反了社会所普遍接受的道德准则，不仅可能给当事人造成损害，而且可能妨害社会秩序。这就需要采用公序良俗的原则，以之作为强行法的组成部分，从而配合各种具体的强行法规则对民事活动起到调控作用。因此，民法的公序良俗原则除了作为纲领性精神内核蕴含于大量的民事法律规范中，直接对民事主体的民事活动发挥具体的引导和评价作用外，还在民事立法不足时起到相应的补缺作用，也就是实际上等于赋予法官一定的自由裁量空间。在民法中引入公序良俗原则，可以避免法律的僵化，将法外秩序规定和法外规范融入法秩序内部，使之成为沟通道德与法律的桥梁，保持法秩序应对社会生活的能力。公序良俗作为民法的基本原则，是抽象的弹性条款。遇有损害国家利益、社会公益和社会道德秩序的行为，而又缺乏相应的禁止性法律规定时，司法机关可直接适用公序良俗原则来认定相关行为无效。

可见，公诉良俗原则在维护正常社会秩序和美好共同生活中发挥着强大而不可替代的作用。

四、公序良俗原则为检察公益诉讼探索提供法律空间

在民事领域对于违反公序良俗、侵害公共利益的行为，除当事人进行自我救济和维权外，还必须有特定的公权力机关作为兜底性、补充性力量的存在，以避免公共利益因无人维权而导致最终无法恢复或者救济的"公地悲剧"发生。人民检察院作为法律监督机关和公共利益的代表，由其通过公益诉讼来维护公序良俗和公共利益，就成为我国法律制度设计的合理选择。2017年6月，在经过两年的试点探索以后，我国正式通过修改法律构建起具有中国特色的检察公益诉讼制度。检察公益诉讼通过保护社会公共利益来维护公序良俗，而反过来要维护好公序良俗也需要检察公益诉讼这样一支专业力量。

通过大量案件的办理,检察机关已经积累了提起、参与公益诉讼的丰富实践经验。自从检察公益诉讼试点工作以来,全国各地的检察机关通过刑事附带民事诉讼、直接提起公益诉讼、支持起诉等各种方式,在生态环境保护、国有财产保护、消费者权益保护等社会公益保护方面做了大量的探索和实践。比如,仅在2019年的一年中全国检察机关在生态环境和资源保护、消费者权益保护等领域办理民事公益诉讼7125件[1],比其他所有被赋予公益诉讼起诉资格的主体所办理的案件都要多得多。可以说,在提起、参与公益诉讼方面,检察机关已经积累了非常丰富的实践经验。

《民法典》总则编除了在第8条对公序良俗以基本原则作出规定外,还在第132条、第153条从正反两方面规定了公序良俗原则的法律效果:一方面规定民事主体不得滥用民事权利损害国家利益、社会公共利益或者他人合法权益;另一方面又规定违背公序良俗的民事法律行为无效。这些基本原则和一般性规则,统领《民法典》各编,对于物权、合同、人格权、婚姻家庭、继承侵权等民事行为来说具有普遍性的法律效力。此外,对公序良俗最容易受到破坏的侵权领域,《民法典》特别作了更多的具体规定,如网络侵权责任(第1194条至第1197条)、产品责任(第1202条至第1207条)、污染环境和生态破坏责任(第1229条至第1235条)。此外,在第185条及第1038条还有保护英烈及个人信息的条款。

公序良俗原则为检察公益诉讼履职提供了依据和指导。《民法典》的上述内容与《环境保护法》、《消费者权益保护法》(2014年4月修订)、《英雄烈士保护法》(2018年4月通过)、《未成年人保护法》(2020年10月修订)、《军人地位和权益保障法》(2021年6月通过)、《安全生产法》(2021年6月修正)、《个人信息保护法》(2021年8月通过)、《反电信网络诈骗法》(2022年9月通过)、《农产品质量安全法》(2022年9月修订)、《妇女权益保障法》(2022年10月修

---

[1] 参见《最高人民检察院工作报告(第十三届全国人民代表大会第三次会议 张军2020年5月25日)》,载最高人民检察院官网,http://www.spp.gov.cn/spp/gzbg/20200601_463798.shtml。

订)、《无障碍环境建设法》(2023年6月通过)、《文物保护法》(2024年11月修订)以及《民事诉讼法》(2023年9月修正)、《行政诉讼法》(2017年6月修正)等法律中有关公益诉讼的规定相结合,构成我国公益诉讼制度的重要内容。民法公序良俗原则的确立,将为检察机关进一步开展公益诉讼探索提供法律空间。

"公序良俗原则属于一般条款,与诚实信用原则一样,需要借助特定国家和地区的民事立法,尤其是特定国家和地区的民事司法予以具体化。"[1]党的十九届四中全会明确提出拓展公益诉讼案件范围,近年来检察机关在办好法律明确授权领域的公益诉讼案件的基础上,一直在尝试探索办理问题突出的其他领域的侵害公益案件,如在公共安全、知识产权、网络侵权、文物文化遗产保护等领域,各地检察机关已经成功办理了不少案件,取得良好的社会效果。而公序良俗原则在《民法典》中的确立,也进一步为检察机关积极审慎探索法律明确赋权领域之外人民群众反映强烈的公益损害问题提供了广阔的空间和可能。民法中的公序良俗原则为检察机关开展公益诉讼履职提供了法律基础和依据,检察公益诉讼制度也一定会在不断的探索和实践中日益完善。

---

[1] 参见王利明:《民法》,中国人民大学出版社2007年版,第47页。

第二章 检察公益诉讼线索发现与立案

立案是检察机关在线索发现以后经过初查、评估,认为国家利益或者社会公共利益受到侵害,可能存在违法行为,决定进行立案调查。检察公益诉讼立案涉及诸多内容,包括线索发现、初查、评估、程序选择、管辖等问题。但在实践中,线索的发现与评估、立案程序的选择涉及一些实务中的细节,是检察公益诉讼履职办案中需要特别予以关注和探讨的问题。

第一节 公益诉讼案件线索发现与评估

公益诉讼案件线索是指能够使检察机关发现侵害国家利益或者社会公共利益情况的信息或迹象。通过案件线索,办理案件的检察人员可以进一步收集证据,了解案情,从而查明真相,决定下一步办案方向。线索发现是检察机关提起公益诉讼工作的前提和基础,是启动其他后续程序的前提条件。线索质量的高低、价值大小直接关系到案件办理的质效。这些年来,从最开始依赖"铁脚板""探照眼"在辖区遍地走访摸排,再到如今探索运用公益诉讼大数据模型、全息办案智能辅助系统从海量数据中筛选线索,检察机关获取公益诉讼案件线索的效率和能力有了重大提升和深刻变化。随着公益诉讼案件线索数量不断增多,对线索的评估、筛查和运用方式也必须与时俱进。因此,如何高效率地发现有价值的线索,如何准确地识别、判断有价值的线索并有效运用,就显得尤为重要。

一、线索来源

根据《民事诉讼法》(2023年9月修正)第58条、《行政诉讼法》(2017年6月修正)第25条的规定,人民检察院办理的公益诉讼案件线索均应当"在履行职责中发现"。但对于何为"在履行职责中发现",法律和司法解释均未作进一步解释。正确理解"履行职责"应立足于法律赋予检察机关的权力和职责,同时结合司法实践中的具体情况,才能全面准确地予以把握和界定,从而更好地回应人民群众的司法需求。

根据最高人民检察院《公益诉讼办案规则》第24条关于公益诉讼案件线索来源的列举式规定,"在履行职责中发现"应当不仅指公益诉讼检察部门在履行检察职责过程中所收到、接触、发现的信息、迹象,而应涵盖检察机关所有业务部门,亦包括新闻媒体、社会舆论等所关注反映的。因为列举本身难以穷尽,且随着形势的发展变化,还可能出现新的方式,故在制定《公益诉讼办案规则》时还特意加入了一个兜底条款,以为新的情形保留必要的空间和可能。

通过梳理检察办案实践,目前公益诉讼案件线索的来源主要包括:一是检察机关内部其他业务条线的案件线索,特别是正在办理的刑事案件;二是上级检察机关交办和转办,包括最高人民检察院、省级检察院挂牌督办的案件线索;三是通过各种平台、机制获取的线索,包括目前越来越多、越来越成熟的大数据模型、公益诉讼全息办案智能辅助系统中收集的各类举报线索,以及通过"益心为公"志愿者检察云平台、两法衔接平台、网格管理平台和市民投诉热线等获取的案件线索;四是外部转交的线索,包括其他国家机关、社会团体以及人大代表、政协委员移交的线索,也包括检察机关主动与之建立公益诉讼协作机制的监察机关、生态环境、审计机关、自然资源等部门移送的线索;五是新闻媒体、社会舆论等反映的线索,包括报纸新闻、电视节目以及众多的网络信息如新闻网站、论坛、微博、微信公众号、已经网络化的新闻媒体所曝光的线索;六是人民群众向检察机关举报、控告的线索;等等。

随着检察公益诉讼配套机制的日益完善,公益诉讼检察部门能够越来越方便地收集到各种各样的刑事案件、投诉举报、行政执法数据、网络热点等信息。

因此，如何从海量信息中发现有价值的公益诉讼案件线索，就成为线索筛查评估中一个非常基础也非常重要的问题。

二、线索筛查评估原则

案件线索的筛查评估原则，实际上就是线索受理的标准。要解决案件线索筛查面临的问题，首先就要确定线索筛查的基本原则和具体规则。在发现公益诉讼案件线索之后，检察机关应当对线索的真实性、可查性等进行评估，对线索的价值作出判断，从而决定下一步如何进行处置。虽然目前还没有出台关于线索受理的统一规定，但总结办案实践经验，对公益诉讼案件线索进行筛查评估应当主要考虑以下原则。

（一）公益性

维护公益是公益诉讼检察履职的出发点和落脚点。考虑到检察公益诉讼立案是将公共利益是否受到侵害作为首要评估考量因素，因此在线索筛查评估阶段也必须将公共利益受损情况作为关注重点之一。

当然，对公益的理解要从多维度、多层面考虑，对公益受损的情况要进行全方位、多角度的调查，不能只顾一点不及其余。例如，对于一个非法采矿侵害公共利益的线索，不仅要考虑非法采矿带来的矿产资源受损情况，还要考虑林业或植被资源、土地资源、水资源（含地下水资源）、野生动植物资源等他自然资源遭受破坏的情况。在资源保护的公益外，还要考察土壤污染、大气污染、水污染、重金属污染以及水土流失、生物多样性破坏、地质环境破坏等生态环境方面的公共利益遭受损害的情况。此外，还应当同时关注因非法采矿带来的安全生产隐患，废弃矿洞存在的涌水、坍塌等安全隐患，重金属残留安全风险，以及食品或农产品质量安全等其他国家利益、社会公共利益遭受侵害的情况。因为一个非法采矿行为可能带来多方面公益受损的后果，而且彼此之间还会相互交叉、相互影响。因此，在线索筛查阶段需要在评估线索反映的违法行为或事件可信度的基础上，按照民事、行政公益诉讼构成要件，对公益损害可能性进行认真评估。

(二)违法性

对于民事公益诉讼,违法性主要考虑是否存在具体的侵权行为,是否有具体的违法主体或侵权主体,以及是否对国家利益和社会公共利益造成损害。对于行政公益诉讼,违法性首先要考虑的是行政机关能否被认定为违法行使职权或不作为,以及是否因其违法行使职权或不作为致使国家利益或者社会公共利益受到损害。

公益诉讼案件线索违法性的认定要立足其公益性。民事公益诉讼中,判断违法性主要是看侵犯了何种法益,该种法益是否具有公益属性。行政公益诉讼中,违法性主要是看行政主体是否违法,主要判断行政主体是否实施了违反行政法律规范的行为,以及是否侵害了法律保护的行政关系并致使国家利益和社会公共利益受到损害。

(三)可调查性

可调查性主要是指公益受到侵害的事实和程度是否可以得到查证,在取证方面存在什么困难和障碍。公益诉讼案件线索的可调查性主要由可查对象、可查事实及可查条件三部分组成。可查对象是公益诉讼调查的起点,民事公益诉讼的可查对象一般是特定的、明确的,但行政公益诉讼的可查对象有时不是那么清晰。在现阶段,由于我国行政机关行政职权划分存在大量交叉,增加了可查对象的难度。对此,主要依据法律、法规、规章、"三定方案"[①]、行政机关权力清单和责任清单等明确责任主体,确定可查对象。可查事实就是分析公益诉讼客观行为的异常性,深入了解相关行业的显性规则和隐性做法,并揭开表面挖掘背后的真相。可查条件即检察机关在确定调查对象和调查事实后,重点分析有无可调查条件,涉及专业领域时需要专业技术支持或咨询专业人员。

[①] "三定方案"是各级机构编制部门对所辖范围内的机构,在单位初设或机构改革过程中有重大变更事项时,颁布实施的纲领性文件。

(四)成案可能性

线索成案的可能性实际上就是线索对公益诉讼检察监督来说所具有的价值的高低,其价值越高成案的可能性就越大。一般来讲,成案率较高的线索包括:(1)证据型线索,源于生态环境、公安、审计等部门移送或检察机关自行发现,即基础事实明确、违法主体及行为构成要件清晰、主要证据已固定的线索。(2)现象型线索,主要源于新闻热点或群众举报,反映具体行业习惯或通行做法,有具体的侵害行为或损害结果的线索。(3)隐秘型线索,主要涉及重点行业的职务犯罪线索,往往不易被察觉,知情范围较小,但一旦被发掘,往往具有较高价值。

此外,时效性也是考量线索监督价值的重要因素之一。对于违法行为超过民事诉讼时效或者行政处罚期限的线索,不仅取证难度变大,而且案件本身可诉性不足,从而带来办案效果不佳、社会影响变小的结果,甚至还可能影响社会公众对检察机关公正履职的评价。因此,超出时效的线索一般不具备重大的监督价值。当然,如果线索本身具有特别的法治意义,也可以在立案查清事实后向行政主管部门或者其他涉案单位制发社会治理类检察建议。

三、线索初步筛查

线索发现也是检察公益诉讼履职的起点之一。随着检察公益诉讼影响越来越大,各种配套机制日益完善,公益诉讼案件线索的体量日益增长,如何科学合理地对其进行筛查、分类、使用、处置,是检察公益诉讼履职中必须面对的问题。通过强化线索评估,建立科学的评估机制,可以充分发挥检察机关的办案潜力,形成线索评估集聚效应。[1]

(一)预先筛除无关线索

预先筛查以损害公益为基本前提,对不涉及侵害公共利益情形、与公益保

---

[1] 参见钟晓云、李庆、易亚东:《公益诉讼一体化办案机制研究——以重庆市人民检察院第二分院辖区实践为样本》,载《中国检察官》2019年第17期。

护无关线索直接予以筛除。对被筛除的线索,如果有具体的控告、举报人不服检察机关的相关处理决定,需要做好释法说理工作,告知其向有权机关或部门进行控告、举报。

(二)对有价值线索进行评估分类

在排除无价值及低价值的线索后,对剩下的线索就要根据标准进行评估分类,以精准发现高质量线索。根据时间、地点、内容、机构、类型等要素对线索进行研判,以确定线索的类别等级,对有价值线索可以进一步区分为重点、关注、一般等类别。在此,实践经验与筛查规则尤为重要,对线索的可查性、违法性的研判直接依赖于办案人员的专业知识和办案经验。例如,对食品安全类线索来说,无证经营餐饮的线索违法性通常要高于工作人员无健康证之类的信息。同样是环境污染,固废污染类线索的可查性高于噪声污染类线索,因为固废污染现场证据清楚,易于收集固定,而大气污染的证据在通常情况下灭失较快、污染源头也难以查证,导致进行调查的难度较大,可查性自然受到影响。当然,这里只是对不同类型的线索质量进行比较,并不是说噪声污染类线索就要予以排除,对于噪声污染事实清楚、公益损害明确的线索,检察机关必须予以受理和查办。

在对线索进行评估预判时,对于单人多次重复举报、多人对同一事情多次举报、同一机构被多次举报等线索需要特别关注。如单条噪声污染线索价值较低,但对同一地点的噪声污染线索周期性重复出现,其成案可能性明显上升,检察官必要时可以进行初步调查核实。另外,如果在特定时期开展某方面专项监督行动,如上级检察机关部署开展安全生产公益诉讼专项监督,在具体工作中就要重点挖掘危化品存储、运输事故,电池、燃气等消防安全,电梯、游乐设施等特种设备安全线索,在预估时予以特别关注。

四、线索研判与处置

从检察公益诉讼试点期间千方百计摸排线索寻找案源,到机制成熟形成稳固的线索来源渠道,再到探索运用大数据、人工智能等技术从海量数据中定向筛选线索,公益诉讼案件线索评估研判的工作重心也从排查寻找线索转变为对线索进行研判与处置。

公益诉讼检察部门受理公益诉讼案件线索后,应当及时对线索的真实性、可查性进行预评估,并依法依规进行研判与处置。线索研判内容包括:(1)启动立案调查程序的必要性以及办案过程中可能遇到的问题和存在的困难;(2)案件线索是否涉嫌刑事犯罪,是否可以提起刑事附带民事公益诉讼;(3)案件线索存在的风险,包括社会舆情、信访风险、影响区域经济发展的风险、引发群体性事件可能等;(4)其他需要评估的问题。

通过评估和研判,对于侵害国家利益或者社会公共利益,可能存在违法行为,应当进行立案监督的线索,根据具体情况进行分类处置:对于一般简单的案件,按照立案程序办理立案手续,或移送有管辖权的检察机关办理;对于相对复杂的案件,在立案同时按照程序上报上级检察机关,由上级检察机关予以指导办理;对于舆论比较关注、社会影响大、地方有阻力、关系复杂以及重大疑难的案件,实行上下联动,上级检察机关统一指挥一体办理,必要时由上级检察机关提级办理。

上级检察机关可以对下级检察机关的线索分配、研判、初查和成案情况予以指导。在发现成批线索的情况下,上级检察院针对不同类型、不同难易程度的案件线索进行统筹,以便及时排查、分配并进行研判、分类,根据具体情况有针对性地予以指导办理。

在实践中,仍需进一步完善检察公益诉讼与行政执法在线索移送、会商研判、调查取证、信息共享等方面的协作机制,凝聚公益保护合力。不少公益诉讼检察履职领域专业性较强,通过与行政主管部门协作履职,检察机关可以借助行政机关专业力量,发现有价值的案件线索,增强线索研判处置的准确性,弥补检察公益诉讼专业短板。但需要注意的是,检察机关在协作过程中需要坚持法治思维、法治方式,牢牢把握好自身定位,明确检察职权边界,不能混同、代替行政机关履行监管职责,更不能越位履职、越界监督、越权办案,同时作为监督机关需要保持相对独立超脱的地位,对负有监督管理职责的行政机关的履职行为合法性进行评估和监督。

五、科技赋能与群众参与

由于检察公益诉讼履职范围不断拓展，案件线索发现评估机制也需要不断完善以适应新的形势，尤其是对于新的法定领域和"等外"新领域探索案件，还需要拓展线索来源，不断畅通信息渠道，争取更多社会支持。

数字检察是检察工作现代化的重要支撑，检察公益诉讼必须与数字检察战略相结合，以大数据赋能提升办案质效。通过建立线索平台大数据模型，实现对案件线索的集中筛选，既解决案件线索来源问题，又提升线索筛查的效率。这不仅是在推动数字信息技术与检察工作深度融合方面的积极探索，也是新形势下以数字技术赋能检察履职办案。

在公益诉讼检察履职过程中，善于利用信息化手段可以更有效发现案件线索、开展精准监督、促进系统治理，推动法律监督提质增效。在当前阶段，全面推广运用"益心为公"志愿者检察云平台，注重借助志愿者的专业优势、行业优势，发现和解决公益损害问题尤为重要，可以邀请志愿者参与无障碍环境建设、食品药品安全、安全生产、特殊群体权益保障等领域的检察办案，在解决人民群众"急难愁盼"的同时，也让他们通过参与办案过程而更生动地感受到公平正义，更充实地体验到维护公益所带来的获得感和成就感。

为帮助筛查评估公益诉讼案件线索，各地在智慧检察、科技赋能方面做了不少探索，其中上海检察机关开发的"公益诉讼线索收集和智能推送平台"相对比较成熟和有效。平台不仅能够对公益诉讼案件线索实现全流程管理，还有知识库和智能搜索功能，为办案提供法律、案例及行政机关职责情况等专业支持。该平台对接了五大数据源，包括统一办案软件、"12345"市民热线、公益随手拍、检察为民举报和舆情监测数据，运用大数据模型和人工智能高效地收集、筛查、评估和推送线索。① 办案检察官可以根据线索推送情况，对社会关注度高、成案率高的线索进行初查。在初查后认为需要通过与行政部门等进行磋商

---

① 参见《公益诉讼：如何有效运用案件线索》，载最高人民检察院官网，https://www.spp.gov.cn/spp/llyj/202009/t20200924_480771.shtml?_refluxos=a10。

沟通、制发检察建议甚至提起公益诉讼的,在检察统一业务应用系统进行立案处理。

最高人民检察院检察长应勇指出,深入实施数字检察战略,赋能新时代法律监督,促进和维护公平正义,更好以检察工作现代化服务中国式现代化。[①]在办案实践中发现问题、提炼规律特征,构建公益诉讼法律监督模型,强化技术支持力度,深化卫星遥感、大数据信息平台、无人机、快速检测技术在办案中的应用。现阶段各地正因地制宜地加快推进快速检测实验室建设,满足基层办案中线索核实、勘验取证、固定证据等初始性、基础性技术办案需求。对此,公益诉讼检察部门需要会同技术部门加强统筹谋划和指导,探索运用大数据等现代科技手段辅助办理流域性、系统性治理大案。对于法律监督模型与大数据运用在重塑检察监督模式、提升检察工作质效中所能发挥的关键变量作用和重大意义,必须要有充分的认识。

第二节 检察公益诉讼立案程序选择

根据检察公益诉讼制度设计,对于损害社会公共利益的违法行为主体,在没有其他法律规定的机关和有关组织,或者这些机关和组织不提起诉讼的情况下,检察机关可以提起民事公益诉讼;对于负有监督管理职责而违法行使职权或者不作为导致国家利益或者社会公共利益受到侵害的行政机关,检察机关依法提起行政公益诉讼。按照现阶段国家立法条款的表述来看,在15个检察公益诉讼法定履职领域中,只授权检察机关提起行政公益诉讼的领域有国有财产保护、国有土地使用权出让,检察机关仅被授权提起民事公益诉讼的领域有英雄烈士保护、个人信息保护、反垄断等领域。在其他更多的领域,如生态环境和资源保护、食品药品安全、未成年人保护、军人地位和权益保障、安全生产、反电

---

① 参见《最高检:加快推进数字检察战略赋能法律监督促进和维护公平正义》,载最高人民检察院官网,https://www.spp.gov.cn/dj/xwjj/202306/t20230619 - 618018.shtml?_refluxos = a10。

信网络诈骗、农产品质量安全、妇女权益保障、无障碍环境建设、文物保护等,法律对检察民事公益诉讼和检察行政公益诉讼均有授权,理论上两者可以并行不悖。

在检察民事公益诉讼和检察行政公益诉讼均被授权的领域,当侵害公共利益的违法行为发生时,检察机关作为公共利益守护者,是启动民事公益诉讼程序,还是启动行政公益诉讼程序,抑或双管齐下同时启动两种程序,是摆在检察办案人员面前的一个客观而又现实的问题。检察机关在履行职责过程中都需要进行认真准确的评估和衡量,并最终做出合理合法的选择。

一、现行规定

由于现阶段尚没有一部专门统一的法律,关于检察公益诉讼的法律条款散见于《民事诉讼法》《行政诉讼法》以及众多单行立法中。而《民事诉讼法》《行政诉讼法》相关条款[①]作为当前检察公益诉讼制度的本源性法律依据,仅原则性地规定了检察公益诉讼的领域、起诉前置程序等内容,单行法增设的检察公益诉讼条款更缺乏相应程序性规定。现阶段检察公益诉讼制度的分散式立法,不仅"未能更好体现检察公益诉讼职能定位,难以体现检察公益诉讼不同于私益诉讼和其他主体提起公益诉讼的特点规律,难以满足诉前监督、调查核实、诉讼权利义务、裁判执行等检察公益诉讼特殊程序需求"[②]。按照目前的立法模式和架构,检察民事公益诉讼和检察行政公益诉讼分别归属于大的民事诉讼和行政诉讼范畴,在程序上相互独立,对于检察机关在具体办案过程中如何进行程序选择,无法进行有效统筹和规范。

检察机关作为公益守护者,既然被授权提起行政公益诉讼,同时又被授权在法律规定机关或者相关组织顺位之后提起民事公益诉讼,对于民事、行政两大程序如何进行取舍选择,就成为检察公益诉讼特有的程序问题。现阶段相关

---

① 参见《民事诉讼法》(2023年9月修正)第58条第2款;《行政诉讼法》(2017年6月修正)第25条第4款。

② 参见应勇:《以习近平法治思想为指引加快推进检察公益诉讼立法》,载《人民检察》2023年第21期。

法律对此没有规定,而最高人民检察院《公益诉讼办案规则》对该问题也未涉及。《公益诉讼办案规则》第27条、第28条虽然规定,人民检察院应当对公益诉讼案件线索的真实性、可查性等进行评估,必要时可以进行初步调查,在评估后认为国家利益或者社会公共利益受到侵害,可能存在违法行为的,应当立案调查。至于是作为民事公益诉讼案件,还是作为行政公益诉讼案件进行立案,则未进一步予以明确。根据《公益诉讼办案规则》第29条规定,对于国家利益或者社会公共利益受到严重侵害,人民检察院经初步调查仍难以确定不依法履行监督管理职责的行政机关或者违法行为人的,也可以立案调查。这就是所谓以事立案的规定,但以事立案还需要区分是行政公益诉讼的以事立案,还是民事公益诉讼的以事立案,因为民事和行政是完全不同的两个程序。对于此一问题,实践中也确实在一定程度上给公益诉讼检察部门及办案人员带来困扰。

二、实践做法

检察公益诉讼维护的国家利益和社会公共利益具有广泛性,制度设计是检察民事公益诉讼与检察行政公益诉讼并存,而且两者大部分领域也是重叠的。就绝大部分公益损害来讲,在存在侵害公共利益的违法行为主体的情况下,一般也存在未依法履行监督管理职责的行政机关。因此,在发现线索之后,检察机关既可以立行政公益诉讼案件,又可以立民事公益诉讼案件,如何选择将直接决定后续案件办理的程序和效果,先来看两个实践中的案例。

案例一[①]:2023年1月至10月,南通市崇川区某酒店厨师在烧制预制菜的过程中,为防止客人食用后发生腹泻,违法在菜品种添加硫酸庆大霉素,共向市场销售违规预制菜品7.7万余元。而硫酸庆大霉素本身是一种作为处方药的抗生素,具有耳毒性、肾毒性。崇川区人民检察院在对违法行为主体审查提起刑事公诉的同时,于2023年11月27日进行民事公益诉讼立案[②],后又于2023

[①] 参见《酒店菜品里投庆大霉素:细思恐极,更要深挖溯源》,载重庆日报网,https://wap.cqrb.cn/xcq/NewsDetail?classld=1539&newsld=1981370&_refluxos=a10,最后访问日期:2025年3月7日。

[②] 沙某某等人生产、销售有毒、有害食品刑事附带民事公益诉讼案(通崇检民公立〔2023〕17号)。

年12月29日进行行政公益诉讼立案。① 检察机关在民事公益诉讼中对违法行为人提出3倍惩罚性赔偿诉讼请求并获得法院支持,又在行政公益诉讼中通过制发检察建议,督促行政主管部门对案涉违法行为人进行处罚,并在辖区内开展专项整治,进一步对处方药的销售活动进行规范。

案例二:东海县山左口镇某村村民鲁某某于2019年2月至2022年6月,在未取得采矿许可证的情况下,从其在集体土地上开设的养殖场内非法采砂4109.10立方米(2.21吨/立方米),造成国家矿产资源损失29.5万余元,后又非法回填大量固体废物,产生固体废物处置费用1746万余元。东海县人民检察院在对鲁某某提起刑事公诉的同时,于2023年3月9日以行政公益诉讼立案②,并于2023年3月30日向负有监督管理职责的行政机关制发检察建议。因被督促的行政机关未依法全面履职,东海县人民检察院将其作为被告依法提起行政公益诉讼。由于本案还涉及固体废物处置、环境修复等费用,2023年7月26日东海县人民检察院又进行了民事公益诉讼立案③,并提出处置费、修复费、鉴定评估费以及赔礼道歉等多项诉讼请求,最终获法院全部支持。

面对一条公益损害线索,检察机关到底以行政公益诉讼立案,还是以民事公益诉讼立案,一般是在综合考虑各方面情况之后作出选择,在少数案件中甚至具有相当的随机性。在国家利益或者社会公共利益受到严重侵害,经初步调查仍难以确定不依法履行监督管理职责的行政机关或者违法行为人的,根据《公益诉讼办案规则》第29条的规定,检察机关可以以事立案进行办理。但即使是以事立案,在具体受理时仍需要进一步区分公益诉讼案件的类型。实践中的以事立案,各地以行政公益诉讼进行立案的较多。

三、问题与困惑

对于民事、行政两种检察公益诉讼程序如何进行选择,由于法律及司法解

---

① 南通市崇川区某酒店生产销售有毒有害食品行政公益诉讼案(通崇检行公立〔2023〕58号)。
② 东海县人民检察院就非法采矿和填埋固体废物对负有监督职责的两个不同的行政机关分别进行行政公益诉讼立案(东检行公立〔2023〕35号、东检行公立〔2023〕29号)。
③ 鲁某某等非法采矿刑事附带民事公益诉讼案(东检民公立〔2023〕17号)。

释没有具体的规定,实践中缺乏明确的评估程序和标准,在立案时可能根据当时的情况各取所需,在程序选择上存在较大的自由度和随意性。上述两个案例中,检察机关对同一侵害公共利益的违法行为,均启动了民事公益诉讼和行政公益诉讼,但不同的是在立案次序上,一个是先民后行,另一个则反之。在公益诉讼实践中,不同的承办人在不同的情况下选择的标准也比较多样,有的是以受侵害的公共利益的类型来考虑,有的是从办案的难易程度来考虑,有的只选择民事公益诉讼,或者只选择行政公益诉讼,有的同时或先后选择两种程序。在通常情况下,检察机关对民事程序、行政程序如何进行选择,对办案效果可能没有太大的影响,但在一些特殊案件中,时间流逝、环境变迁等因素将会对检察机关的证据收集保存、鉴定评估等活动产生不可忽视的影响,进而使得检察机关的程序选择对最终的办案效果产生重大影响。

如果从民事或者行政案件办案的难易程度进行选择,有选择性办案之嫌,不符合公益保护和检察办案的应有之义。而以受侵害公共利益的类型为标准进行选择,由于公共利益类型不易清楚区分,在实践中存在一定的困难。公共利益可以分为国家利益和社会公共利益,其中国家利益又可以分为国家在整体上所具有的政治利益、经济利益、安全利益等方面的利益,社会公共利益可以分为不特定第三人的利益、弱势群体的利益,与《民法典》所确认的基本法律价值密切联系的民事利益。公共利益的内涵和外延不仅需要在推动法律实践的过程中逐步凝聚共识,而且会随着人们所分享的价值共识的变化而发生相应调整。①

检察机关作为唯一可以提起行政公益诉讼的主体,民事公益诉讼的主要起诉主体,其对公益诉讼的程序类型的选择直接决定公益诉讼对司法资源的配置是否均衡有效率,是否能够成本最小化收益最大化,是否能够提升公共利益保护整体效率。② 因此,检察机关在进行立案选择时,应当有一个基本可以大体

---

① 这是中国人民大学王轶教授的观点。参见罗瑞、张嘉军、李胤:《检察公益诉讼立法要突出中国特色——检察公益诉讼现代化与检察公益诉讼立法研讨会综述》,载最高人民检察院第八检察厅编:《公益诉讼检察工作指导》(2023 年第 4 辑),中国检察出版社 2024 年版,第 29~34 页。
② 参见乌兰:《检察公益诉讼程序选择的法经济学省思》,载《社会科学家》2023 年第 5 期。

遵循的原则和路径,以确保检察公益诉讼的功能效用得到充分发挥,也使公共利益能够在担负合理司法资源成本的情况下得到最大限度、最好效果的维护。

四、选择路径

诉讼法学者李浩认为,在司法实践中,公益损害中民事违法行为与行政违法行为同时存在的情况较为普遍,应当对优先适用行政公益诉讼还是民事公益诉讼进行明确。① 在对该问题进行较大范围的调研的基础上,结合公益诉讼办案经验,笔者认为检察机关在进行民事或行政公益诉讼的程序选择或取舍时,应当大致遵循以下原则和路径。

1. 一般情况下优先行政公益诉讼立案

通过督促行政机关依法履职足以实现公益保护目的的案件,应优先进行行政公益诉讼立案。就理论上来讲,通过行政监督管理手段来保护公益是最便捷、最理想的方式。以生态环境领域的公益保护为例,"环境问题的特殊性决定了行政主导的必要性,检察机关的民事公益诉权一般隐而不显,优先由环境监管部门运用行政手段处理解决"②。行政机关的设立逻辑及行政权力的配置情况,决定了行政机关在执行公共政策过程中的公益性和高效性。涉及公共利益的纠纷,通常都是多中心任务的事件。对该纠纷的处理结果会形成适用于不特定多数人的公共政策,而直接形成的公共政策就如同制定法律一样,超出了司法机能的范围。对于侵害公共利益的违法行为的处置,行政监管相比于司法程序,具有反应的及时性、监管的全过程性等优势,行政机关作为主管部门也更具有专业性。只是由于在实践中行政机关存在滥用权力的冲动和不作为的惰性,致使单纯依靠行政执法,并不能使公共利益获得全面、有效的保护,立法者才赋予了司法机关在公益保护和救济方面的职能。

在制度设计和定位上,检察公益诉讼发挥的是拾遗补阙的价值和功能。实

---

① 参见罗瑞、张嘉军、李胤:《检察公益诉讼立法要突出中国特色——检察公益诉讼现代化与检察公益诉讼立法研讨会综述》,载最高人民检察院第八检察厅编:《公益诉讼检察工作指导》(2023年第4辑),中国检察出版社2024年版,第29~34页。

② 李艳芳、吴凯杰:《论检察机关在环境公益诉讼中的角色与定位——兼评最高人民检察院〈检察机关提起公益诉讼改革试点方案〉》,载《中国人民大学学报》2016年第2期。

践中,检察公益诉讼起诉案件占到全部公益诉讼起诉案件总数的95%以上,行政公益诉讼案件占检察公益诉讼案件总数的90%左右。① 通过督促行政机关履行监督管理职责达到维护公益的目的,是一种既符合制度设计初衷,又使检察权、行政权能够各负其责、各得其所的运行方式。而通过检察机关对违法行为主体提起民事公益诉讼的方式来维护公益,只是在维护公益的战斗中最后打扫战场的一种特定方式和选择。

就公益保护的不同手段和方式来说,行政监管是一种效率较高、效果较好的公益保护途径,因此就检察民事公益诉讼与检察行政公益诉讼两种履职方式相比较而言,通过行政公益诉讼督促负有监督管理职责的行政机关依法履行监管职责来保护公益,比检察机关提起民事公益诉讼的方式进行公益保护更具有效率,而实践表明行政公益诉讼在大多数情况下也确实更能起到事半功倍的效果。北京大学巩固研究员认为,考虑到行政执法的高效性,可以将行政公益诉讼起诉前置程序与民事公益诉讼有效衔接,即经起诉前置程序督促,行政机关积极履职仍然不能充分救济受损公益的,检察机关再考虑提起民事公益诉讼。② 因此,当发现国家利益或者社会公共利益受到侵害,可能存在违法行为需要进行立案调查时,如果检察机关经评估认为行政机关依法全面履行监督管理职责,能够有效解决问题,达到维护国家利益或者社会公共利益的目的,那么应当首先选择行政公益诉讼程序,通过督促行政机关履职来达成公益保护目标。

2. 特殊情况下民事公益诉讼优先或同时立案

违法行为主体除在承担刑事责任、行政责任外,仍需要承担具有实质性内容的民事责任的案件,应当以民事公益诉讼优先或同时立案。民事责任本身可与刑事责任、行政责任并行不悖,刑事处罚或者行政处罚不能替代民事赔偿。违法行为主体侵害公共利益的违法行为已经被处以刑罚或者行政处罚后,还要

---

① 参见应勇:《以习近平法治思想为指引加快推进检察公益诉讼立法》,载《人民检察》2023年第21期。
② 参见罗瑞、张嘉军、李胤:《检察公益诉讼立法要突出中国特色——检察公益诉讼现代化与检察公益诉讼立法研讨会综述》,载最高人民检察院第八检察厅编:《公益诉讼检察工作指导》(2023年第4辑),中国检察出版社2024年版,第29~34页。

不要再对其提起民事公益诉讼要求其承担相应的民事责任,尤其是承担法律规定的惩罚性赔偿责任,当前在司法实践一线存在一定的争议。尤其是部分从事刑事检察或者审判的同志还存在重刑轻民的观念,认为对同一违法行为既然已经判处罚金类的财产刑,那么再提起民事公益诉讼追究其民事赔偿责任,对违法行为主体来说有失公平。实际上,民事责任与刑事责任(行政责任)设置的理论基础、保护的法益、最终的用途均不相同,并不能相互替代。我国相关法律对此是有明确规定的:根据《刑法》(2023年12月修正)第36条的规定,由于犯罪行为而使被害人遭受经济损失的,对犯罪分子除依法给予刑事处罚外,并应根据情况判处赔偿经济损失。承担民事赔偿责任的犯罪分子,同时被判处罚金,其财产不足以全部支付的,或者被判处没收财产的,应当先承担对被害人的民事赔偿责任;根据《行政处罚法》(2021年1月修正)第8条的规定,公民、法人或者其他组织因违法行为受到行政处罚,其违法行为对他人造成损害的,应当依法承担民事责任;而《民法典》(2020年5月通过)第187条也规定,民事主体因同一行为应当承担民事责任、行政责任和刑事责任的,承担行政责任或者刑事责任不影响承担民事责任;民事主体的财产不足以支付的,优先用于承担民事责任。

在民事公益诉讼中,违法行为主体承担民事责任的方式主要包括停止侵害、排除妨碍、消除危险、返还财产、恢复原状、赔偿损失、消除影响、恢复名誉、赔礼道歉等。停止侵害、排除妨碍、消除危险是预防性的责任承担方式,恢复原状、赔偿损失是恢复性或补偿性的责任承担方式,而消除影响、恢复名誉、赔礼道歉则为人格恢复性的责任承担方式。一般来说,在进行刑事追诉、行政处罚后,违法行为主体已经停止侵害、排除妨碍、消除危险了,这些紧急的状态应该都已经不存在了,民事公益诉讼对这些预防性的责任承担方式亦无须再行主张。

检察机关提起民事公益诉讼的基础法律关系是侵权责任,而恢复原状和赔偿损失是违法行为主体承担侵权责任的最基本的方式。如果违法行为主体的违法行为造成公共利益的侵害,虽然已经对违法行为主体科以刑罚或进行了行政处罚,但客观上仍然存在恢复原状或者补偿所造成经济损失的需要,检察机关就应该启动民事公益诉讼程序。例如,对于破坏生态、污染环境的案件,检察机关在进行行政公益诉讼立案时,应督促行政机关依法进行紧急处置并对违法行为主体予以行政处罚后,违法行为主体还需要承担生态环境服务功能损失或期间损失责任的,就应当进行民事公益诉讼立案。

对检察民事公益诉讼来说,在已经督促负有监督管理职责的行政机关依法履行法定职责的情况下,若违法行为主体的预防性责任已经承担或履行而又不存在恢复性或补偿性责任,则不宜再单独通过民事公益诉讼主张人格恢复性责任。但是,对于英雄烈士保护领域案件可以单独提出消除影响、恢复名誉、赔礼道歉等诉讼请求。因为此类案件一般不存在造成财产损失等需要进行经济补偿的内容,而立法机关授权检察机关在该领域开展公益诉讼的主要目的是保护英雄烈士的姓名、肖像、名誉、荣誉等具有明确人身属性的法益。

综上,对于公益受损的情况,如果负有监督管理职责的行政机关本身已经主动履职,或者经检察机关督促依法进行了履职,但仍未能有效解决问题、公共利益仍处于受侵害状态,则检察机关应当考虑进行民事公益诉讼立案。检察机关在公益诉讼立案时,应循着科学的原则和路径,作出正确的程序选择和优先顺序安排,从而使后续的案件办理更为高效和顺利,使被侵害或受到威胁的公共利益得到更好的维护。

第三节　检察行政公益诉讼中被监督行政机关的选择与确定

行政公益诉讼制度关系到对行政行为的法律监督和国家司法职权的优化配置,也关系到国家治理体系和治理能力现代化。"行政公益诉讼已经成为许多国家和地区行政诉讼制度的重要内容,甚至在很大程度上成为衡量一国或地区行政诉讼制度完善程度的重要标志。"① 正如习近平总书记所强调的那样："由检察机关提起公益诉讼,有利于优化司法职权配置、完善行政诉讼制度,也有利于推进法治政府建设。"②

根据《行政诉讼法》(2017年6月修正)第25条第4款的规定,人民检察院在履行职责中发现生态环境和资源保护、食品药品安全、国有财产保护、国有土地使用权出让等领域负有监督管理职责的行政机关违法行使职权或者不作为,致使国家利益或者社会公共利益受到侵害的,应当向行政机关提出检察建议,督促其依法履行职责。行政机关不依法履行职责的,人民检察院依法向人民法院提起诉讼。那么,"负有监督管理职责的行政机关"应当怎么理解,如何准确把握,是在检察办案实践中经常遇到而又非常关键的问题。

经历了"顶层设计、法律授权、试点先行、立法保障、全面推进"五个阶段后,我国行政检察公益诉讼基本建立起来。由于缺乏统一的专门立法,检察公益诉讼条款散见于20余部单行法律之中,导致规则总体上比较原则简单,可操作性不强。从行政公益诉讼司法实践来看,办案人员熟悉掌握行政公益诉讼案件的被监督对象,是准确适用法律、督促行政机关依法履职的基础和前提。

生态环境和资源保护是检察公益诉讼法定履职领域之一,就办案数量来说在众多领域中多年来一直排在第一位。③ 我国环境保护实行的是"生态环境部门统一监督管理,相关职能部门分工负责"的管理体制。根据《环境保护法》(2014年4月修订)第10条的规定,国务院环境保护主管部门,对全国环境保护工作实施统一监督管理;县级以上地方人民政府环境保护主管部门,对本行政区域环境保护工作实施统一监督管理。县级以上人民政府有关部门和军队

---

① 黄学贤:《行政公益诉讼回顾与展望——基于"一决定三解释"及试点期间相关案例和〈行政诉讼法〉修正案的分析》,载《苏州大学学报(哲学社会科学版)》2018年第2期。
② 《中共中央关于全面推进依法治国若干重大问题的决定》,人民出版社2014年版,第58页。
③ 2024年全国检察机关办理民事、行政诉讼规定领域案件91,508件,占比为60.5%;单行法规定领域案件55,500件,占比为36.7%;其他领域案件4262件,占比为2.8%。在传统四大领域中,生态环境和资源保护领域立案56,671件,占立案总数的37.5%;食品药品安全领域立案25,590件,占比为16.9%;国有财产保护领域立案8509件,占比为5.6%;国有土地使用权出让领域立案738件,占比为0.5%。参见《公益诉讼检察工作白皮书(2024)》,载最高人民检察院官网,https://spp.gov.cn/xwfbh/wsfbh/202503/t20250309_688675.shtml?_refluxos=a10。

环境保护部门,依照有关法律的规定对资源保护和污染防治等环境保护工作实施监督管理。除传统意义上的生态环境局外,其他有关部门,包括海洋、海事、渔政、土地、矿产、农林、水利、公安、工信等部门也要依据《环境保护法》和有关法律的规定履行一定的环境保护监管职责。这种一个部门统一主管、各部门分工负责的体制,在其他行政领域也很常见。在这种模式下,如果相关机关和部门违法行使职权或者怠于履职,在特定情形下均有可能成为检察机关行政公益诉讼的监督对象。因此,在实践中如何精准选择与确定被监督行政机关经常成为公益诉讼检察官颇感棘手的问题。

一、确定被监督行政机关的原则

从广义上讲,管理包括计划、组织、指挥、调节和监督等职能。监督是指有权限的机关对违法的行为和不当的行为加以矫正的活动。对行政公益诉讼的监督对象,有必要作狭义的理解,应当主要是以监督方式履行管理职责的行政机关,即依法能够以自己的名义独立地对行政违法行为进行处理或对公共事务进行管理的行政机关。《行政诉讼法》(2017年6月修正)在行政公益诉讼条款中选择使用了"监督管理职责"的表述,而非与普通行政诉讼共同使用"法定职责"的概念。因此,行政公益诉讼意义上的监督管理职责范围非常广泛:从内容上看,有宏观的领导、保障、服务等职能以及具体的政策制定、执行和管理职能;既包括抽象意义上的治理职责,也包括具体的行政执法职能;既包括宪法组织法意义上的监督管理职责,也包括行政行为法意义上的监督管理职责;既包括社会秩序、公共安全保障的监督管理职责,也包括经济社会发展的监督管理职责。

在办理检察行政公益诉讼案件过程中,需要按照职责法定、权责一致原则,依法查明行政主体或者法律、法规、规章授权组织的法定职责、职责范围、依据以及监督管理程序等方面的内容,以准确选择和确定被监督行政机关。在实践中,有时对被监督行政机关的确定并不是那么容易做出的,尤其是在多个行政机关针对同一公益损害在不同环节负有监督管理职责,或多个行政机关针对同一公益损害负有不同监督管理职责时,需要厘清监管主次职责和履职顺序、步骤等,从最有利于解决公益损害问题、最大化保护公益角度出发确定被监督对象。

(一)职责法定原则

职责法定原则,是指对部门职责和权限依法依规予以明确,实现职能配置确定化,以确保职责的合法性和规范性。通过职责法定,部门职责的内容和边界得到明确,既可以促进行政行为的合法性,又能防止权力滥用和推诿扯皮。法律产生行政,对国家机关而言,法无授权即禁止。① 在行政职权的诸多属性中,法定性是其最基本,当然也是最重要的属性,这一点在法律、法规中有具体的规定和表述,《行政处罚法》对行政机关委托进行行政处罚进行了明确的限制性规定,行政机关依照法律、法规、规章的规定,可以在其法定权限内书面委托符合法律规定条件的组织实施行政处罚,但不得委托其他不符合法定条件的组织或者个人实施行政处罚。②

职责法定不仅强调行政机关的职权内容要有明确的法律依据,而且其履行职责的程序也要有法律予以明确。国家虽然尚未制定统一的行政程序法律,但不少地方已经制定的关于行政程序的地方性法规规章对此进行了规定。《江苏省行政程序条例》③第 4 条规定:"行政机关应当依据法律、法规、规章,在法定权限内按照法定程序行使行政职权。未经正当程序,行政机关不得作出减损公民、法人或者其他组织合法权益,或者增加其义务的行政行为。"《湖南省行政程序规定》④第 3 条规定:"行政机关依照法律、法规、规章,在法定权限内,按照法定程序实施行政行为。"《山东省行政程序规定》⑤第 3 条规定:"行政机关

---

① 参见章剑生:《现代行政法总论》,法律出版社 2019 年版,第 42 页。
② 《行政处罚法》(2021 年修正)第 20 条规定:"行政机关依照法律、法规、规章的规定,可以在其法定权限内书面委托符合本法第二十一条规定条件的组织实施行政处罚。行政机关不得委托其他组织或者个人实施行政处罚。"
③ 《江苏省行政程序条例》由江苏省第十三届人民代表大会常务委员会第三十一次会议于 2022 年 7 月 29 日通过,自 2022 年 11 月 1 日起施行。
④ 《湖南省行政程序规定》于 2008 年 4 月发布,自 2008 年 10 月 1 日起施行。2018 年 7 月进行第一次修改,2022 年 10 月进行第二次修改。
⑤ 《山东省行政程序规定》于 2011 年 6 月公布,自 2012 年 1 月 1 日起施行。

应当依照法律、法规、规章,在法定权限内,按照法定程序实施行政行为。"第4条规定:"没有法律、法规、规章依据,行政机关不得作出影响公民、法人和其他组织合法权益或者增加其义务的决定。"从法律关系上分析,能够成为检察公益诉讼监督对象的行政机关首先必须具备两个条件,即独立的法律地位和法定的管辖权。独立的法律地位包括独立的编制、预算、组织法和印章等内容。编制是机构编制管理机关核定的行政机关人员数额和领导职数。预算主要涉及行政机关的收入与支出的预期核算,是行政机关行使职权的物质保障,同时能够起到控制行政职权的作用。组织法是设立行政机关的基础性法规范,一般会有关于编制和经费等内容的规定。印章是国家机关身份的象征,是行政机关可以独立对外行文的法定标识,也是一般大众在通常情况下辨别行为主体和行为性质的主要途径。

《宪法》(2018年3月修正)、《地方各级人民代表大会和地方各级人民政府组织法》(2022年3月修正)(以下简称《地方人大和政府组织法》)等法律对各级政府的职权有概括性规定。立法机关在制定某部单行法律时,一般都会在总则里规定负责执行本部法律的行政机构。这些相关法律条款就是确定行政机关法定职责的法律依据。如《道路交通安全法》第5条第1款规定:"国务院公安部门负责全国道路交通安全管理工作。县级以上地方各级人民政府公安机关交通管理部门负责本行政区域内的道路交通安全管理工作。"据此,江苏省沛县公安局交警大队负责沛县范围内的道路交通安全管理工作。在办案实践中,选择和确定监督对象时,必须明确所指向的行政机关依法具有该项事务的监督管理职责。

现行各级政府机构、各个政府部门的名称和职能,就是贯彻《深化党和国家机构改革方案》时,由各级党委、政府发文确定下来的,其文件的标题一般为"关于印发《×××机构改革实施方案(或实施意见)》的通知"。如《中共宿州市委办公室、宿州市人民政府办公室关于印发〈灵璧县机构改革方案〉的通知》(宿办秘〔2019〕4号)对安徽省灵璧县党政机构进行了优化调整,具体规定了部门设置和职能配置情况。在办案实践中,在选择和确定监督对象时除了确保相关行政机关依法具有该项事务的监督管理职责外,还必须是具有相应监督管理职能配置的相应层级的行政机关。

（二）权责一致原则

"无责任即无权利"，这对于政府和人民来说同样适用，在现代社会人民将其权利交给了委任的代表即政府来行使，政府就必须对人民负责，作为行政主体的政府其一切行为都必须围绕公共利益的增进和最大化这个轴心进行。① 在行政法中，权责一致原则是指行政机关在行使权力时，必须对其行为结果承担相应的责任，确保权力与责任相匹配。这一原则是行政法治的重要组成部分，旨在防止权力滥用，保障公民权益，促进行政行为的公正性和效率。权责一致原则是行政法治的重要保障，通过明确行政机关的权力与责任关系，确保行政行为的合法性、公正性和有效性。这一原则的确立除了防止权力滥用、保障公民权益的初衷外，还能起到提升行政管理效率和公信力的作用，是推进法治建设的重要内容。

在行政组织中，权责一致原则要求明确各部门和人员的职责，避免"权大于责"或"责大于权"的情况。在生态环境保护领域，如果生态环境部门未能有效监督企业排污行为，导致环境污染问题严重，则该部门应承担相应的行政责任。权责一致原则在我国行政组织架构中的有着充分的体现，例如某部门负责食品安全监管，其职权包括查处相关违法行为，如果该部门未能有效履职，导致食品安全事故发生，则其必须承担相应责任。

权责一致原则主要是要求行政机关的权力与责任相统一，即行政机关在行使其监管职权时，必须要有相应明确的责任边界，以确保权力不被滥用。例如，行政机关在作出行政处罚、行政许可等决定时，必须依法行使权力，同时对决定的合法性和适当性负责。权责一致原则在推进法治政府建设进程中有着重要的意义，它不仅能够保障公民权益，而且还可以有效防止权力被滥用。例如，某政府部门负责发放建筑施工许可证，如果该部门因疏忽大意导致不符合条件的企业获得许可并最终发生安全事故，则该部门应承担相应责任；某地城市管理

---

① 参见黄学贤、王太高：《行政公益诉讼研究》，中国政法大学出版社2008年版，第108~109页。

部门在查处违法建筑时,若存在程序违法的情形,则其作出的处罚决定最终可能会因违法而被撤销。

权责一致原则对于确定行政公益诉讼的监督对象有着重要的作用,检察机关通过厘清行政机关在维护公共利益方面的权力与责任关系来确定行政机关的监督管理职责,从而确认行政公益诉讼的监督对象,以确保检察公益诉讼履职的合法性和针对性,避免因监督对象不明确导致案件可诉性缺失。

(三)程序简便原则

程序简便原则是指行政机关在执行职务和提供服务时,应当尽量简化程序,提高行政效率,减少不必要的烦琐手续,从而便利公民、法人或者其他组织办理事务。这一原则是现代化行政管理的重要体现,有助于提升行政机关的管理透明度和服务水平,维护政府的公信力,同时也可以降低行政成本,保障公民合法权益。

程序简便原则在我国行政法律体系中也有充分体现,如《江苏省行政程序条例》第11条规定:"行政机关的职权依照法律、法规、规章确定。法律、法规、规章对上下级行政机关之间的职权分工未做明确规定的,上级行政机关应当按照有利于发挥行政效能、事权与支出相适应、权力与责任相一致、管理重心适当下移等原则确定。"行政程序简便原则在依法行政中起到非常关键的作用,它在行政公益诉讼中可以帮助我们尽快找到和确定监督对象。

在一般的行政诉讼中,如果行政机关舍弃简便程序而增加行政相对人的义务或者导致处理时间拖延延长的,应当认定为程序违法。[①]那么,对同一违法行为有多个行政机关负有监督管理职责,法律分别规定了不同处理程序时,在均能实现监管目标的情况下自然应当选择最简便的程序。如一个非法采矿案件,其监管可能涉及自然资源、生态环境、林草、水利等多个行政机关。在办案过程中,是把所有上述相关行政机关都列为监督对象,还是选择其中一个或几个作为监督对象,按照什么原则和标准来确定,是办理非法采矿案件必须面对

[①] 参见蔡小雪:《行政行为的合法性审查》,中国民主法制出版社2020年版,第100页。

和解决的问题。

理论上,按照效率原则和节约行政资源的原则,如果一个行政机关就能解决问题,就不应该选两个或两个以上。如果两个或多个机关都能处理解决的,则应该选择法律赋予权力更大、行政程序更简便的机关作为督促履职对象。实践中,非法采矿公益诉讼一般将非法采矿违法行为的直接监管主体列为被监督行政机关;对涉及多个行政机关且行政职权交叉、职责不清等情形的,可以根据非法采矿的特点,从行政许可、行政审批及行政处罚等行政行为对违法行为人的影响程度进行综合考量,从而确定被监督行政机关;必要时也可以将具有统筹监管职责的人民政府列为被监督对象。

(四)最有利于实现目的原则

在行政法中,最有利于实现行政管理目的原则是指行政机关在行使职权时,应当选择最有利于实现行政管理目标,同时尽可能减少对公民、法人或其他组织权益的限制或损害的方式。这一原则旨在平衡行政效率与公民权益之间的关系,确保行政行为合法、合理的同时,尽量提高正当性和效率。《山东省行政程序规定》第5条第2款:"行政机关行使行政裁量权应当符合立法目的,采取的措施和手段应当必要、适当;实施行政管理可以采取多种方式实现行政目的的,应当选择最有利于保护公民、法人和其他组织合法权益的方式。"最有利于实现目的原则与均衡原则或者比例原则关系密切,违反这一原则的绝大多数表现为行政主体选择严厉手段解决小问题。①

在实现同一管理目标而有多种手段可以选择时,应该优先选择对公民、法人或者其他组织权益施加最小限制的手段。例如,在新冠疫情防控时期,实行健康码管理和封闭小区都可以达到疫情防控目的,那么就应当通过发布健康码等信息化手段,而非"一刀切"的封锁措施,来实现同样的防控效果。对于工业生产造成的生态环境污染问题,行政机关可以选择通过安装污染治理设施而非直接关停工厂,这样既能实现环保目标,又能减少对企业和就业的影响。

---

① 参见蔡小雪:《行政行为的合法性审查》,中国民主法制出版社2020年版,第201页。

最有利于实现目的原则还要求行政机关采取的手段措施所带来的消极后果,不能超过其所获得的正向收益,即行政手段的强度应当与预期效果相称,避免过度干预。例如,在城市面临流浪动物泛滥问题时,行政机关可以选择通过绝育、接种疫苗和收容安置等人道措施时,就不能采取直接扑杀等手段来实现管理目的。在对违法行为进行行政处罚时,行政机关的罚款金额应当与违法行为的严重性相匹配,避免过高的罚款成为不合理的惩罚。行政机关在实施行政管理时,应该避免过度限制公民的自由和权利。在公共安全领域,行政机关在处理大型公共活动的安全问题时,如果可以通过加强安保和人员疏导实现安全管理目标,那就不能简单粗暴地禁止活动举行。交通管理部门在设置路障时,应当选择对交通影响最小且能有效管理的位置。

最有利于实现管理目的原则要求行政机关在选择行政手段和方式时,注重效率与公民权益的平衡,优先采用对公民权益限制最小的措施。这一原则有助于提升行政行为的合理性和公正性,增强公民对行政管理的信任和支持。检察机关在办理行政公益诉讼案件过程中,如果出现对同一侵害公共利益的后果涉及多个负有监督管理职责的行政机关时,可以参照该原则来选择合适的行政机关作为监督对象。

二、确定被监督行政机关的标准

《行政诉讼法》(2017 年 6 月修正)第 25 条第 4 款规定本身比较原则笼统,但行政法律体系庞大复杂,我国行政机关及其职能又处在改革调整阶段,导致选择确定"负有监督管理职责的行政机关"存在一定难度。要准确把握行政公益诉讼监督对象,除了以上较为抽象的原则之外,还可以从四个方面的标准进行衡量。

(一)是否履行法定监督管理职责

行政公益诉讼所选择确定的监督对象,有可能成为下一步检察建议的被建议单位,甚至最终成为检察机关提起的行政公益诉讼的被告。检察机关寻找确定真正负有监督管理职责的监督对象,不能只考虑从行政机关之间一般职责划分出发,也不能简单地从政府的综合协调性职责出发。这样会失之于宽泛,导致监督不够精准。因为这些机关可能不具有相应的执法权限，其尚需协调其他具有执法权限的下属行政机关或者有关部门，方能落实监督管理职责。检察机关应当从行政机关所承担的具体法定监督管理职责出发，将依法有权采取行政措施、具有执法权限的行政机关作为监督对象。

一些行政机关对某一公益事项具有监管职能，但没有行政处罚权，行政处罚权在实践中存在上移或者下放的现象，那么该行政机关能否作为公益诉讼检察监督的对象？实践中，这一问题也存在争议。行政公益诉讼的核心目的是督促行政机关履职，修复受侵害的公益，而不是将行政处罚或者督促行政机关作出行政处罚作为最终目标。因此，对于已经发生的公益受侵害的事实，如果通过行政机关行使监督管理职权能够督促进行修复，则该行政机关即可以作为行政公益诉讼检察监督对象，而不论其是否具有行政处罚权。如果一项监督管理职责涉及不同行政机关，乃至其上级领导机关，可以将所涉及的行政机关均作为检察监督的对象，对其分别进行行政公益诉讼立案。

行政公益诉讼和普通行政诉讼不同，确定适格被告不要求行政机关的职责是一种对外行使的法定职责，而只要求是监督管理职责，其中包括内部层级监督职责。从目前最高人民检察院已经发布的公益诉讼典型诉前案件看，有不少案件都是因不同的行政机关对同一违法行为均负有监管职责，检察机关对这些行政机关，包括未履行全面监管职责的地方人民政府，分别进行立案监督。①

（二）是否履行具体监督管理职责

根据《地方人大和政府组织法》等法律规定，县级以上地方各级人民政府

---

① 例如，最高人民检察院 2022 年 9 月发布的第一批督促整治非法采矿检察公益诉讼典型案例中的甘肃省检察机关督促整治非法开采石灰岩矿公益诉讼系列案：漳县自然资源局在矿山监管中存在以罚代管、执法不规范、重复处罚的情况；定西市自然资源局作出涉矿行政许可时未履行法定职责；漳县政府未全面履行矿山监管职责。针对上述情况，检察机关分级分类进行了监督。2021 年 9 月 18 日，甘肃省人民检察院对省自然资源厅以行政公益诉讼立案审查，定西市人民检察院、漳县人民检察院分别对定西市自然资源局、漳县人民政府和漳县自然资源局以行政公益诉讼立案。后定西市人民检察院分别向定西市自然资源局、漳县人民政府，漳县人民检察院向漳县自然资源局发出检察建议，督促其依法、规范履行各自矿山监管职责。被建议单位均认真进行整改，开展了系列专项整治活动，深入推进了矿山治理。参见《最高检发布督促整治非法采矿公益诉讼典型案例》，载最高人民检察院官网，https://www.spp.gov.cn/spp/xwfbh/wsfbt/202209/t20220914_577177.shtml?_refluxos=a10#1。

管理本区域内的行政工作。同时,根据工作需要,设立必要的工作部门,并统一领导各工作部门的工作。乡、民族乡、镇的人民政府管理本区域内的各项行政工作。从我国相关法律规定及管理实践来看,对于具体领域的监管,一般实行"属地管理、分级负责",而乡镇、街道政府作为基层机关,往往成为各种监管职责的主要承担者或者共同承担者。在行政公益诉讼中,以乡镇一级政府为监督对象的案件占比普遍较高。实际上,在我国现行行政法律及地方性法规中,对乡镇政府监督管理职责的规定比较宏观笼统,也没有赋予其相应的强制性管理手段,导致乡镇政府在管理实践中"事项多、责任重、手段弱"。

乡镇政府的属地管理职责在公益诉讼检察办案实践中很常见,也很庞杂,甚至被认为是在本行政区域内,全面承担经济、教育、科学、文化、卫生、体育、生态环境、自然资源等管理工作。但乡镇政府的可诉性需要具体问题具体分析,不可一概而论。关于行政公益诉讼可诉性,主要从是否有适格诉讼主体、公益损害事实、法律明确授权、行政违法行为等四个方面进行把握。检察机关不宜仅以概括性、原则性的职责规定为依据办理行政公益诉讼案件,而要对乡镇政府及相关行政主管部门的监督管理职责和法定履职手段、方式进行梳理,分清主次责任,综合考虑各行政机关具体监管职责、履职尽责情况、违法行使职权或者不作为与公益受损的关联程度、实施公益修复的有效性等因素,以最有利于公益保护为原则,应优先选择行政主管部门开展监督。对于乡镇政府只有配合职能的事项,一般不宜将其作为主要监督对象。

因此,在把握监督对象时,不能仅以法律法规规定某监督对象具有"宏观"的监督管理职责就将其作为监督对象,应当深入考察监督对象是否具有具体的、法定的监督管理职责。如果不同层级的行政机关均负有监督管理职责,又都存在不依法履行职责的情形,当然可以一并作为监督对象,分别进行立案。

(三)是否履行特定监督管理职责

由于行政管理实践的情况较为具体、复杂,有时行政管理与业务管理关系交织,导致有的案件在把握监督对象时存在不小的困难。比如,根据《环境保护法》(2014年4月修订)、《殡葬管理条例》(2012年11月修订)等规定,环境保护主管部门对环境保护工作实施统一监督管理,民政部门负责殡葬管理工作。对于殡仪馆内设施设备不达标,违规露天燃烧花圈、衣物等物品,造成大气污染、骚扰居民的问题,如何确定监督对象容易产生分歧。实践中,有的将生态环境部门和民政部门均作为监督对象,有的以生态环境部门为监督对象。此类问题,在污染防治领域较为常见。近年来,新一轮党和国家机构改革坚持一类事项原则上由一个部门统筹、一件事情原则上由一个部门负责,避免政出多门、责任不明、推诿扯皮。随着改革的落地见效,行政管理事项将实现原则上由一个部门统筹、管理和负责,有利于在行政公益诉讼工作中准确选择监督对象。对于可能存在职能交叉的案件,可以沿着"从事项到部门、从领域到部门"的思路,先确定案件属于什么事项或领域,再据此确定职能部门。值得注意的是,业务指导或隶属关系并不等同于监督管理关系。因此,对于民政部门下属的殡仪馆存在的污染环境行为,以怠于履行监管职责的生态环境部门为监督对象更为适宜。

再以乡镇政府为例,乡镇政府承担具体、微观的特定监督管理职责时,当然可以将其作为行政公益诉讼的监督对象。具体包括以下方面:(1)法律、法规、行政规章明确赋予乡镇政府职责,且有明确的配套手段、方式、程序的。如《城乡规划法》(2019年4月修订)第65条规定:"在乡、村庄规划区内未依法取得乡村建设规划许可证或者未按照乡村建设规划许可证的规定进行建设的,由乡、镇人民政府责令停止建设、限期改正;逾期不改正的,可以拆除。"(2)先行行为、行政允诺、行政协议等乡镇政府本不具有,但法律确认或者认可的职责。如最高人民检察院检例第63号指导性案例①中,明确如果环境污染行为与基层政府违法行使职权直接相关,检察机关可以重点监督基层政府,督促其依法全面履职,这就属于先行行为引起的治理职责。(3)上级政府指令由乡镇政府

---

① 该案为湖北省天门市人民检察院诉拖市镇政府不依法履行职责行政公益诉讼案(检例第63号),系最高检于2020年3月5日发布的第十六批指导性案例之一。参见《最高人民检察院发布第十六批指导性案例》,载最高人民检察院官网,https://www.spp.gov.cn/spp/xwfbh/wsfbh/202003/t20200305_455804.shtml。

或者街道办履行或者承担的特定职责。(4)根据地方裁执分离规定,人民法院将行政强制执行案件交由乡镇政府或者街道办事处执行,乡镇政府或者街道办事处不依法履职的。乡镇政府或者街道办事处违反以上四种监督管理职责的行为,显然可以作为行政公益诉讼的监督对象。

(四)是否实际侵害国家利益和社会公共利益

在我国行政法律中,对地方各级人民政府及其职能部门在履行某个领域的管理职责都作出了详细规定,但并非所有的管理职责都是监督性的,有的是计划、组织、指挥、调节性的,不具有行政公益诉讼意义上的可诉性。比如,《环境保护法》(2014年4月修订)第40条第2款规定,国务院有关部门和地方各级人民政府应当采取措施,推广清洁能源的生产和使用。这些管理职责,不属于以监督方式履行的管理职责,也未对公共利益造成实质侵害,对于怠于履行此项职责的行政机关,不能够作为行政公益诉讼的监督对象。

从司法实践来看,能够纳入普通行政诉讼审查范围的行政职责主要源于行政行为法的规定。例如,在职权分配方面,《环境保护法》第10条规定,国务院环境保护主管部门,对全国环境保护工作实施统一监督管理;县级以上地方人民政府环境保护主管部门,对本行政区域环境保护工作实施统一监督管理。在监督管理方面,《环境保护法》第二章以"监督管理"为标题,既规定了县级以上人民政府的政策制定、标准制定、规划制定、环境状况调查和考评等职责,也规定了环境保护主管部门检查以及采取强制措施等职责。在法律责任章节中,在规定环境保护主管部门对违法行为的处罚职权的同时,还规定地方各级人民政府对下级政府和环境保护主管部门的监督职责。就环境保护行政职权的内容看,既有规范标准制定的权力,也有具体管理和监督的权力。对于地方各级政府,主要是规范标准制定权和监督权,对于生态环境主管部门,则主要是具体管理权,无论是履行上述哪一种监督管理职责,只要在实际上侵害了国家利益或者社会公共利益,均应成为行政公益诉讼的监督对象。

从行政行为的角度来看,地方各级政府一般不直接针对行政相对人作出具体行政行为,但其所作出的决策、规划、意见、命令等会直接影响国家利益和社会公共利益。例如,根据《环境影响评价法》(2018年12月修正)第8条的规定,国务院有关部门、设区的市级以上地方人民政府及其有关部门,对其组织编制的工业、农业、畜牧业、林业、能源、水利、交通、城市建设、旅游、自然资源开发的有关专项规划,应当在该专项规划草案上报审批前,组织进行环境影响评价。这类行为通常没有直接的行政相对人,因而未能引起司法审判和法学研究的关注。当前行政诉讼审查的是具体行政行为,对于没有直接和行政相对人发生法律关系的,如类似规划等行为并未纳入司法审查的范围。法院仅仅针对行政机关是否正确行使对外管理职责进行审查。也就是说,对行政机关是否依法履行法定职责进行审查,并不包括所有的行政管理职责。从监督管理职责的内涵和外延来看,范围上既包括《行政诉讼法》意义上的法定职责,也包括内部层级监督职责、宏观管理职责、行政决策职责、规范性文件制定职责等。如果行政机关在履行上述相关职责时存在违法情形,导致国家利益或者社会公共利益受到侵害,就应当成为检察公益诉讼的监督对象。

三、实践中遇到的问题

精准性、规范性是检察公益诉讼履职的标准和要求,高质效办好每一个案件必须从准确选择和确定监督对象开始。一般来讲,检察公益诉讼的监督对象有两种理解,或指行政行为,或指行政机关。就《行政诉讼法》(2017年6月修正)第25条第4款的表述来看,检察行政公益诉讼的监督对象毫无疑问应指向行政行为,但监督违法行使职权或者不行为的结果必然最终指向相关行政机关。行政违法行为作为公益诉讼检察监督的对象,需要被明晰界定,才能确保监督有的放矢。检察公益诉讼监督的行政行为种类和范围,直接影响到相关行政机关的确定。

从历史上看,我国检察权的复合属性致使检察监督范围几度波动,导致监督对象出现一定程度的模糊性。1954年通过的《人民检察院组织法》,深受苏联检察制度影响,赋予了检察机关一般监督权。1982年《宪法》把检察权定位为专门法律监督权。党的十八届四中全会通过的《中共中央关于全面推进依法治国若干重大问题的决定》,把检察机关在履职中发现的行政机关违法行使职权或不作为的行为,明确作为检察监督的对象。2017年6月修订的《行政诉讼法》,把检察机关在履职中发现特定领域内行政机关违法行使职权或不作为,致使国家利益或者社会公共利益损害的,作为检察行政公益诉讼监督的对象。

从不同时期的国家立法来看,检察权被定位为专门法律监督权在总体上保持不变。但不可否认的是,专门法律监督权的立法和司法实践,并非绝对排斥一般监督权。从现行立法来看,诸如《行政诉讼法》规定的检察机关对行政违法行为的监督,即有条件地授予了检察机关特定领域的一般监督权。检察权的总体现状,决定了行政违法行为检察监督的具体走向。行政行为种类繁多、形式多样,即便法律赋予检察机关行政违法行为监督权,也不意味着所有的行政违法行为都理所当然地成为检察监督的对象。对此,需要予以准确甄别和界定,避免监管错误而造成检察监督资源浪费,并由此产生不积极的社会影响和法律效果。

从逻辑上看,检察机关之所以启动行政公益诉讼程序,是因为存在行政机关违法行使职权或不作为,并导致公共利益受损。从设定行政公益诉讼制度的初衷来说,正是因为公共利益受到了侵害,才要监督导致损害发生的行政机关不依法履行职责行为的责任。如何判断行政主体是否"依法履职",是检察行政公益诉讼履职的关键点,往往也是诉讼过程中庭审辩论的重点,法律并未对此作出具体规定。在理论上,认定行政主体是否"依法履职"的标准有两种:一是以行为为标准,即只要行政主体在法律规定的职责权限范围内采取了措施,即视为履行了职责,至于最终行政机关的违法行为是否被纠正,或是公共利益是否摆脱被侵害的状态,则不是审查认定的重点;二是以结果为标准,也就是说判断行政主体是否"依法履职"的标准主要是看公共利益是否受到维护或者得以恢复。立法中对行政公益诉讼中行政主体"依法履职"的认定究竟应当适用哪一种标准并未明确,实务中各地做法也存在差异,由此可能出现同样的事实却作出不同认定的情况,而这种情况对行政公益诉讼选择和确定被监督行政机关也会产生直接影响。

四、选择确定被监督行政机关的方法

(一) 三段论推理法

三段论推理是一种演绎推理判断方法，也是司法机关在办理案件时通常运用的推理方法。在法律实务中，利用三段论推理方法可以提升认定侵害事实、适用法律的精准性。检察机关在办理行政公益诉讼案件时，可参照"三段论"分析法，即大前提（法律法规）→小前提（公益受侵害事实）→结论（行政机关应该履职），来确定被监督行政机关。存在社会公共利益或者国家利益受侵害的事实或隐患，是行政公益诉讼启动的前提条件，因此必须调查清楚公益有没有被侵害，以精准确定小前提。同时，还要特别注意公益诉讼检察监督与行政检察监督的区别，二者的关键区别在于案件是否具有可诉性。在确定公益受侵害事实的情况下，再确定应适用哪部法律法规，做到精准确定大前提。

由于行政公益诉讼检察监督涉及不同专业领域，检察官不能仅看表面事实，还需要熟悉相应的专业知识，必要时可以咨询专家学者以确保不出现错误。比如，根据《特种设备安全法》（2013年6月通过）第2条①规定，大型游乐设施属于特种设备，那么充气城堡是否属于大型游乐设施？经查询可知，充气城堡虽然体型大、存在一定危险性，但并没有被列入《特种设备目录》，因此不属于特种设备。再如，"转马类"设备被列入了《特种设备目录》，那么旋转木马是否当然属于特种设备？进一步查阅可知，根据法律规定并非所有的旋转木马都是特种设备，只有符合一定转速和高度的旋转木马才属于特种设备。如果检察办案人员在办案中根据特种设备安全标准经对充气城堡、旋转木马进行评估，认为存在安全隐患，公共利益受到了侵害，想当然地援引《特种设备安全法》进行监督，就属于未精准适用法律，在此基础上办理的案件就不具备可诉性。

因此，在确定监督对象时大前提是法律对该行政机关有授权，相关事务在

---

① 《特种设备安全法》第2条第2款规定："本法所称特种设备，是指对人身和财产安全有较大危险性的锅炉、压力容器（含气瓶）、压力管道、电梯、起重机械、客运索道、大型游乐设施、场（厂）内专用机动车辆，以及法律、行政法规规定适用本法的其他特种设备。"第3款规定："国家对特种设备实行目录管理。特种设备目录由国务院负责特种设备安全监督管理的部门制定，报国务院批准后执行。"

该行政机关管理的权限范围内。小前提是该行政机关违法行使职权或者不作为,致使国家利益或者社会公共利益受到了侵害。有了这样的大前提和小前提,就可以自然而然得出结论:该行政机关应当作为监督对象。

(二)分步认定法

行政管理涉及社会问题的方方面面,准确认定某一受损公益的监管主体,还可以从以下四步进行把握:第一步,看具体的法律法规等是否明确规定受损公益由哪个部门负责监管。第二步,如果法律法规等规定的监管部门在现实中不存在,则需要找到具体负责该项职责的部门。例如,涉及公路的公益受损问题,其管理职责一般由交通运输局下面的公路管理部门承担,①属于事业单位。机构改革后该部门一般称为公路发展中心,如南京市公路事业发展中心,隶属于南京市交通运输局;此外,还应当注意,有一些地方交通运输包括公路的管理职能,归自然资源规划和建设管理局负责。对于这些不同的情况,都需要办案人员认真做好前期调查工作。第三步,看受损公益可能涉及的监管主体的"三定方案"②,找出职能定位及彼此之间的差别。第四步,看监督对象是否实际履行对涉案公益保护的监管职责,查找梳理当地政府公示的部门权力责任清单,包括相关会议纪要等。通过以上四步,基本可以精准确定监管主体。

对于行政机关不作为类案件,可以依据《行政诉讼法》第72条,采用"作为义务源自何处→有无现实作为可能→究竟是否已经作为"的三步判断法进行审查。一是应当查明行政机关是否存在法定职责。"根据权力与责任相一致的原则,法律、法规明确授予某一行政机关处理某类事务的权力,这一权力同时也就是该行政机关的法定职责。"③"法定职责"的渊源甚广,既包括法律、法规、

---

① 《公路法》(2017年11月修订)第8条第2款规定:"县级以上地方人民政府交通主管部门主管本行政区域内的公路工作;但是,县级以上地方人民政府交通主管部门对国道、省道的管理、监督职责,由省、自治区、直辖市人民政府确定。"第4款规定:"县级以上地方人民政府交通主管部门可以决定由公路管理机构依照本法规定行使公路行政管理职责。"

② "三定方案"是各级机构编制部门对所辖范围内的机构,在单位初设或机构改革过程中有重大变更事项时,颁布实施的纲领性文件。

③ 参见蔡小雪:《行政行为的合法性审查》,中国民主法制出版社2020年版,第209页。

规章规定的行政机关职责,也包括上级和本级规范性文件以及"三定方案"确定的职责,还包括行政机关本不具有但基于行政机关的先行行为、行政允诺、行政协议而形成的职责。二是如果行政机关存在法定职责,应当进一步查明行政机关是否有现实作为的可能性。这就需要结合具体的个案情境,通过对法律规定、行政执法能力、客观条件、公众期待等相关因素的综合考量,最终作出合乎个案实情的准确判断。三是看行政机关有没有消极不履行,包括拒绝履行、不予答复、拖延履行或者不积极采取法律规定的相应措施等。这需要结合实体、程序、形式、内容、阶段等因素综合考量。

(三)责任点分析法

有时同一个公益损害后果的发生可能涉及多个监管部门,如何精准确定主要监督对象就比较困难,这时责任点分析法可以帮助我们较快地厘清主要责任部门。责任点分析法是在追究安全生产事故责任时,通常使用的一种分析方法,在选择和认定行政公益诉讼的监督对象时具有借鉴意义。一个安全事故的发生,在很多情况下是多个单位、多个环节的人员不作为、乱作为造成的。遇到这种情形就需要找出真正需要负责或者应当负主要责任的机关。在确定监督对象时其逻辑线条如下:首先,如果该行政机关履行了职责,国家利益或者社会公共利益就不会受到侵害。其次,现在国家利益或者社会公共利益受到了侵害,其原因正是因为该行政机关未依法履行职责。按照此逻辑进行审查,我们在案件中就比较容易找出应负主要责任的行政机关,从而将其作为主要的监督对象。

五、特定情况下被监督行政机关的选择与确定

在我国行政管理中,数个部门共同或分别负责对某一事项实行监督管理的情况并不鲜见,这种情况往往也给检察监督中准确选定被监督对象带来了不小的挑战。例如,根据《消防法》(2021年4月修正)第4条规定,应急管理部门对本行政区域内的消防工作实施监督管理,并由本级人民政府消防救援机构负责实施。住房和城乡建设主管部门等其他有关部门在各自的职责范围内,依法做

好消防工作。因此,对于多个部门都具有监督管理职责的案件,首要的是梳理确定各个部门的法定职责,在此基础上再结合案件所涉及的具体事项来确定监督对象。对于占用、堵塞、封闭消防通道,妨碍消防车通行,侵害公共利益的情形,应当根据《消防法》第58条、第70条的规定,确定消防救援机构具有相应的监督管理职责,如果有证据表明其怠于履行职责,应以消防救援机构为监督对象。

总体来讲,选择确定被监督行政机关除了遵循一定的原则和标准外,对于特定情况下被监督行政机关的选择确定,还可以根据以下几种不同情形进行把握。

1. 监督对象以行业监管为主,注重属地监管职责。一般情况下,应当将具有直接监管职责的行政机关作为被监督对象,由其直接参与到公益损害修复的监督管理工作之中。

2. 在公益损害复杂、涉及多家行政机关职责交叉、职责不明或者需要协同治理时,应当将综合监管部门作为单独或共同监督对象,以发挥其统筹协调作用。

3. 对于政府组建的临时性议事协调机构,由于其仅负责组织、沟通、推进、督办等相关协调工作,具体执法工作仍由相关职能部门负责实施,应当以法定职能部门为被监督机关。

4. 对于职权交叉、职责不明或者监督对象涉及多个部门的,检察机关可以参照"三定方案"和权力清单,根据最有利于及时有效消除隐患、处理事故的原则确定监督对象;必要时可以根据"属地监管与分级监管相结合、以属地监管为主"原则,将有关人民政府和工作机构作为监督对象。

5. 对于新兴行业、领域监督管理职责不明确的,以县级以上地方各级人民政府按照业务相近原则确定的监督管理部门为监督对象。

行政公益诉讼中,对行政机关是否未依法履行职责进行审查认定,需要根据行政主体的职责范围、法律依据、监管手段、履职情况、正当阻却事由、履职能力等,从事实认定、法律适用、程序规范等方面,对其履职行为进行全面合法性审查。而所有这些工作,当然都是建立在正确选择被监督行政机关的基础之上,因此确定监督对象这一步对办理行政公益诉讼案件来说非常重要和关键。

第三章　检察公益诉讼办案机制与办案组织

司法责任制全面实施以来，检察官、检察辅助人员、司法行政人员分类管理格局基本形成。在公益诉讼检察履职中，通常有检察官办案组和独任检察官两种办案组织形式。检察官在职权范围内依法作出决定、承担责任，而入额领导干部则带头办理重大疑难复杂案件。

科学合理的办案机制和组织，可以确保检察公益诉讼案件的办理质量和效果。根据检察公益诉讼履职规律和办案需要，检察机关在办理公益诉讼案件过程中应当充分发挥检察一体化优势，形成各级检察机关重点明确、合理分工而又协同一体履职的局面。

第一节　检察公益诉讼一体化办案机制

检察机关内设机构改革后，公益诉讼检察与刑事检察、民事检察、行政检察方轨并驰，成为四大检察之一。在检察工作的大格局中，近年来检察公益诉讼发展很快，法定履职领域不断拓展，在具有越来越大社会影响力的同时，更需要在实践中探索如何利用好检察一体化优势，建立科学合理的办案组织，高质效办好每一个案件。

根据《公益诉讼办案规则》的规定，检察机关办理公益诉讼案件实行一体化工作机制，上级检察机关根据办案需要可以交办、提办、督办、领办案件，还可以统一调用辖区内检察人员办理案件。检察机关履行法律监督职责，需要充分发挥检察一体化体制优势，上下级检察机关接续监督、"四大检察"一体履职，不断提升监督质效和增强监督韧性。

一、检察一体化的理论基础

检察权不同于行政权,它具有司法属性,这意味着检察机关和检察官具有相对的独立性,但检察权也不同于同样具有司法属性的审判权,检察权在性质和运行机制上又有自己的特殊性。为了保证检察权的完整高效运行,《人民检察院组织法》(2018年10月修订)第10条、第24条、第25条、第29条等条款共同确立了检察一体原则,在上下级检察机关之间实行垂直领导,确立上命下从的领导原则和检察官独立的运行机制,检察官根据上级的指示和命令来执行自己的职务,最终达到检察权集中统一行使的目标。

"检察一体"实际上主要是一种学术表达,它是对检察制度内部组织构造和运行机制的一种概括和阐述,其基本内涵是在上下级检察机关和检察官之间存在上命下从的领导关系;各地和各级检察机关之间具有职能协助的义务;检察官之间和检察机关之间在职务上可以发生相互承继、转移和代理的关系。[①]

检察一体化具有三个最基本的特征:检察权的整体统一、检察机关在纵向上的上下一体和在横向上的协作配合。在统一国家的法律体制内,所有的检察机关和检察人员因履行检察权而结成一个自上而下的有机整体,在检察系统内部遵循上命下从的领导原则和相互配合的工作原则。基于上下垂直的领导关系,各级检察机关形成相对独立而有机统一的整体,按照一体化的机制来运作。

在对外关系上,检察机关对外统一行使检察权,以检察机关的名义进行职务活动,每个检察官的行动都视为检察机关的行为。因此,检察官之间的职务活动,相互可以进行协调和替代,不仅各检察官之间可以进行职务上的相互替代,在检察院之间也同样如此。综观国际立法和实践,无论是在大陆法系、英美法系,还是社会主义法系中,其代表性国家的检察法制和运作,虽然各具特色,但都表现出"检察一体"的共同特征。各国检察机关之所以大多形成和遵循一体化原则,除了检察业务本身执行性强,需要强有力的整体运作、统筹安排和协

[①] 参见孙谦主编:《中国特色社会主义检察制度》,中国检察出版社2009年版,第227~228页。

调配合来保障外,也是因为检察权的法律监督的独特属性,在制度设计上需要确保其统一高效行使。

二、我国法律关于"检察一体"的规定

检察一体在我国法律体系中有着充分的体现,在检察权运行中也有着丰富的实践。虽然在我国《宪法》(2018年3月修正)和《人民检察院组织法》等法律中没有关于"检察一体"的明确表述,但在我国有关检察机关领导体制的法律规定和长期的司法实践中,以及从检察机关设置到检察职能运行机制,都明显体现出"检察一体"的浓郁气息和鲜明特征。

从立法上看,我国《宪法》第137条第2款和《人民检察院组织法》第10条第2款作了同样规定:"最高人民检察院领导地方各级人民检察院和专门人民检察院的工作,上级人民检察院领导下级人民检察院的工作。"根据该规定,各级检察机关之间是一种上下垂直的领导关系。

《人民检察院组织法》第24条规定:"上级人民检察院对下级人民检察院行使下列职权:(一)认为下级人民检察院的决定错误的,指令下级人民检察院纠正,或者依法撤销、变更;(二)可以对下级人民检察院管辖的案件指定管辖;(三)可以办理下级人民检察院管辖的案件;(四)可以统一调用辖区的检察人员办理案件。上级人民检察院的决定,应当以书面形式作出。"第25条规定:"下级人民检察院应当执行上级人民检察院的决定;有不同意见的,可以在执行的同时向上级人民检察院报告。"根据这些条款,在上下级检察机关之间应遵循上命下从的领导原则,对于上级检察机关的命令,下级检察机关必须执行,上级检察机关对下级检察机关具有指导监督权、职务收取和移转权。

此外,《人民检察院组织法》第29条和《检察官法》(2019年4月修订)第9条还就检察长及检察官的职务关系,作出同样规定:"检察官在检察长领导下开展工作,重大办案事项由检察长决定。检察长可以将部分职权委托检察官行使,可以授权检察官签发法律文书。"根据这些规定,检察长依法有权指挥、命令并监督本院和下级检察院检察官行使职权,可以将自己权限内的检察事务指令所属检察官办理,也可以直接办理所属检察官职权范围内的事项,同样可以

将检察官办理事项移交给所属其他检察官办理。从上述规定可以看出,检察系统本身是一个组织严密的有机整体,身在其中的每一位检察官都必须服从检察长和上级检察官的领导和监督。

"检察一体作为近代大陆法系检察制度内部组织构造和运行机制的重要原理,检察权能的合理实现是其核心要义。"①我国检察系统是一个统一的整体,四级检察机关是组成这一整体的基本部分。要实现检察系统功能的有效发挥,需要上下四级检察机关一体联动,达到上级检察机关指导监督和下级检察机关积极履职的有机统一,从而实现检察权的统一行使和检察目标的有效达成。

三、我国检察一体化的组织保障和实践

检察制度的实体构造、实际运行都不应同检察制度的价值理念相违背,"检察一体"原理中所包含的内容体现了检察制度的内部组织构造以及检察权能的运行机制。② 我国各级检察机关统一设置,在中央设最高人民检察院,在各地设立各级检察院和专门检察院。最高人民检察院统领全国各地、各级检察院,上级检察院领导下级检察院,各级检察院之间有着严格的层级关系,各项检察职权的运行机制也呈现一体化的明显特点。根据宪法和法律的规定,上下级检察机关之间是领导和被领导的关系,这一基本原则通过案件交办指定、备案报批、请示汇报、检查指导、指令纠正、组织协调等具体制度,得以保障和落实。检察官行使职权时,必须服从整体统一、阶层式组织机构的领导和监督,上下级检察官之间亦是领导与被领导关系。

上级检察官就下级检察官处理的检察事务,不但有指挥权、监督权,也有职务收取权和职务转移权。首先,最高人民检察院检察长依法有权指挥、命令并监督本院和地方各级人民检察院检察官行使职权,上级检察院检察长依法有权指挥、命令并监督本院和下级检察院检察官行使职权,各级检察官履行职权都

---

① 参见邵晖:《检察一体的历史与现实》,载《国家检察官学院学报》2013 年第 1 期。
② 参见邵晖:《"检察一体":基于历史维度的分析》,载中国人民大学法学院《人大法律评论》编辑委员会组编:《人大法律评论》(2013 年卷第 1 辑),法律出版社 2013 年版。

应当服从检察长的命令。其次,检察长、上级检察官认为有必要时,可以将自己权限内的检察事务指令所属下级检察官办理,可以直接办理所属检察官职权范围内的事项,也可以将检察官办理事项移交给所属其他检察官办理。在系统内部,检察官必须服从上级检察官和检察长,不受其他任何因素的干扰。

我国各级检察机关是一个不可分割的有机整体,每个检察官的活动都是整个检察机关活动的有机组成部分,各级检察机关在工作中相互配合,协调一致,共同完成检察目标和检察任务。

四、检察公益诉讼履职需要发挥检察一体化优势

为适应"四大检察"全面、协调、充分发展新格局和新要求,公益诉讼检察需要进一步做优做强做实。"四大检察"内在统一于宪法法律赋予的法律监督职责,一体履职既是检察工作理念现代化的内容,也是法律监督机制现代化的体现,要进一步优化完善上下级检察院之间、"四大检察"各项业务之间依法一体履职、综合履职机制。

检察一体化就是要克服检察地方化,按照检察制度的内在规律合理建构检察权。[1] 发挥检察一体化优势无疑是做优公益诉讼检察必须考虑和借助的重要方式和方向。在当前形势下,尤其需要充分有效利用法律规定,强化检察一体化机制,做到上下联动,形成公益诉讼检察履职合力。

(一)指定管辖制度

指定管辖一般在两种情况下发生:一是两个以上检察院对案件的管辖发生争议,又不能协商解决的,报请共同的上级检察院协商解决;二是有管辖权的检察院由于特殊原因,不能行使管辖权,由上级检察院指定管辖。由于行政公益诉讼监督的对象涉及当地的行政机关,容易受到地方掣肘,无法顺利进行监督,可以充分发挥指定管辖制度的作用,由上级检察院指定异地检察院管辖,以避开来自原有地方和部门的影响和干扰,有效进行监督。

---

[1] 参见张志铭:《对中国"检察一体化改革"的思考》,载《国家检察官学院学报》2007年第2期。

(二)提级管辖制度

一般来说,上级检察院与下级检察院相比,在人员配备、专业知识和监督权威方面具有更大的优势,在具体案件的办理上具有更大的独立性。在现行制度中,上级检察院认为确有必要的,可以办理下级检察院管辖的案件,而下级检察院对自己办理的案件,认为需要由上级检察机关办理的,也可以报请上级检察机关办理。因此,对于一些重大、疑难、有较大影响或者地方反应比较强烈的行政公益诉讼案件,可以通过上级检察院提级管辖的方式,减轻和缓解办案过程中的阻力和干扰。

(三)挂牌督办制度

公益诉讼检察工作的推进,离不开处在一线的各基层检察院和分州、市检察院,但在监督或化解争议过程中可能会遇到阻力,由于客观条件的限制,难以开展工作。在这种情况下,应该凭势借力,及时向上级检察机关汇报,由上级检察机关挂牌督办,必要时由上级检察机关直接与行政机关面对面进行磋商沟通。借助上级检察机关的监督权威和资源,巧妙化解或减缓在案件办理过程中所面临的压力和阻力,有效促进问题的解决和案件顺利办理。

(四)横向协作机制

现阶段法院正在对公益诉讼案件管辖进行改革,很多地方的法院在探索集中管辖,这一情况将对公益诉讼检察监督带来不小的影响。在实行集中管辖的地方,集中管辖法院所在地的检察机关对该法院所审理的异地民事公益诉讼案件,在审查后发现需要向案件发生地的行政机关提出监督意见的,需要与行政机关所在地的检察机关沟通,最终由当地的检察机关依法发出正式法律文书。在这个过程中,两地检察院以及其共同的上级检察机关需要进行密切的沟通协作。此外,在线索移送、调查核实、信息共享、技术支持乃至教育培训等与检察公益诉讼办案相关的诸多方面,都需要检察机关在横向上进行沟通协作融合履职,以充分发挥一体化优势。

(五)跟进监督机制

由于各种客观原因,在公益诉讼检察履职过程中,一直以来存在诉讼请求不存在问题但一审未获得法院完全支持的情况下是否上诉的问题。对此,破解之策无外乎跟进监督。对于检察机关诉讼请求正确,但法院由于种种原因不愿支持或不愿完全支持的案件,原提起诉讼的检察院应积极向上级检察机关报告,由上级检察院加大力度接续监督,甚至可以采取抗诉、提级监督、向领导机关报告、与法院及行政机关沟通等各种形式,务求将监督进行到底。

(六)检察人员统一调用机制

根据《人民检察院组织法》第 24 条规定,上级检察院可以统一调用辖区下级检察院的检察人员办理案件。为解决案多人少、案件积压问题以及办理重大、复杂、疑难案件,上级检察机关可以统一调配辖区内行政检察人员力量,建立健全集中办案等机制,以求最大限度地缓解案件数量不均衡、办案人员较少等问题。同时,统一调配人员也使下级检察机关的公益诉讼检察人员在办案过程中得到锻炼,通过积累实际办案经验,有效提高业务素质和能力。

一体化既是检察机关领导体制的基本特征,也是检察权运行的基本规律。面对做优公益诉讼检察的时代需求,通过充分发挥检察一体化优势,达到上下协同、系统联动的效果,能够有效克服公益诉讼检察履职所面临的困难和挑战,促进检察职能在公益诉讼监督领域的贯彻落实和检察监督质效的全面提升。

第二节 检察公益诉讼复合型办案模式

2024 年 6 月,最高人民检察院检察长应勇在辽宁调研时指出,检察官、办案组织、业务部门都是高质效办案的重要主体,要通过加强检察管理,将更多的注意力放在每一个案件办理的实体和程序上,而不是放在若干个数字上,压实自我管理责任,以扎实有效的自我管理促进"高质效办好每一个案件"。①

根据最高人民检察院《公益诉讼办案规则》,检察公益诉讼案件根据情况可以由一名检察官独任办理,也可以由两名以上检察官组成办案组办理。检察官办理案件,可以根据需要配备检察官助理、书记员、司法警察、检察技术人员等检察辅助人员,而检察辅助人员根据规定履行职责办理相应的辅助事务。普通案件一般由检察官独任办理,对于重大、复杂的案件由办案组办理。在近年来的实践中,除了日常办案中的独任办理和办案组办理外,针对一些特别重大复杂的案件,检察机关还探索出一种复合型办案模式。这种模式在本质上是一种超常规、强化版的办案组模式,但又在检察监督的内容和履职方式上作出了新的探索和发展,以追求达到最优办案效果为目标。复合型办案模式对于检察机关办理公共利益受损具有普遍性或者特别重大复杂的公益诉讼专案有着独特的优势。

一、复合型办案模式的探索和形成

党的二十大报告中提出,要"努力让人民群众在每一个司法案件中感受到公平正义",让公平正义可感可知是对公正司法的原则性、基础性要求。"高质效办好每一个案件"成为新时代新征程检察履职办案的目标追求,并在检察履职中持续深化、不断做实。现阶段检察机关致力于业务质量提升,将办理有影响力、具有示范引领价值的高质效案件作为检察业务履职重要目标。具体到公益诉讼检察,近年来,最高人民检察院带头立案办理万峰湖②、南四湖③、长江船舶污染治理④等多个具有标杆性的大案专案,一些省级检察院也立案办理了不

---

① 参见《最高检调研组在辽宁调研》,载最高人民检察院官网,https://www.spp.gov.cn/tt/202406/t20240607_656722.shtml?_refluxos=a10。

② 该案为最高检第四十一批指导性案例(检例第166号)。参见《最高检发布万峰湖专案指导性案例》,载最高人民检察院官网,https://www.spp.gov.cn/zdgz/202209/t20220922_578654.shtml?_refluxos=a10,最后访问日期:2025年3月7日。

③ 该案为最高检第五十四批指导性案例(检例第218号)。参见《最高检新闻发布会开到渔村里》,载最高人民检察院官网,https://www.spp.gov.cn/zdgz/202411/t20241114_673304.shtml?_refluxos=a10。

④ 参见《最高检办理长江船舶污染治理专案》,载最高人民检察院官网,https://www.spp.gov.cn/zdgz/202402/t20240220_643723.shtml?_refluxos=a10。

少影响较大、效果很好的案件,如江苏省检察机关 2023 年办理的深化噪声污染治理①、药品说明书适老化改造等专案。②

在办理这些专案大案的过程中,检察机关多由分管检察长甚至检察长担任主办检察官,以公益诉讼检察部门骨干办案力量为基础,组建包括检察技术、司法警察、相关刑事检察力量在内的办案组织,通过以事立案的方式,采取磋商、制发检察建议、提起民事或者行政公益诉讼等,督促相关行政机关厘清责任范围,依法履行监管职责,促使违法行为人承担法律责任,以有效维护国家利益和社会公共利益。

检察公益诉讼复合型办案模式是在生态环境和资源保护等法定履职领域,某一类公共利益受到普遍性或者程度严重的损害,案件办理需要面对损害结果或成因跨区划、监管部门多层级、违法主体多领域、污染源头多种类等多重困难与复杂情况,上级检察机关以事立案,组织多级、多个相关检察机关参与,对案件办理实行统一调度部署,以一体化模式有效推进的一种特定的公益诉讼办案方式。③

2019 年 12 月立案的万峰湖专案,是最高人民检察院首次以复合型办案模式成功探索办理的第一个案件,其模式和经验在南四湖专案中得到了进一步的检验、发展、完善和提升,在更大规模上取得了更好的成效,实现了一次完美的自我超越。随后,一些省级检察院乃至市级检察院开始尝试运用复合型办案模式办理一些本辖区内"硬骨头"性质的大案要案,逐渐形成了一种固定的办案模式。

---

① 该案 2024 年入选最高人民检察院"高质效办好每一个公益诉讼案件,更高水平守护人民群众美好生活"典型案例。参见《防治噪声污染推动还静于民——江苏省检察机关督促治理噪声环境污染公益诉讼案》,载江苏检察网,http://jsjc.gov.cn/yaowen/202312/t20231219_1578657.shtml?_refluxos=a10。

② 该案 2023 年入选最高人民检察院、住建部和中国残联联合发布的无障碍环境建设检察公益诉讼典型案例。参见《小纸张里的大民生——连云港市检察机关督促行政机关开展药品说明书适老化改造行政公益诉讼案》,载江苏检察网,http://www.jsjc.gov.cn/yaowen/202312/t20231219_1578670.shtml?_refluxos=a10。

③ 参见刘家璞、杨学飞:《复合型办案模式的探索与启示》,载《检察日报》2022 年 4 月 28 日,第 7 版。

二、特定条件下以事立案并对办案进行统一调度

在生态环境和资源保护、无障碍环境保护、国有财产保护等检察公益诉讼法定履职领域,公共利益遭受严重侵害,所涉及的违法主体较多,跨越多个行政区划,且行政机关层级复杂,难以确定具体的监督对象。再加上案情复杂,往往在初始阶段无法确定具体的案件类型。对此,上级人民检察院可基于公益损害事实以事立案,直接办理该案件。因为面对这样重大复杂的"硬骨头"案件,单以某一地检察院之力难以完成,应由上级检察机关发挥组织协调作用,进行统一调度。

在这种办案模式下,上级检察机关对全案负责,统一管理案件线索,同时依据相关法律规定,通过交办、指定管辖等方式将办案任务分配至相应的下级检察机关办理,采取督办、督导等方式指导下级检察机关办案工作,必要时依法直接现场办案或即时督办。在适当条件下,上级检察机关甚至可以考虑给下级检察机关拨付一定的办案经费补助。通过这种复合型办案模式,可以实现一体化调配系统内的办案力量,充分整合和发挥不同层级检察机关的力量,形成强大的办案合力和动能。

三、在监督内容和履职方式上实现新发展

在复合型办案模式下,公益诉讼办案实践呈现出一些新的特点和发展。民事公益诉讼出现了由柔向刚的趋势,对环境违法主体多提出数额较大的惩罚性赔偿诉求,生态损害天价赔偿不断付诸实践,当然惩罚性赔偿案件对证据的标准和要求也相应提高。

在行政公益诉讼案件中,检察机关对行政机关的监督由刚趋柔,不少案件在起诉前置监督程序中把磋商作为重要程序和内容,提醒式督促履职展现出有力效果,绝大部分案件根本不用提起诉讼即得到有效整改和修复,以更高效率、更低成本达到最佳办案效果。在行政机关对案件事实完全认可的情况下,相关的证据要求可不用与其他的案件保持同样的标准。

在生态环境损害评估方面,以法律规定的方式方法为基础,充分发挥有资

质鉴定机构的专业评估鉴定功能,同时对损害赔偿数额较少的案件探索尝试运用专家意见等更简便的方法,以降低成本、提高效率。在监督方式上,复合型办案模式多采取办案督促与治理督促综合运用的模式,以较少的司法资源取得尽量大的办案成效。

四、以融合思维和方式追求最优办案效果

复合型办案模式中,以融合为特色的办案思维和办案方式成为明显的趋势和方法。在公益保护力量上,争取党委政府的支持,与行政执法部门强化协作,发挥公益组织的积极性,真正达到双赢、多赢、共赢的办案效果。在领域范围上,对法定领域案件的办理与对新领域的探索实践,相互支撑、相互促进,实现对社会公益最大限度地保护。在办案类型上,以行政公益诉讼为主,民事公益诉讼为辅,民事、行政、刑事附带民事各种类型因案制宜灵活运用。在职能作用上,刑事、民事、行政、公益诉讼四大检察综合运用,充分全面发挥检察监督的功能和效用。复合型办案模式在溯源治理上的融合履职优势也更为明显,通过多层级、多部门的协同,检察建议与治理性检察建议的结合,既可消除整治基本面上的同类违法行为,又可深挖根治问题的本源,尤其是在环境保护领域既有利于达到生态美的目标,又有利于实现对百姓富的追求。

复合型办案模式是在办案组织构成、参与人员上进行的最大限度优化和最强力量配备,更注重检察机关内部协同,更强调与行政机关的外部协作,追求溯源治理,以推动治理体系和治理能力的现代化。复合型办案是在检察公益诉讼大发展时期,在继承传统办案组织、办案模式基础上实现的一种创新和发展,尤其适合办理重大的检察公益诉讼专案。

第四章　检察公益诉讼调查

公益诉讼调查是检察监督从法律规定转化为具体行为的关键环节，也是公益诉讼检察职能主动性的重要体现。最高人民检察院《公益诉讼办案规则》对检察机关办理公益诉讼案件的调查原则、调查方式以及规范要求等作了原则性的规定。自法律授权检察机关提起公益诉讼以来，如何调查取证便成为公益诉讼检察履职中必须面对的问题。对于检察公益诉讼实践来讲，调查核实及磋商、听证等直接关系到案件的质量和效果，必须认真把握和规范运用。

第一节　检察公益诉讼调查权运用

一、公益诉讼调查权的内涵及特征

调查权，又称调查取证权或者调查核实权，是指依照法律规定收集和评价证据的所有活动。而检察公益诉讼调查权，是指检察机关在进行公益诉讼履职办案时，按照法定的程序查明案件事实以及收集证据的权能。检察公益诉讼调查权是由法定的检察机关法律监督权衍生出来的一项权能，也是检察机关提起公益诉讼所必须配备的职权内容。实践证明，公益诉讼监督的成败及具体诉讼案件的结果很大程度上取决于检察机关对证据材料是否充分掌握，而其证据的收集又依赖于检察机关调查权的合法有效运用。

在公益诉讼中，检察机关调查核实的范围、方式和手段要确保能达到充分发挥法律监督职能以实现公益保护之目标，检察公益诉讼调查具有以下特征。

（一）调查职权的主动性

建立检察公益诉讼制度的目的是以司法监督促进依法行政、严格执法，维护宪法法律权威，维护社会公平正义，维护国家利益和社会公共利益。检察公益诉讼调查就是为了对监督督促行政机关依法履职以及在民事、行政公益诉讼中所提出的诉讼请求寻找、提供证据支持。与其他大部分检察业务类型不同，检察机关在公益诉讼中不是对公安机关移送起诉的证据材料和人民法院据以裁判的证据材料进行书面审核，而是由检察机关主动、积极、全面地收集、调取、固定相关证据，而检察机关获取证据的情况将直接影响案件的办理结果。

（二）调查范围的广泛性

与其他检察业务相比，检察公益诉讼的调查活动除具有主动性外，其范围也广泛得多。公共利益损害所涉及问题的普遍性以及公益诉讼的举证规则，决定了承担公益保护之责的检察机关的调查核实范围必须具有广泛性。除对司法工作人员利用职权实施的14类侵权、渎职犯罪进行自行侦查的案件外，绝大部分刑事案件的证据主要是由公安、监委等机关侦查移送，检察机关承担的调查或者补充调查任务较少。在民事、行政检察诉讼监督业务中，证据主要由双方当事人提供，大量的证据在法院原有的诉讼卷宗中均有体现，检察机关需依职权调查的情形较少。

在公益诉讼中，检察机关是公益诉讼起诉人，承担了与其诉讼主张相对应的举证责任，其调查取证的范围显然要远远大于诉讼监督调查核实的范围，必须对公益受损、违法行为、因果关系、主观过错、责任减免等情况进行全面调查核实。

（三）调查方式的多样性

公益受到侵害的广度、深度及隐蔽性，决定了承担公益保护职责的检察机关调查方式的多样性。在公益诉讼中，检察机关为了达到保护公益之目的需全面收集相关证据，其调查方式通常包括查询、调取、复制相关证据材料，询问违法行为人和相关证人，咨询专业人员、相关部门或者行业协会等对专门问题的意见,勘验、检查物证、现场,委托鉴定、评估、审计等。当然,在实践中对调查方式还存在更广泛的需求,随着检察公益诉讼实践及立法的发展,检察机关在公益诉讼履职中调查取证的方式应该有与其职责要求相匹配的发展变化。

(四)调查手段的适度强制性

公益本身的国家或社会公共属性,代表着其承载的法律权益高于同领域个体权益,决定了承担公益保护职责的检察机关的调查手段应具有适度强制性,这是与普通民事诉讼或者行政诉讼中当事人调查权的重大区别。尤其是在违法行为人侵害公共利益的行为还构成刑事犯罪的情况下,在调查中对相关的人或物实施一定的强制手段是正当而不可避免的。现阶段检察公益诉讼调查权的强制性是存在争议的,有学者就认为现有规范否定了检察机关调查活动具有对人或者对物的强制性效力。[1]

实际上,赋予检察公益诉讼调查手段一定的强制性具有相当强烈的现实需求。特别是在"两反"转隶后,检察机关在调查时缺乏强有力的后盾,调查对象有可能会不配合,甚至会出现阻挠调查的情形,而适当的强制性调查手段就显得十分必要。如在责任主体逃避调查、隐匿证据、转移财产,涉案证据面临灭失危险等特殊情形时,可考虑适度采取限制人身自由,查封、扣押、冻结财产,保全证据等强制性调查措施。而且从节约司法资源角度考虑,如果检察机关可以针对公益诉讼中拒不配合的被调查对象采取适当的强制措施,就会减少申请法院调取证据、保全证据的需求,节省大量时间和精力,同时也减轻审判阶段法院的工作压力与负担。

二、有关公益诉讼调查权的规定

(一)法律规定

《民事诉讼法》(2023年9月修正)和《行政诉讼法》(2017年6月修正)虽

---

[1] 参见练育强、林仪明、马慧颖:《公益诉讼中检察机关调查权的规范研究》,载《人民检察》2023年第21期。

然授予检察机关提起公益诉讼的职权,但对相关的调查权未曾涉及。《民事诉讼法》第 221 条虽然规定人民检察院因履行法律监督职责提出检察建议或者抗诉的需要,可以向当事人或者案外人调查核实有关情况,但该条款是《民事诉讼法》关于民事审判监督程序的规定,无法适用于公益诉讼程序。《行政诉讼法》仅规定人民检察院对行政案件受理、审理、裁判、执行的监督,该法没有规定的适用《民事诉讼法》的相关规定,仍然是着眼于诉讼监督方面,不涉及检察公益诉讼调查权。

《人民检察院组织法》(2018 年 10 月修订)第 20 条规定了人民检察院行使的 8 项职权,其中第 4 项为"依照法律规定提起公益诉讼",与刑事侦查、刑事公诉、诉讼监督、执行监督等职能相并列。可知,检察机关的法律监督是一项具有宏观属性的权力,包括公益诉讼在内的各项检察职能皆源于此。根据该法第 21 条规定,人民检察院行使本法第 20 条规定的法律监督职权,可以进行调查核实,并依法提出抗诉、纠正意见、检察建议。有关单位应当予以配合,并及时将采纳纠正意见、检察建议的情况书面回复人民检察院。《人民检察院组织法》的规定虽然比较原则,但这是目前国家立法关于检察公益诉讼调查权的明确规定。

(二)司法解释规定

由于涉及法律适用和具体办案问题,司法解释关于检察公益诉讼调查权的规定相对具体。《最高人民法院、最高人民检察院关于检察公益诉讼案件适用法律若干问题的解释》第 6 条规定:"人民检察院办理公益诉讼案件,可以向有关行政机关以及其他组织、公民调查收集证据材料;有关行政机关以及其他组织、公民应当配合;需要采取证据保全措施的,依照民事诉讼法、行政诉讼法相关规定办理。"《公益诉讼办案规则》除了在"一般规定"中用了 14 个条款对调查进行规定外,还在民事公益诉讼、行政公益诉讼各自分章中作了特别规定,不过主要是关于调查内容及程序方面的要求。

根据《公益诉讼办案规则》第 35 条第 1 款的规定,"人民检察院办理公益诉讼案件,可以采取以下方式开展调查和收集证据:(一)查阅、调取、复制有关执法、诉讼卷宗材料等;(二)询问行政机关工作人员、违法行为人以及行政相对人、利害关系人、证人等;(三)向有关单位和个人收集书证、物证、视听资料、电子数据等证据;(四)咨询专业人员、相关部门或者行业协会等对专门问题的意见;(五)委托鉴定、评估、审计、检验、检测、翻译;(六)勘验物证、现场;(七)其他必要的调查方式"。该条第 2 款还规定,人民检察院开展调查和收集证据不得采取限制人身自由或者查封、扣押、冻结财产等强制性措施。此外,检察机关在办理公益诉讼案件时还可运用包括听证、磋商等在内的调查形式。

(三)地方性法规规定

2017 年 7 月至 2023 年 11 月,各地省级人大常委会也出台了不少相关的规范,其中涉及检察机关调查权的文件共有 36 部,其中 29 个省级人大常委会出台了关于加强检察公益诉讼的专项决定。[①] 其中,一些地方还尝试在上位法规定的基础上扩大或增加检察机关的公益诉讼调查权,这当然是一种积极的探索。如《江苏省人民代表大会常务委员会关于加强检察公益诉讼工作的决定》就规定,民事公益诉讼案件立案后,需要行政机关协助调查取证的,经检察长批准,可以向行政机关发函请求协助调查。需要进入涉案场所检查、勘验取证的,应当经过检察长批准,并请求司法警察协助进行。经检察长批准,也可以请求公安机关协助进行。在证据可能灭失或者以后难以取得的情况下,公益诉讼检察部门可以对与涉嫌损害公益行为有关的证据采取先行登记保存措施。采取或者解除先行登记保存措施,应当经检察长批准。情况紧急,需要当场采取先行登记保存措施的,检察人员应当在 24 小时内向检察长报告,并补办批准手续。检察长认为不应当采取先行登记保存措施的,应当立即解除。

公益诉讼调查权作为履行公益诉讼职能的权能和措施,是检察公益诉讼监督权派生出来的辅助性权力,其法律定位受到法律监督权和公益诉讼职能的双重加持。虽然现行立法关于检察公益诉讼调查权的规定仍然过于原则、分散,

---

① 参见应勇:《以习近平法治思想为指引加快推进检察公益诉讼立法》,载《人民检察》2023 年第 21 期;练育强、林仪明、马慧颖:《公益诉讼中检察机关调查权的规范研究》,载《人民检察》2023 年第 21 期。

层级不够高,但经过各方面的努力,初步做到了有法可依。目前,检察公益诉讼单独立法已经列入十四届全国人大常委会立法规划,相信最终出台的法律将有效解决检察公益诉讼调查规范欠缺、调查手段受限、保障措施不足等问题。

三、公益诉讼调查权运用原则

(一)维护公益原则

既然检察机关在公益诉讼中的身份定位是公共利益的代表者和维护者,那么检察机关行使调查权自然要遵循维护公益的原则。具体来讲,就是要求检察机关在行使调查权时必须出于保护国家利益和社会公共利益免于或减轻损害之目的。易言之,只要国家利益和社会公共利益没有受到侵害,哪怕是存在违法犯罪行为也不应行使公益诉讼调查权。[①]

(二)合法独立调查原则

检察公益诉讼的精准性、规范性和可诉性要求检察机关在公益诉讼中必须合法和独立地行使调查权。根据《人民检察院组织法》第4条、第6条的规定,人民检察院依照法律规定独立行使检察权,不受行政机关、社会团体和个人的干涉;人民检察院坚持司法公正,以事实为根据,以法律为准绳,遵守法定程序,尊重和保障人权。这就要求检察机关在公益诉讼中使用的方式、手段、程序和强度必须符合法律的规定。一方面,检察机关在调查取证时必须在法律的框架下行使或者在法律授权的范围内行使权力;另一方面,检察机关独立行使公益诉讼调查权,不受行政机关、社会团体和个人的干涉。

(三)审慎适度原则

审慎适度运用调查权是司法公正与法治精神的重要体现,这就要求在公益诉讼履职中检察机关必须全面细致地调查收集证据和认定事实,避免主观臆断

[①] 参见北京市朝阳区人民检察院课题组、孙伟:《行政公益诉讼检察调查核实权行使困境与完善路径初探》,载《中国检察官》2019年第5期。

和草率行事,坚持客观中立,防止权力越界。根据每个案件的客观情况不同,调查方式、调查手段等都要把握一个度,不能过于软弱,也不能过于强硬。即使今后立法中赋予检察机关在公益诉讼中拥有强制性调查权,但基于公益诉讼双赢、多赢、共赢的理念,这种强制也要把握好度,只有在紧急、必要情形下才可以采取强制性措施,当相关情形消除时,应及时解除或变更强制性措施。通过精准化、规范化运用调查权,实现对公益保护和个体权利救济的动态平衡,最终促进司法公正与社会治理的良性互动。

(四)规范用权、接受监督原则

检察机关规范用权、接受监督是确保司法公正、维护法治权威的关键。检察机关作为公权力机关,一方面就自身建设而言,在行使公益诉讼调查权时要自觉规范办案行为,从线索受理初查到提起诉讼,每个环节都有章可循,防止权力滥用,做到打铁自身硬;另一方面,要依法接受人大监督、政协民主监督,还要勇于接受其他诉讼参与人和社会各界的监督,让公益诉讼调查权在制度和规范的笼子里运行。[①] 通过规范用权和接受监督,提升司法公信力,保障公民合法权益,维护社会公平正义。

四、公益诉讼调查权的内容

对于受理的公益诉讼案件线索,必要时可以进行初步调查,并形成初步调查报告。线索初查主要包括以下几个方面:(1)国家利益或者社会公共利益是否受侵害。(2)被监督行政机关是否存在违法行使职权或者不作为,该不依法履职行为与国家利益和社会公共利益受侵害之间是否具有因果关系。行政机关监督管理职责的依据,可以通过查阅法律法规规章,参考行政机关"三定方案"、权力清单和责任清单来认定。(3)民事主体是否存在侵权行为,该行为是否与社会公共利益受损之间存在因果关系。(4)其他需要初查的问题。

---

① 参见田凯:《完善检察公益诉讼调查核实权的三条现实路径》,载《检察日报》2020年8月27日,第7版。

公益诉讼检察人员行使调查权时需要对有关单位和个人的基本情况、违法事实、危害后果、违法情节等情况进行全面、客观、及时、公正的调查；依法收集与案件有关的证据，不得以暴力、威胁、引诱、欺骗以及其他违法手段获取证据；询问违法行为人、行政执法人员、证人或者其他有关人员，应当告知其依法享有的权利；对违法行为人、行政执法人员、证人或者其他有关人员的陈述如实记录；对公益诉讼调查中知悉的国家秘密、商业秘密和个人隐私，应当保密；法律法规规定的其他义务。公益诉讼案件立案后，在调查前应当制定调查工作方案，确定调查思路、方式、步骤以及拟收集的证据清单等。在具体办案过程中，检察人员调查收集证据必须依法规范，否则可能会影响到调查工作的质量和效果，甚至会影响证据的证明效力。检察公益诉讼调查核实方式主要有：

（一）查阅、调取、复制卷宗材料

查阅、调取、复制涉案行政执法、司法卷宗材料，检察机关应当向相关行政机关、司法机关出具调卷函。对所查阅、调取的相关卷宗材料妥善保管使用，所复制的卷宗材料一般应加盖来源印记。

（二）询问

询问行政机关工作人员、违法行为人以及行政相对人、利害关系人、证人等，应当个别进行。检察人员在询问前应当出示工作证，询问过程应当制作询问笔录。询问笔录经被询问人核对无误后，由被询问人在笔录上逐页签名、盖章或者捺印等方式确认，办案人员也应当在笔录上签名。被询问人拒绝签名、盖章或者捺印的，由办案人员在笔录上注明情况。询问笔录有差错、遗漏的，应当允许被询问人更正或者补充。更正或者补充的部分应当由被询问人签名、盖章或者捺印等方式确认。询问可以采取电话或视频方式，电话或视频接通后，应首先表明身份并告知对方将如实记录电话或视频沟通内容，具备录制条件的，应当进行音频或视频录制。电话或者视频询问应制作笔录，笔录应当向被询问人宣读。

(三) 查询

需要向有关单位或者个人查询信息或者查阅文件等资料的，应当出具介绍信、调查函或者协助查询金融财产通知书等文书。根据具体案情需要，可以依照规定查询有关单位和个人的涉案存款、汇款、证券交易结算资金、期货保证金等资金，债券、股票、基金份额和其他证券，以及股权、保单权益和其他投资权益等财产状况。向金融机构等单位查询有关单位和个人的财产状况，应当经过正当审批程序，并制作协助查询金融财产通知书，通知金融机构等单位协助办理。

(四) 收集书证、物证、视听资料、电子数据等证据

向有关单位和个人收集书证、物证、视听资料、电子数据等证据，应当出示工作证，并根据情况出具介绍信、调查函、调取证据清单或者调取证据通知书等文书。证据清单应当写明证据的名称、编号、数量、特征及保存地点等，由检察人员、当事人和见证人签名或盖章。调取书证应当调取原件，调取原件确有困难或者因保密需要无法调取原件的，可以调取复制件。书证为复制件的，应当注明调取人、提供人、调取时间、证据出处和"本复制件与原件核对一致"等字样，并签字、盖章。书证页码较多的，加盖骑缝章。调取物证应当调取原物，调取原物确有困难的，可以调取足以反映原物外形或者内容的照片、录像或者复制品等其他证据材料。视听资料、电子数据应当收集提取原始存储介质，调取原始存储介质确有困难或者因保密需要无法调取的，可以调取复制件。调取复制件的，应当说明来源和制作经过。收集提取视听资料、电子数据应当注明收集时间、地点、收集人员以及其他需要说明的情况。

(五) 咨询专门性问题

就专门性问题书面咨询有关专业人员、相关部门或者行业协会意见，应当完整、客观、准确地提供关于专门问题的信息，由接受咨询的专业人员、相关部门或者行业协会出具书面意见，并由相关专业人员或单位签名、盖章。就专门性问题口头咨询有关专业人员、相关部门或者行业协会的意见，应当完整、客

观、准确地提供关于专门问题的信息,制作咨询笔录,由接受咨询的专业人员签名或者盖章。

(六)委托鉴定、评估、审计、检验、检测、翻译

对专门性问题进行鉴定、评估、审计、检验、检测、翻译,应经公益诉讼检察部门负责人同意,并报分管副检察长决定后,按照规定程序选择具备相关资格的机构,并制作委托鉴定(评估、审计、检验、检测、翻译)函。鉴定、评估、审计、检验、检测等意见应当由鉴定、评估、审计、检验、检测等人员或相关单位签名、盖章。

(七)勘验物证、现场

勘验物证、现场,应当在检察官的主持下,由两名以上检察人员进行。可以邀请见证人参加,必要时还可以指派或者聘请有专门知识的人进行。勘验物证和现场,应当拍摄物证和现场照片,并制作笔录,由参加勘验的人员、见证人签名或者盖章。勘验笔录应当对物证的名称、数量、外观、规格,或者现场的方位、范围、状况等作全面、客观、准确的记录。勘验重大案件的现场,应当录像。

(八)进入涉案现场取样、检查

检察人员在涉案场所取样,可以自行进行,也可以在其主持下由检察技术人员进行。样品数量应当满足检测、检验、鉴定等需要。样品提取、保存应当符合有关技术规范要求。提取样品应当制作笔录和清单,由检察人员、取样人员、当事人、见证人签名或者盖章。在涉案场所取样的样品,检察人员应当及时送有关机构进行检测、检验和鉴定。检察人员进入涉案场所取样和检查时,应当向当事人出示工作证件,可以要求当事人提供有关资料、就有关问题作出说明等。检察人员进入涉案场所可以邀请与案件无关的见证人在场,或者全程同步录音录像;当事人无法联系或者拒绝配合调查的,邀请见证人在场或者全程同步录音录像,同时将现场情况记录在案。检察人员进入涉案场所调查受到当事人或其他人员阻碍的,可以依法采取制止、训诫等措施,必要时移交公安机关依

法处理。

(九)快速检测

检察技术人员可以在检察官的主持下,在涉案场所对取样的样品进行快速检测。进行快检的,检察技术人员应当严格按照其使用要求规范操作,详细记录检测对象的名称、数量、检测项目、检测日期、检测方法、检测人员姓名、检测结果等信息。

(十)先行登记保存[①]

在调查过程中需要采取证据先行登记保存措施的,应当经公益诉讼检察部门负责人审核,并报请分管副检察长决定。情况紧急,需要当场采取先行登记保存措施的,检察人员应当在采取措施后24小时内向分管副检察长报告,并补办有关手续。分管副检察长认为不应当先行登记保存证据的,应当立即解除先行登记保存措施。决定先行登记保存证据的,应及时通知有关机关转移保存。难以转移或者无须转移的,可以就地保存。对转移保存的证据,负有主管责任的机关不明确的,应当及时上缴本院入库保存。对于有特殊保存条件的证据,可以选择由有资质的第三方进行保存。转移保存期间,检察人员和仓库保管员应当妥善保管,不得使用、截留、损毁或者擅自处置。因发还当事人、移送有关机关或者进行检测、检验、鉴定等需要办理出库手续的,应经分管副检察长同意。就地保存时,应在证据登记保存的相关证据和场所加贴封条,并定期检视保存情况。

先行登记保存证据,检察人员可以邀请见证人在场或者全程同步录音录像。无法联系到当事人、当事人拒绝到场或者在场当事人不配合的,应当邀请见证人在场或者全程同步录音录像。必要时,可以邀请行政机关或者公安机关

[①] 需要指出的是,关于先行登记保存的调查方式在《公益诉讼办案规则》等法律或者司法解释中并未明确,仅在一些地方的法规中作了规定。如2020年11月27日江苏省第十三届人民代表大会常务委员会第十九次会议通过的《江苏省人民代表大会常务委员会关于加强检察公益诉讼工作的决定》第9条第2项规定:"向有关单位和个人收集涉案证据材料,对可能灭失或者以后难以取得的证据,经检察机关负责人批准,可以先行登记保存,并在五个工作日内作出处理决定。"

协助。先行登记保存证据，应当向当事人送达先行登记保存证据文书，并当场清点证据。清点完成后，检察人员应当制作清单，写明证据的名称、编号、数量、特征及保存地点等，由检察人员、当事人和见证人签名或盖章。无法联系到当事人、当事人拒绝到场或者在场当事人不配合的，检察人员应当在文书或笔录中记明。

采取先行登记保存的，应当及时对先行登记保存的证据作出处理决定。已经采取证据保全措施的，可以解除先行登记保存措施，将证据返还给当事人。需要检测、检验、鉴定的，应及时告知当事人。需要由相关行政机关进行查封、扣押或者予以没收的，应建议相关行政机关采取相应措施，并移送证据，通知当事人，行政机关未在期限内采纳建议的，应及时解除先行登记保存措施。证据与案件无关，或者违法事实不成立，或者违法事实成立但证据依法不应当予以查封、扣押或者没收的，应当解除先行登记保存措施，将其返还给当事人。

（十一）要求说明情况

根据调查核实证据的需要，可以出具调查函或者协助调查通知书等文书，要求涉案的行政机关、企业事业单位、社会团体、其他社会组织负责人说明情况。相关负责人拒不说明情况或者不如实说明情况，对案件办理造成不利影响的，人民检察院可以向其所在单位上级主管部门提出检察建议，涉嫌违纪违法的，移送有关机关处理。

五、进一步明确和加强检察公益诉讼调查权

人民检察院是国家法律监督机关，依据宪法和相关组织法的规定，其本身承担的是法治监督职能，因此赋予检察机关在办案过程中进行调查核实和采取一定范围的强制措施的权力，是检察机关正常履行职责的有效保障。

（一）从法律上明确检察公益诉讼调查核实权

调查取证是办理公益诉讼案件的基础工作，如果无法或者难以取得国家利益或者社会公共利益被侵害的证据，检察机关既无法提起公益诉讼，也无法督促负有监督管理职责的行政机关依法履职。在现行法律体系下,检察机关已经办理了大量公益诉讼案件,但在案件办理过程中遇到的一个较为普遍的问题,即检察机关的调查取证由于缺乏充分的法律依据,无法得到充分的保障。而公益诉讼案件本身又具有复杂、专业、涉及面广的特点,常常面临调查难、取证难的困境,如果检察机关的调查取证权、缺乏相应的法律保障,那么公益诉讼检察履职势必受到影响。

刑事诉讼法对侦查程序有比较详细而完备的规定,行政诉讼法在行政公益诉讼的制度设计中没有对检察机关的调查核实作出规定,民事诉讼法仅对检察机关在审判监督程序中的调查核实有所表述。相关司法解释虽规定了检察机关可以对行政机关以及其他组织、公民进行调查,但远远不能满足检察机关办理环境公益诉讼案件的需要,解决不了检察机关在实践中遇到的问题,而且司法解释不具有国家立法的权威和地位。该项权力的赋予和确认通过司法解释的方式来处理是不够严谨的,不仅会陷入自我授权的悖论,而且容易受到外界的质疑。

调查权是检察机关开展公益诉讼所必需的权力,它不是一个选择问题,而是一个与其身份天然相适应的问题。检察公益诉讼立法应当正视和解决检察机关在公益诉讼中的调查权问题,当然在专门立法出台之前也可以采取对《民事诉讼法》《行政诉讼法》进行修订的方式来解决这一问题。对此,可以在《民事诉讼法》第六章证据部分第 70 条法院调取证据之前,《行政诉讼法》第五章证据部分第 39 条法院调取证据之前,各增加一条规定:"人民检察院因办理案件的需要,有权向有关单位和个人调查取证,有关单位和个人不得拒绝。"民事、行政诉讼基本法律的宣示和规定,可以从根本上解决检察机关办理公益诉讼案件调查核实法律依据缺失和不足的问题。

(二)授权检察机关在特定条件下采取一定程度强制措施的权力

为确保检察公益诉讼案件的有效办理,赋予检察机关调查取证的保障措施是必要而且合理的。检察机关在办理公益诉讼案件时,是代表国家在行使法律监督权,维护的是国家利益和社会公共利益。在公益诉讼调查过程中,检察机关若不能采取一定的强制措施,就无法保证准确、及时、有效地收集到固定相关证据材料,有些关键证据一旦错失,就再也无法收集。当然在调查取证时,若需要对人身和财产施加强制措施,检察机关可以通过人民法院采取。但这种将检察机关等同于普通民事、行政诉讼当事人的处理方式,不仅可能在时效上受到不利影响,而且与检察机关所担负的职责、法律对其机关性质定位以及社会对其工作的期望不相匹配,不利于国家利益和社会公共利益的保护。

综上,可以在检察公益诉讼专门立法中设置相应的条款规定,或者在专门立法出台之前,修改增加《行政诉讼法》《民事诉讼法》的相应条款部分。在《民事诉讼法》(2023年9月修正)第84条中增加一款为第2款:"人民检察院在办理公益诉讼案件时,在证据可能灭失或者以后难以取得的情况下,可以决定采取保全措施。"在《民事诉讼法》第十章"对妨害民事诉讼的强制措施部分"第120条之后,增加一条:"人民检察院在办理公益诉讼和诉讼监督案件过程中,决定对妨害检察机关履行职责的行为采取强制措施的,参照适用本章规定"。在《行政诉讼法》(2017年6月修正)第42条中增加第2款:"人民检察院在办理公益诉讼案件时,在证据可能灭失或者以后难以取得的情况下,可以决定采取保全措施。"在《行政诉讼法》第40条法院调取证据之前,增加一条规定,其第1款内容为:"人民检察院因办理公益诉讼案件的需要,有权向有关单位和个人调查取证,有关单位和个人不得拒绝";而第2款则规定:"对有义务协助调查的人,对人民检察院的协助调查决定,无故推拖、拒绝或者妨碍调查的,人民检察院可以参照适用本法第五十九条规定的强制措施。"

现阶段检察公益诉讼调查核实在实践中还存在一些难题,需要在探索的基础上及时寻求应对策略,以保障检察公益诉讼履职有效进行,使检察机关能够更好地承担起维护国家利益和社会公共利益的法定职责。

第二节 公益诉讼检察听证

2020年9月14日,最高人民检察院发布了《人民检察院审查案件听证工作规定》(以下简称《听证工作规定》)。《听证工作规定》是人民检察院以听证方式审查案件工作的规范性法律文件,适用于包括公益诉讼在内的各类检察业务案件的听证工作。[①] 检察机关办理公益诉讼案件,可以组织进行听证,通过听取听证员、行政机关、违法行为人、行政相对人、受害人代表等相关各方意见,以了解与案件有关的事实和法律问题,听证形成的笔录和听证意见材料是检察机关办案的重要参考。

由于《听证工作规定》只是开展检察听证活动的一般性规定,而公益诉讼检察听证程序的功能定位、参与人范围、与其他相关程序的衔接等不少问题都需要进一步明确。公益诉讼检察听证程序仍处于探索时期,上述相关问题的解决不仅关系到公益诉讼检察听证程序本身的完善,而且是检察公益诉讼工作规范化的基础。

一、公益诉讼检察听证的程序定位

作为检察机关提起公益诉讼前公众参与检察公益诉讼办案的一种程序和方式,公益诉讼检察听证不仅可以充分地保障人民群众的知情权、参与权和监督权,促进司法全过程民主,还可以更好地实现维护公益的目的和效果。

相对于其他听证,公益诉讼检察听证程序具有自身的特点和程序价值。公益诉讼检察听证作为检察机关办理公益诉讼案件的具体程序和机制,与检察公益诉讼具有同一制度目的,即维护公共利益的实现,与听证相关的规则也正是基于此一目标而设计展开。法律授权检察机关为了维护国家利益或者社会公共利益可以提起民事公益诉讼与行政公益诉讼,而举行公益诉讼检察听证程序也是为了在提起诉讼前更好地解决公益维护问题。

从制度设计与程序类型来看,公益诉讼检察听证首先是一种调查程序,同时是一个争端解决程序和协商决策程序,从检察职能的角度来说,又是一种法

---

① 《听证工作规定》第4条第1款规定:人民检察院办理羁押必要性审查案件、拟不起诉案件、刑事申诉案件、民事诉讼监督案件、行政诉讼监督案件、公益诉讼案件等,在事实认定、法律适用、案件处理等方面存在较大争议,或者有重大社会影响,需要当面听取当事人和其他相关人员意见的,经检察长批准,可以召开听证会。

律监督程序。从检察公益诉讼实践来看,公益诉讼检察听证和磋商、检察建议及提起公益诉讼等方式相互配合,由检察机关视具体情况和办案需要而适用。

从程序功能来说,公益诉讼检察听证在不同类型的案件及案件的不同阶段可能发挥不同的功能,具有不同的定位:(1)调查功能。检察机关通过听证全面准确了解案情,获取并固定证据,此时的程序功能实际上是起到"听证+调查"的作用。(2)磋商功能。在检察机关经过调查核实,掌握基本案情后,在磋商中引入听证,达到以听证促磋商的目的,此时的程序功能实际上起到的是"听证+磋商"的作用。① (3)跟进监督功能。在磋商达成一致意见或者制发检察建议后,检察机关通过听证跟进调查,以确定行政机关是否依法履行职责,此时的程序功能实际上起到的是"听证+跟进监督"的作用。(4)提起诉讼功能。运用听证来审查案件是否符合提起诉讼的条件,以对审查起诉工作提供参考,实际上起到"听证+提起诉讼"的衔接功能。(5)检验办案效果功能。在检察机关督促行政机关履职、责任主体进行整改修复之后,通过听证审查评判是否达到效果,以决定案件是否终结,此时的程序功能实际上起到"听证+检验"的作用。②

检察公益诉讼在履职过程中,根据工作需要可以在各个环节引入检察听证程序,从实践效果来看,公益诉讼检察听证作为基础性办案程序,具有很强的可操作性和实际效果。当然,听证是检察公益诉讼履行法律监督职责、有效办理案件的一种手段,虽然在形式和程序上对庭审有所借鉴,但不能以检察听证来代替庭审,两者的性质与定位是完全不一样的。

---

① 2023年3月,江苏省人民检察院对噪声污染治理问题进行公益诉讼立案,成立专案组,由时任党组书记、检察长、二级大检察官石时态作为专案组组长、案件主办检察官。对于噪声监管部门职责指定这一关键难题,省检察院多次与省生态环境厅、省司法厅等磋商交流,并同步督促各市级检察院与属地市政府对接沟通,出台文件明确监管部门职责,但由于所涉部门众多、推动阻力较大,未取得显著进展。为进一步加大督促力度、凝聚噪声污染治理共识,2023年11月7日江苏省人民检察院组织了公开听证。这次听证会的目的就是进一步督促行政机关履职尽责,实际上起到的作用就是"听证+磋商"。

② 2021年4月,最高人民检察院对南四湖环境污染问题进行立案。经过一年的努力,在南四湖治理工作取得明显成效的情况下,最高人民检察院于2022年2月10日在山东济南召开了南四湖流域生态环境公益诉讼案检察听证,听证员及与会代表对南四湖治理工作予以高度评价,2022年4月南四湖专案正式结案。这次听证会的目的就是检验整改效果,评估案件是否符合结案条件,实际上起到的作用就是"听证+检验"。

二、听证会的准备

《听证工作规定》对召开听证会的条件规定比较原则,根据其第 4 条的规定,公益诉讼检察听证会的召开满足以下两个条件即可:一是关于适用案件范围的表述,即举行听证的案件应是在事实认定、法律适用、案件处理等方面存在较大争议或者有重大社会影响,需要当面听取当事人和其他相关人员意见;二是关于举行听证的程序方面的规定,即召开案件听证会需经检察长批准。

在检察公益诉讼履职办案中,存在较大争议或者有重大社会影响,需要当面听取当事人和其他相关人员意见的情形包括:(1)如国家利益或者社会公共利益是否受到侵害或者受到侵害的程度存在争议的;(2)被监督行政机关难以确定或者行政机关是否负有监督管理职责存在争议的;(3)行政机关是否依法全面履职存在争议的;(4)整改方案是否科学合理、切实可行难以判断的;(5)整改工作需要多个行政主体合力解决的;(6)整改效果是否有效维护国家利益、社会公共利益需要评估的;(7)适用法律法规需要进行释法说理的;(8)民事公益诉讼案件调解和解的;(9)属于涉众型、新类型,或者有社会影响的案件;(10)召开听证可以起到"办理一件、警示一片、教育影响社会面"的良好办案效果的;(11)人民检察院认为其他需要召开听证会的情形。

首先,听证参加人的确立,根据《听证工作规定》,听证准备程序的重点在于制订详细具体合理的听证方案。公益诉讼检察听证准备工作主要包括制订详细的听证方案、确定听证会参加人、发布公告等。详细听证方案的确定,还应当对听证的焦点问题,即听证所涉纠纷、解决的焦点问题进行归纳。公益诉讼案件的听证会一般公开举行,至少在听证 3 日前告将听证会的案由、听证时间和地点予以公告。如果案涉公益保护问题是社会热点问题、舆论关注度高,则最好在听证所涉事项可能影响范围内的权威媒体、公共网络、官方微博、微信公众号或者其他公众能够知悉、容易获取信息的方式,公告听证会的时间、地点、听证事项和报名办法。

三、听证会的参加人

听证会的参加人员范围,由检察机关根据案件具体情况来确定。听证会参加人可以分为与案件没有利害关系的符合条件的听证员、与案件有利害关系的人。一般来讲,公益诉讼检察听证会参加人包括案件当事人及其委托代理人、听证员、案件的处理结果可能会对其权利义务产生影响的第三人、证人、鉴定人以及人民检察院认为需要参加听证的其他人员。

参加听证会的听证员一般为3人至7人。检察机关可以邀请人大代表、政协委员、专家学者、律师、公益诉讼志愿者等作为听证员参加听证,听证员须符合《听证工作规定》第7条的要求,并且与案件无直接利害关系。涉及环境资源、食品药品、财税审计、安全生产、网络信息、文物保护等方面专门性问题的,必要时应当邀请有专门知识的人担任听证员。听证员与案件没有利害关系却实质性地参加听证会,享有在听证会中提问、讨论、发表意见的权利,且其意见是检察机关依法处理案件的重要参考,因此听证员的选择对听证会公平、公正、合法地展开及协助解决纠纷具有重要影响。

听证员的遴选应当遵守以下原则:首先,选择的听证员应当具有典型性,以保障听证员在案涉问题或争议方面具有一定的代表性,熟悉听证所涉及问题,且又具备参与公共事务的愿望和积极性;其次,根据听证案件的具体情况,综合考虑地域、职业、专业知识背景、受影响程度、表达能力等因素,科学合理地选择听证员。

听证会一般由承办案件的检察官或者办案组的主办检察官主持,如果是检察长、部门负责人承办案件,应当由检察长或者部门负责人担任主持人。公益诉讼检察听证会还可以邀请专家、教授、人大代表、政协委员、人民监督员、涉案利害关系人代表等到会旁听。

近年来,各地检察机关在公益诉讼办案中都探索举办了不少听证会,取得了良好的法律效果和社会效果。[①] 2023年11月，江苏省人民检察院在徐州市睢宁县召开了噪声污染治理检察公益诉讼案听证会，听证会的听证员由人大代表、政协委员、人民监督员、技术专家、法律专家、"益心为公"志愿者及群众代表组成，并邀请了最高检第八检察厅、省人大环境资源城乡建设委员会、省政协人口资源环境委员会领导及中国声谷防治噪声技术专家参加。省公安厅、司法厅、生态环境厅、住房和城乡建设厅、交通运输厅等单位分管领导，以及各设区市政府分管领导参加听证会。各设区市检察院检察长以噪声污染治理专案分组组长的身份参加本次听证会。这次听证会不仅参与人员众多，而且具有非常广泛的代表性，听证员经过精心考虑和选择，参与听证的当事人、专家、鉴定人以及其他人员根据各自在听证会上的身份发表意见。听证参与人员的科学选择和听证程序的合理设置，均对最后听证意见的形成发挥了积极的作用。

四、听证意见

对于听证会检察听证所聚焦的主要问题，听证员应当在评议时发表听证意见，形成评议意见。如无特殊情况，听证员所形成的评议意见应在听证会上予以发表。听证员经评议形成一致意见的，可指派一名代表发表意见。最终评议未形成一致意见的，不同意见的听证员可以分别发表其对听证问题的意见。

听证会最终形成的听证意见，对于检察公益诉讼办案有着重要的参考作用，在关键节点上能够起到重大的推动作用。在江苏省检察机关办理的噪声污染治理专案中，听证会主要聚焦噪声污染监管部门职责划分问题，在听证后听证员经评议最终就噪声污染监管部门职责划分达成共识，形成一致意见：建议市、县（市、区）地方人民政府认真履行好法律赋予的指定监管部门的职责，省有关部门要加强监督指导，以走在前、做示范的果敢担当推动工作尽快予以落实。听证会结束后在检察机关的推动下，江苏全省13个设区市均出台文件完成对噪声污染监管部门的指定，最终实现该项工作省域全覆盖。江苏省检察机

---

① 2021年7月，最高人民检察院专门发布了一批公益诉讼检察听证典型案例。参见《公益诉讼检察听证典型案例》，载最高人民检察院官网，https://www.spp.gov.cn/spp/xwfbh/wsfbt/202107/t20210722-524481.shtml?_refluxos=a10。

关就噪声污染治理立案之前，全省仅南京市于 2022 年 10 月完成噪声监管部门指定工作。该案立案后，扬州市于 2023 年 8 月制发文件明确指定监管部门；后在检察机关的持续督促，尤其是江苏省检察机关即将召开听证会的推动下，2023 年 10 月至 11 月，又先后有淮安、镇江、盐城、宿迁、常州、泰州、徐州 7 个设区市出台文件完成监管部门职责划分工作；在听证会达成尽快落实国家法律规定的听证意见后，连云港、南通、无锡、苏州 4 个设区市政府又先后制定文件对噪声监管部门职责予以明确。各地出台文件完成指定工作的过程，充分体现出噪声污染治理检察公益诉讼案件听证会对行政机关履职尽责的推动作用。

五、听证与其他程序的关系

（一）听证与检察建议

检察建议制发的主要目的是督促行政机关依法履行职责，而公益诉讼检察听证也有督促行政机关依法履职的功能，因此应处理好两者的衔接关系。当然，在案件办理不同阶段举行的公益诉讼听证有着不同的功能定位，其与制发检察建议就可能存在不同的关系与处理方式。听证与检察建议两种程序如何衔接，关键是看听证的程序定位是什么，检察建议的程序衔接方式决定于听证类型的确定。例如，在"听证+磋商"模式中，行政公益诉讼听证程序目的是维护公共利益，制订完善的纠纷解决方案，督促行政机关依法履职。此时的听证程序虽不同于检察建议制发程序，但其目的与检察建议督促行政机关依法履职的目的相同。在这种情况下，如果听证是在制发检察建议后举行，就应当将听证期间计入行政公益诉讼检察建议书制发后行政机关书面回复期间。在"听证+调查"模式中，行政公益诉讼听证程序的目的是调查核实行政机关怠于履职、违法履职或不履职的事实。因此，应当在听证程序结束后向相关行政机关制发检察建议书。因听证程序是在制发检察建议之前举行，故其对检察建议书制发后行政机关整改和回复不存在影响。

（二）听证与磋商

听证程序作为一种扩大公众参与的检察办案方式，带有一定程度的双向互动的准诉讼色彩,有着程序化与公开化的明显趋向。在实践中可以发现,听证程序可与磋商程序融合为一体,既可以是听证程序融入磋商程序,也可以是磋商程序引入听证方式,无论具体形式如何,其实质均是公众知情权、参与权在程序上得到的有效保障。检察行政公益诉讼听证程序与磋商程序融合,从效果来看具有明显的积极正向的实践效果。

(三)听证与公告

公告程序是检察民事公益诉讼中的特有程序,其设置目的是督促其他适格主体提起民事公益诉讼,以鼓励更多的社会主体参与公益维护事业。公告程序设立的初衷是为了确保检察机关在民事公益诉讼中的补充性、兜底性定位的实现,若检察机关未经公告便直接进行听证,则其在民事诉讼中补充性、兜底性的定位即无从体现。因此,根据现阶段民事公益诉讼制度设计,检察机关一般在履行公告程序之后,根据其他适格主体是否提起诉讼的情况再来决定是否进行听证以及如何进行听证。当然,对于仅定位为调查核实功能的听证,也可以在履行公告程序之前举行。

第三节 检察行政公益诉讼磋商

在行政公益诉讼诉中,检察机关督促行政机关履行监管职责的方式除了制发检察建议外,还包括磋商、听证以及提起行政公益诉讼等形式。其中,磋商与听证两种方式体现了检察融合履职的特性,既能够起到监督督促的作用,又有调查核实的功能。不同的履职方式有着不同的特征和功能,检察机关在办案过程中可以灵活选择运用。检察建议本身具有强烈的监督色彩,行政公益诉讼具有明显的对抗性,检察听证程序则突出了检察机关的主导性,而相对来讲磋商刚性、对抗性及单方主导的特征不强,对行政机关来讲是一种比较柔和、更容易接受的方式。因此在实践中,磋商是公益诉讼检察履职运用较多的一种调查和督促履职方式。

检察公益诉讼制度作为一项新的制度，特别是在行政公益诉讼起诉前置程序上目前还面临法律法规供给不足的问题。《公益诉讼办案规则》在行政公益诉讼"立案与调查"中规定了磋商程序，但相关规定比较原则。在法律法规和制度规章不尽完善的背景下，有必要结合办案实践，从制度完善的角度对磋商程序进行探究与思考。

一、磋商的程序定位

检察行政公益诉讼虽带有"诉讼"二字，但实际上检察机关所办理的大量行政公益诉讼案件并没有走到提起诉讼的环节。各级检察机关充分发挥诉前督促履职作用，促使行政机关、侵权主体等依法履职尽责，以更高效率、更低成本争取最佳办案效果，95%以上的公益损害问题都在诉前得到解决。[1] 通过检察督促履职，就可以达到保护国家利益或者社会公共利益的目的，提起诉讼在绝大部分情形下成为一种备而不用的保留程序。磋商作为检察机关在提起诉讼前督促履职的一种具体方式，符合检察机关法律监督的宪法职能定位，既能有效监督行政执法，又可顺畅对接调查、听证、检察建议等其他检察履职方式，具有自身独特的程序优势。

磋商的目的在于在对等的语境下，缓和检察机关监督者的突出色彩，在一定程度上减少行政机关的抵触心理，以降低检察机关与行政机关之间的对抗性。磋商在检察机关的主导下，以一种"商量""协商"的相对柔和方式构建一个平等交流的平台，修复受损的公益。如果检察机关与行政机关在磋商阶段达成一致意见，能够顺利实现维护公共利益的目的，则行政公益诉讼的程序到此结束。如果双方在磋商阶段达不成一致意见或者达成意见后整改方案未能有效落实，则磋商程序结束，检察行政公益诉讼进入下一个阶段。检察机关通过磋商程序无法达到监督目的，应以检察建议这种更具刚性的手段督促行政机关依法履行职责或纠正违法行为。磋商前置于检察建议程序之前，可以起到"先

---

[1] 参见应勇：《以习近平法治思想为指引加快推进检察公益诉讼立法》，载《人民检察》2023年第21期。

礼后兵"的效果,在监督强度上有一个由弱到强的递升过程。

检察机关是行政公益诉讼的发起者,在案件的走向和程序适用上有方式选择上的决定权。在行政公益诉讼中,检察建议是提起行政公益诉讼的前置程序,是法定的必经程序。如果行政机关在检察机关提起诉讼前就已经依法履职或纠正违法行为,则不存在提起诉讼的问题,检察机关在审查后对案件予以终结,行政公益诉讼程序到此结束。一般来讲,磋商是在检察机关向行政机关制发检察建议前进行的无对抗性、非必经性的程序,是对行政公益诉讼起诉前置程序的一种优化和补充,检察机关可以根据具体情况决定是否适用。

磋商、听证或者制发检察建议如何选择,体现了检察机关在检察公益诉讼办案过程中的主导性,以及维护公益的主动性。磋商程序的引入,则是检察机关在坚持自身主导性的前提下,实现司法双向互动的一种尝试和探索,以促进行政机关与检察机关之间更好沟通、交流,达到双方之间的某种平衡状态,争取一种双赢、多赢、共赢的结果。

二、磋商的功能与价值

磋商作为检察行政公益诉讼的一个小程序,虽然并不复杂,但有着自身独特的价值与功能。

(一)体现检察权的谦抑性

起诉前置程序的制度设计,体现了尽量收缩减少检察机关提起诉讼权运用的设想。[①] 磋商程序作为检察机关提起公益诉讼前的一项程序安排,是检察机关以一种"商量"的方式督促行政机关依法履行职责或纠正违法行为,更体现了检察权对行政权运行的尊重。通过磋商程序,检察机关以一种平等、平和的方式提醒行政主管部门履职的责任、方式及履职的内容,充分尊重了行政机关纠错的主动性和自主性。检察监督的介入以先穷尽行政机关系统内部的自我

---

① 参见吴卫东、曾慧:《行政公益诉讼诉前程序转入提起诉讼机制研究》,载《中国检察官》2019年第21期。

纠错为前提，磋商沟通有利于检察机关与行政机关围绕公益维护问题，先面对面进行平等、理性、有建设性的讨论协商。特别是在有人大代表、政协委员和人民监督员等第三方参与磋商的情况下，检察机关与行政机关平等表达自己的意见，经过充分的沟通交流，较容易作出维护公共利益的行为和举措，体现检察权谦抑运用和对行政权自主性的尊重。

（二）实现成本效益最优化

行政公益诉讼的目的在于对受损的公益进行修复，推动实现维护国家利益和社会公共利益的效果，但是在修复受损公益的过程中必须考虑成本效率问题，即修复公益所耗成本与所维护的公益价值量之间的比率。检察行政公益诉讼的理想状态，是以最少的司法、行政成本投入，获得尽可能多的公益价值量，最大限度提高维护公共利益的工作效率，达到经济学上所谓的成本效益最优比。磋商程序的引入和适用，可以在一定程度上对案件进行分流，对于一些事实清楚、争议不大的案件，检察机关可以不进入检察建议阶段，通过磋商进行违法事实确认或直接就整改方案达成一致意见，省略了进一步的调查取证与制发检察建议、送达回复等工作投入和程序成本，同时减少了行政资源的耗费。通过磋商，检察机关与行政机关共同就事实情况、修复受损公益等进行直接沟通，也使行政机关在整改工作上提高效率少走弯路。

（三）有助社会治理体系和治理能力现代化

磋商程序的引入，使得检察机关、行政机关可以进行一种面对面地协调沟通，在维护公共利益问题上经过互动更容易使双方达成共识。通过当面的磋商交流，检察机关提出的修复公益建议会更加适当具体，又会就事实和法律进行详细具体的解释论证，而且更充分的沟通将使得行政机关也更容易、更理性地理解和接受检察机关的监督行为和意见。更充分、深入地沟通会避免检察建议过于简单，同时也避免检察机关不当干涉行政机关自由裁量的风险性和可能。此外，磋商程序有着很大的弹性空间，还可以让人大代表、政协委员等更多的社会力量参与进来，既督促行政机关正确认识职责履行方面存在的问题、主动纠错,又可以提升行政机关和社会群众对检察公益诉讼的知晓度和认同性。检察机关以磋商方式监督行政机关依法行政,可以进一步优化国家权力互动运行秩序,有助社会治理体系和治理能力的现代化。

综上,磋商在检察行政公益诉讼工作中有着独特的价值和功能,检察办案应注意充分发挥磋商程序在评估认定行政机关是否主动依法履职以及是否采取最优监管方式中的作用,善于运用磋商方式及时督促行政机关开展问题整改活动,争取与行政机关在公益损害以及依法履职内容等问题上取得一致意见,从而减少纠违整改阻力,简化办案程序提高工作效率,实现公益保护的最终目标。

三、磋商的原则

(一)合法合理性原则

检察权在行使过程中,要始终以宪法和法律的规定为界限,由法律专门授权,运用法律规定的手段,依照法定程序,在法律范围内运行。① 检察机关在行政公益诉讼中启动磋商程序是行使法律监督权的体现,必须依照宪法的原则和法律规定的程序进行,其主体、程序、行为、后果都要符合法律的规范性要求。合法性是法律监督效力的根本要求,也是监督效力刚性的现实体现。合理性主要体现在检察机关的监督要以具有确实充分证据的客观事实为基础,才能对有关行政机关的行政行为作出认定,才能依据法律提出改进性的磋商建议。缺乏事实认定和证据证明的法律监督行为,其本身是没有刚性效力的。因此,必须保证监督事实要有充分的证据来证明,且这些证据必须符合真实性、合法性、关联性等证据属性。

(二)尊重行政权运行原则

行政公益诉讼兼具救济和监督这两项客观诉讼特征,检察公益诉讼履职的

---

① 参见孙谦:《新时代检察机关法律监督的理念、原则与职能——写在新修订的人民检察院组织法颁布之际》,载《人民检察》2018年第21期。

目的是救济受损的公共利益,法律监督只是保护公益的手段,因此如何救济受损的公益在检察公益诉讼履职中是必须摆在首要地位的。① 对于保护国家利益和社会公共利益来说,行政机关依法履行监管职责是第一位的,而检察机关如何督促行政机关依法履行职责则是可以选择的。在磋商过程中,检察机关需要尊重行政机关的职权属性,要充分体现行政职责首要性原则,因此,不能片面强调检察监督"高人一等",在磋商过程中不能动辄以起诉等方式威逼行政机关接受自己的意见。检察机关要充分了解行政机关的职权范围、职责义务以及致使国家利益或者社会公共利益受到侵害的原因和过程,以双赢共赢的态度去商讨解决公益受损问题。磋商过程中提出的要求不能超出被监督行政机关的法律责任范围和实际执行能力,应当符合行政机关的职责范围,并具有现实的可操作性和可执行性,且执行后产生的实际效果能够符合现阶段经济社会发展水平、客观事物发展规律和人民群众的认知期望。

(三)双赢多赢共赢原则

对于磋商的程序和目的,法律法规没有具体的规定,但总的来说检察机关在办案中适用磋商程序,目的就是要督促被监督的行政机关改进工作内容、方式、方法,依法履行监督管理职责,通过发挥检察机关的法律监督职能守护公益。此外,磋商还能在客观上满足一定的社会关系参与者因直接参与社会事务管理而带来的知情权、参与权得到保障的满足感和获得感。总体上来说,就是要通过磋商达到维护公益的目的,实现双赢多赢共赢,实现政治效果、法律效果、社会效果的统一。

四、规范适用磋商程序

在检察行政公益诉讼实践中,各地检察机关对磋商程序从强化协调配合、规范办案机制、参与社会治理等方面进行了有效探索,积累了不少有益经验。但在磋商实践中也发现了一些比较明显的问题,如磋商的选择适用缺乏明确标

---

① 参见刘艺:《构建行政公益诉讼的客观诉讼机制》,载《法学研究》2018 年第 3 期。

准,适用结构比不科学;磋商方式不规范,形式太过随意,磋商过程、结果难以体现;磋商程序与检察建议衔接不紧密,存在久磋无果的情况。结合具体办案,对于磋商程序的适用可以从以下几个方面进行规范和优化。

(一)磋商适用的案件范围

最高人民检察院《公益诉讼办案规则》对磋商仅作了原则性的规定,哪些案件适合进行磋商、哪些案件无须磋商完全取决于办案过程中承办检察官的判断和偏好。从实践情况来看,在以下这些案件中应当优先适用磋商程序:

1.涉及多个行政机关监管的案件。在同一个案件中,多个行政机关的监管职责交叉,而检察机关对各个行政机关在案件中具体应履行的职责不能准确区分认定。对于此类案件,如果简单制发检察建议,其内容可能会出现不科学、不可行,或者导致行政机关重复履职,或者出现履职空白点。运用磋商程序,则可以与几个行政机关通过"圆桌会议"的形式充分深入地交流意见,科学厘清各个机关应承担的具体公益修复责任,从而合理形成有效维护公共利益的方案,从根本上破解"都管、都不管"的难题,推动问题的最终解决。

2.调查核实权难以得到保证的案件。调查核实权虽然是法律赋予检察机关的法定职责,但是现阶段检察公益诉讼调查权的保障还不够。在检察机关在向相关行政机关开展调查核实过程中,遇到行政机关拒不配合时,法律上尚未有明确的强制措施来保障检察机关调查核实工作的顺利开展。在行政公益诉讼中开展调查核实,如果遇到相关的行政机关(包括涉案行政机关和其他行政机关)拒不配合的情形,会导致检察机关难以查清案件事实,从而提出的检察建议书内容缺乏客观性、真实性,也可能导致最终提起的诉讼证据不足、事实不清。对此,直接与行政机关进行磋商有可能在一定程度上减少调查核实的阻力。如果相关事实得到对方的确认,就从根本上破解调查核实难问题。磋商这种柔性的监督方式还可以在更大程度上赢得行政机关的理解与支持,从而更好地达到维护公共利益的效果。

3.行政机关有整改意愿或即将进行整改的案件。对于行政机关有整改意愿或即将进行整改的案件,检察机关再制发检察建议,可能引起行政机关的抵触和反感,认为检察机关干预了其正常的执法活动,有的甚至会引发行政机关的"对抗"性情绪,导致问题整改进度延缓。从检察机关内部案件评查角度来看,此类案件所制发的检察建议在一定程度上也存在"搭便车"、办凑数案的嫌疑。因此,在这种情况下检察机关可以通过磋商程序对行政机关的整改意愿和整改方案进行确认核实,针对行政机关提出的整改难题,检察机关可积极参与共同推动解决。

(二)磋商的形式

磋商的形式,以参与主体为标准,可以分为双方磋商和多方磋商;以是否公开为标准,又可以分为公开磋商与不公开磋商。

1. 双方磋商与多方磋商。从参与单位来看,磋商可以分为双方磋商和多方磋商。双方磋商是指检察机关与一个涉案行政机关进行磋商,此种磋商形式适用于案件涉及的责任单位仅有一个行政机关的情形。在双方磋商中,检察机关仅需与该行政机关进行沟通协商,就事实确认、整改方案达成一致意见即可。多方磋商一般是指案件涉及的责任单位有多个或不同的行政机关存在监管职责交叉情形。在多方磋商中,检察机关同时与多个行政机关开展协商,召集多个相关的行政机关共同参与磋商研究整改方案,共同推进问题整改落实。

2. 公开磋商与不公开磋商。从是否公开来看,磋商可以分为公开磋商和不公开磋商。公开磋商是指引入人大代表、政协委员、案涉群众代表、相关专业人士等第三方人员参与磋商,这些参与方虽非案件当事人,但可以就案件涉及的重大、争议问题发表中立性意见。公开磋商可以促进检察机关在阳光下规范履职,使行政执法活动公开透明,这对于提高办案质量具有积极意义。不公开磋商是指仅有检察机关与涉案行政机关进行磋商,双方就公益受损事实和法律责任进行协商论证,对公益修复提出整改方案并充分沟通。

(三)磋商的程序

1. 磋商的启动。在行政公益诉讼立案审查后,发现符合启动磋商条件,并经承办检察官或者检察官办案组讨论决定启动磋商程序的,应当向行政机关发出磋商邀请。磋商邀请应当尽量以书面形式进行,或者先以即时通信方式沟通,再书面函约。遇到国家利益或者社会公共利益损害仍在继续扩大等紧急情形,也可以电话等方式进行口头邀请。磋商邀请应当给予行政机关适当的答复时间,答复时间既要考虑检察机关的办案效率,也要考虑行政机关的内部流转过程,一般应在 2 个至 5 个工作日为宜。如遇紧急情形等特殊情况,可以要求尽快进行答复。如行政机关不同意进行磋商或者在磋商邀请规定期限内未回复,检察机关则可以及时启动包括制发检察建议在内的其他监督程序。

2. 磋商流程。磋商流程实际上就是磋商的具体程序内容,大致可以按照以下顺序进行磋商:检察机关说明调查情况;行政机关说明履职情况;对公益受损事实情况达成共识;双方就修复受损公益进行协商;最终达成磋商结果。

(1)检察机关说明调查情况。检察机关应先对磋商的目的、意义、过程进行说明,并对前期开展的调查过程、发现的公益受损事实进行陈述,说明行政机关履职不到位或行政行为违法的原因。(2)行政机关说明履职情况。行政机关陈述履职经过,展示调查取得的证据并予以说明,且就其法定职责内容、已履职的情况、公益受损原因、履职客观困难进行说明,并提出履职计划。(3)对公益受损事实达成共识。如果双方或多方初步达成共识,均认为是参与磋商的行政机关的职责范围,且应当由该行政机关对受损公益承担修复或督促修复责任,则进入下一步的磋商内容。如果受损的公益事实不存在或者不是行政机关的履职范围,则应当结束磋商程序。(4)双方就如何修复受损公益进行磋商。在该阶段,主要由行政机关提出整改方案和措施,检察机关就行政机关提出的方案和措施是否合理进行评估考量,并可以在此基础上提出补充完善的建议。(5)达成磋商结果。参与各方就磋商内容达成一致,并形成书面意见。磋商结果的达成不仅体现出检察履职成效和结果,也为下一阶段启动其他程序奠定基础。磋商结果一般以会议纪要、会议记录等载体形式体现。在检察机关与行政机关双方或者多方共同签署后,由相关的行政机关执行或监督相关主体执行落实,检察机关则要做好跟进监督的工作。

五、磋商后的跟进监督

磋商作为检察机关行政公益诉讼履职办案的特定方式,不外乎两种结果:一是磋商达成共识,并顺利完成整改,国家利益或者社会公共利益得到有效维护;二是磋商程序因无法达成目标而终止。后一种情况又可以分为两种原因:一是磋商不成。如果磋商参与机关对违法事实、监管职责范围依据或者整改方案等存在不同认识,都将会导致磋商不成功。二是落实不力。在磋商达成共识后,可能会有行政机关未按照或未完全按照磋商结果进行整改落实。对于磋商不成和落实不力两种原因导致的磋商程序终止,检察机关应及时启动下一步监督程序。

(一)督促跟进机制

检察机关在与行政机关磋商达成一致意见后,还需要加强与行政机关具体负责部门及相关人员的沟通对接,对行政机关整改落实情况进行实时跟进。对于被监督行政机关在磋商后何时召开会议研究、如何制定整改方案、整改进度如何等每一环节都尽量予以跟进。通过督促行政机关及时将磋商内容落实到位,确保起诉前置程序发挥实效。对行政机关在整改过程中确实存在困难的,及时发挥检察职能作用,尽量协助行政机关破解难题,形成维护公益合力。

(二)强化检察建议与磋商程序衔接

在实践中,检察公益诉讼对磋商运用较多,但需要注意的是要避免超期磋商、久磋不决,甚至以无效磋商代替制发检察建议、提起诉讼等监督方式,以免影响对公益的及时修复,破坏检察监督的权威。对于磋商不成,或者达成磋商协议后行政机关又拒绝履行、消极履行、拖延履行,或者虽然履行但不按照磋商协议规定的内容去履行,导致整改效果不明显,公益损害状态持续存在等情形,应根据具体情况及时启动检察听证、制发检察建议等其他程序,以效力更强的监督方式继续督促行政机关依法履职。

(三）做好起诉前置程序与诉讼程序对接

行政公益诉讼尤其应当注重在起诉前督促程序中督促行政机关依法履职，力求在审前解决公益损害问题。"零诉讼率"是行政公益诉讼制度追求的理想目标。① 但是这种"零诉讼率"在司法实践中是不现实的，在经过磋商、发出检察建议等督促方式效果不够理想的，要提前做好提起行政公益诉讼的准备工作。在检察建议回复期限届满，遇到行政机关无正当理由拒不纠正违法行为或依法履职的，应及时提起行政公益诉讼，以有效维护国家利益或者社会公共利益。

检察公益诉讼既是业务性很强的政治工作，也是政治性很强的业务工作。就其实质来说，公益受损问题的出现表面上是社会治理不到位导致的，实际上则是社会治理能力没有跟上的原因。因此从全局性角度出发，对于公益损害问题，检察机关应当充分发挥检察职能，通过磋商沟通等方式帮助、督促行政机关共同提升公益保护能力和水平，不能以监督者"高人一等"的姿态给行政机关发指令，而应当以协作实现公共利益的维护和修复为终极目标，以双赢多赢共赢的理念去推动公益修复方案的完成落实。

---

① 参见田凯：《人民检察院提起公益诉讼立法研究》，中国检察出版社2017年版，第122页。

第五章 检察公益诉讼起诉前置程序

党的十八大以来,检察公益诉讼制度从顶层设计到实践落地、从局部试点到全面推开、从初创开拓到发展完善,成为习近平法治思想在公益保护领域的生动实践和原创性成果。① 检察公益诉讼制度从提出试点开始,就有一个清晰的定位,即检察机关提起公益诉讼应当以监督督促其他责任主体履行职责或者行使诉权为前提。"探索建立检察机关提起公益诉讼制度"的改革,"可以从建立督促起诉制度、完善检察建议工作机制等入手"。②

根据《民事诉讼法》(2023年9月修正)第58条第2款的规定,人民检察院在履行职责中发现破坏生态环境和资源保护、食品药品安全领域侵害众多消费者合法权益等损害社会公共利益的行为,在没有第1款规定的机关和组织或者第1款规定的机关和组织不提起诉讼的情况下,可以向人民法院提起诉讼。第1款规定的机关或者组织提起诉讼的,人民检察院可以支持起诉。而《行政诉讼法》(2017年6月修正)第25条第4款则规定,人民检察院在履行职责中发现生态环境和资源保护、食品药品安全、国有财产保护、国有土地使用权出让等领域负有监督管理职责的行政机关违法行使职权或者不作为,致使国家利益或者社会公共利益受到侵害的,应当向行政机关提出检察建议,督促其依法履行职责。行政机关不依法履行职责的,人民检察院依法向人民法院提起诉讼。由此可见,《民事诉讼法》《行政诉讼法》关于检察公益诉讼的条款均规定了检察

---

① 参见应勇:《以习近平法治思想为指引加快推进检察公益诉讼立法》,载《人民检察》2023年第21期。

② 参见习近平:《关于〈中共中央关于全面推进依法治国若干重大问题的决定〉的说明》,载《中共中央关于全面推进依法治国若干重大问题的决定》,人民出版社2014年版,第41~59页。

机关提起诉讼的前置程序。

　　检察机关是国家的法律监督机关,检察公益诉讼实质上是检察机关以诉的形式履行法律监督职责。故检察公益诉讼天然具有督促性,而这一特性更是集中体现在起诉的前置程序上。起诉前置程序在实践中也充分体现出独特的制度价值,检察机关通过发挥诉前监督督促作用,以更高效率、更低成本争取最佳办案效果,95%以上的公益损害问题都在诉前得到解决。[①] 鉴于检察公益诉讼起诉前置程序的重要地位及其在实践中所发挥的不可忽视的作用,必须将其放在检察公益诉讼履职办案和理论研究的重要位置上。

第一节　起诉前置程序制度设计及实践

一、检察公益诉讼起诉前置程序含义

　　行政诉讼中有所谓起诉前置程序,是指为解决行政争议,在当事人向法院提起行政诉讼之前必须或者可能经过的一个程序。[②] 而检察公益诉讼起诉前置程序,特指检察机关提起公益诉讼之前的一个特别程序,是检察机关在提起公益诉讼之前,为充分发动公益保护积极力量,提高工作效率,降低司法成本,建议、支持其他适格主体提起公益诉讼或者督促相关行政机关依法履行公益保护职责的特定程序。目前,检察公益诉讼起诉前置程序包括民事公益诉讼中的公告程序和行政公益诉讼中的检察建议程序。

　　检察公益诉讼起诉前置程序[③],是立法对检察机关提起公益诉讼前的特别

---

　　① 参见应勇:《以习近平法治思想为指引加快推进检察公益诉讼立法》,载《人民检察》2023年第21期。

　　② 参见林莉红:《行政诉讼诉前程序研究——基于行政纠纷解决机制系统化理论》,载《湖北社会科学》2013年第9期。

　　③ 检察公益诉讼起诉前置程序,曾被称为"诉前程序",实际上这是一个不太规范、而有着一定争议的称呼。2024年6月应勇检察长在黑龙江调研时指出,检察公益诉讼办案从立案开始就进入了"诉"的环节,必须紧紧扭住可诉性这个关键,持续提高精准性和规范性。因此,对于检察民事公益诉讼和行政公益诉讼的前置程序来讲,更准确规范的称呼应该为"起诉前置程序",而不应再以"诉前程序"称之。

程序设置,检察机关只有履行了法律设置的相关程序,才符合提起公益诉讼的条件,才能够向法院提起公益诉讼。在司法实践中,起诉前置程序与提起诉讼程序作为检察公益诉讼制度的共同组成部分,各有其独立的不可替代的程序价值。

二、检察公益诉讼起诉前置程序特征

相比于其他民事、行政诉讼程序,检察机关提起公益诉讼起诉前置程序具有以下几个方面的特征。

(一)特定性

目前,我国立法对提起公益诉讼的主体资格作了明确的规定,除了检察机关可以依法提起民事公益诉讼和行政公益诉讼之外,法律还授权其他一些适格主体作为民事公益诉讼的启动者,如省级以上消费者协会、符合法律规定条件的环保公益组织以及特定国家机关,可以就特定领域的损害公益行为提起民事公益诉讼。检察机关如要提起民事公益诉讼就要先进行公告优先由其他适格主体来诉,如要提起行政公益诉讼就要先督促行政机关履行职责。起诉前置程序的适用具有主体的特定性,它是检察机关提起公益诉讼前所履行的一个特定程序,其他适格主体提起诉讼前并无履行起诉前置程序的规定和要求,当然目前其他主体尚只能提起民事公益诉讼。

(二)法定性

检察机关提起公益诉讼前是否履行起诉前置程序,不是任意的、可选择的,而是从检察公益诉讼一开始试点就明确规定于《授权决定》以及现行《民事诉讼法》《行政诉讼法》中,具有鲜明的法定性和确定性。检察机关提起公益诉讼的案件,均要按照法律规定的程序以确定的方式履行起诉前置程序,并且在提起诉讼以后,法院也会对检察机关履行起诉前置程序的情况进行形式上的审查。

(三)效果性

检察机关在提起公益诉讼前所履行的起诉前置程序,将带来相应的法律效果。在民事公益诉讼中,经过起诉前置程序,如果没有其他适格主体或者其他适格主体确定不起诉的,检察机关即取得起诉资格,依法可提起民事公益诉讼。在行政公益诉讼中,检察机关督促行政机关纠正违法行为或者履行法定职责的检察建议,具有明确的法律效力,如无正当合理事由,行政机关应当采纳,并及时采取措施依法履职。经过起诉前置程序,行政机关不依法履行职责的,检察机关可依法提起行政公益诉讼。

(四)附属性

从制度设置上看,起诉前置程序本身不是一个具有完全独立意义的法律程序,它是与检察机关提起公益诉讼相配套的前置程序,在目的意义上具有一定的附属性。检察机关不是为履行起诉前置程序本身而启动起诉前置程序,其目的指向性非常明确,履行起诉前置程序是为了下一步提起公益诉讼做准备。如果经过起诉前置程序,公益未能得到有效保护,提起诉讼就是水到渠成,当然至此也是势在必行了。

根据检察机关提起公益诉讼类型的不同,起诉前置程序也可以进一步分为民事公益诉讼的起诉前置程序和行政公益诉讼的起诉前置程序。民事起诉前置程序和行政起诉前置程序虽然都是由检察机关在公益诉讼中所发起,但各有其特定的适用对象、范围,在具体方式、内容及法律效果上也存在明显的区别,在后面将对两者分而论之。

三、检察公益诉讼起诉前置程序设置的历史变化

在民事、行政诉讼领域,我国在2012年以前一直坚持原告起诉的"直接利害关系"说,缺乏容纳纯粹公益诉讼的制度空间。为解决公益保护问题,在

2012年8月《民事诉讼法》修改时作了突破，但当初在其第55条①并未涉及公益诉讼起诉前置程序。

2015年7月1日，全国人大常委会通过的《授权决定》首次规定了检察机关提起公益诉讼的前置程序。依据《授权决定》，检察机关提起公益诉讼的起诉前置程序包括两种：一种是行政意义上的督促程序，即督促行政机关纠正违法行政行为、履行法定职责；另一种是诉讼意义上的督促程序，即建议、督促、支持法律规定的机关和有关组织提起公益诉讼。至于是同时履行两种起诉前置程序，还是根据案件情况和诉讼类型，分别履行相应的起诉前置程序，单从条文表述来看，尚无法明确。

在《公益诉讼试点方案》的基础上，《公益诉讼实施办法》进一步具体和明确了公益诉讼起诉前置程序的规定，其内容也更为科学合理。特别是在民事公益诉讼中，《公益诉讼实施办法》根据不同的对象，分别设置相应的起诉前置程序方式，如对法律规定的机关适用督促方式，对符合条件的有关组织适用建议方式，而且考虑到相关组织的条件、情况及现实可操作性，将起诉前置程序的建议范围限定为辖区内。鉴于符合条件的机关的特定属性和身份，《公益诉讼实施办法》将起诉前置程序的具体履行方式变更为发送督促起诉意见书或者检察建议。对于没有其他适格主体的案件，由于履行起诉前置程序没有实质意义，《公益诉讼实施办法》规定在社会公共利益一直处于受侵害状态时，检察机关可以直接提起民事公益诉讼。

2017年修订的《民事诉讼法》《行政诉讼法》除正式以人大立法的形式赋予检察机关提起民事、行政公益诉讼的资格外，与此前的《授权决定》相比，出现了一些新的变化：一是将检察机关提起公益诉讼的领域有所扩大，即民事增加了资源保护领域，行政增加了食药安全领域；二是民事似乎缺少了关于起诉前置程序的规定。但仔细分析《民事诉讼法》(2017年7月修正)第55条第2款的表述可以发现，检察机关提起民事公益诉讼的起诉前置程序还是隐含在其

---

① 2021年12月《民事诉讼法》第四次修正时，第55条调整为第58条；2023年9月《民事诉讼法》第五次修正时，仍为第58条。

中的。因为检察机关提起民事公益诉讼的前提是,没有法律规定的机关和有关组织或者法律规定的机关和有关组织不提起诉讼。因此,检察机关在提起诉讼之前,还需要确认其他适格主体是否有就某一特定公共利益被侵害的事实提起民事公益诉讼的意愿。

基于《民事诉讼法》《行政诉讼法》的上述规定,最高人民检察院于2020年9月通过的《公益诉讼办案规则》在"行政公益诉讼"和"民事公益诉讼"章节中,分别以"检察建议"和"公告"为名对检察行政公益诉讼和民事公益诉讼的起诉前置程序作了专节的规定。该规则第81条规定:"行政机关经检察建议督促仍然没有依法履行职责,国家利益或者社会公共利益处于受侵害状态的,人民检察院应当依法提起行政公益诉讼";第96条规定:"有下列情形之一,社会公共利益仍然处于受损害状态的,人民检察院应当提起民事公益诉讼:(一)生态环境损害赔偿权利人未启动生态环境损害赔偿程序,或者经过磋商未达成一致,赔偿权利人又不提起诉讼的;(二)没有适格主体,或者公告期满后适格主体不提起诉讼的;(三)英雄烈士等没有近亲属,或者近亲属不提起诉讼的。"

四、检察公益诉讼起诉前置程序的实践效果

检察公益诉讼起诉前置程序的制度初衷和内容设计是一脉相承的,从试点开始即体现出自身独特的制度价值,在实践中发挥着巨大、不可替代的功能和作用。在《授权决定》与《公益诉讼试点方案》《公益诉讼实施办法》中,全国人大常委会和最高人民检察院关于检察机关提起公益诉讼起诉前置程序的规定,在检察公益诉讼的试点探索阶段发挥了重要的指导意义和规范作用。试点省区的检察机关在办理公益诉讼案件的过程中,通过督促、建议、支持起诉以及督促行政机关纠正违法或者依法履行职责等方式履行起诉前置程序,取得了很好的社会效果。

试点期间检察公益诉讼履职办案的相关数据清晰地反映出起诉前置程序在案件办理中所起到的不可忽视的作用。从2015年7月到2017年6月底,在生态环境和资源保护、食品药品安全、国有资产保护、国有土地使用权出让等领域,各试点地区检察机关在履行职责中共发现公益案件线索11,226件,实际办理9053件,其中起诉前置程序案件7903件,向人民法院提起公益诉讼案件1150件,法院共审结458件。在行政公益中,检察机关共履行起诉前置程序7676件。从后续情况看,经起诉前置程序,行政机关主动纠正违法或履行职责5162件,约占67.25%;行政机关逾期未纠正违法或履行职责的1530件,约占19.93%。检察机关提起行政公益诉讼1029件,约占履行行政起诉前置程序的13.40%。在民事公益诉讼中,检察机关共履行起诉前置程序227件。从后续情况看,经起诉前置程序,相关社会组织提起诉讼35件,约占15.42%;①相关社会组织不起诉或不回复的70件,约占30.84%;辖区内无符合条件社会组织的112件,约占49.34%。检察机关提起民事公益诉讼94件,占履行民事起诉前置程序的约41.41%。以民事公益诉讼做得相对比较好的江苏省为例,截至2017年6月,检察机关向法律规定的机关和有关组织履行民事公益诉讼起诉前置程序52件,回复准备提起诉讼的19件,约占36.54%。②就全国13个试点省(市、区)来看,经检察机关督促、建议,有中华环保联合会、江苏省环境保护联合会等多个社会公益组织提起了35件民事公益诉讼,检察机关支持起诉28件,通过支持、参与从而引导、协助有关组织依法进行民事诉讼活动,取得了很好的社会效果。③

检察公益诉讼起诉前置程序不仅在试点期间体现出其所具有的独特功能作用,而且在法律将这项制度正式固定下来之后,继续发挥其自身的极大制度价值。应勇检察长所指出的有关公益诉讼的三个"结构比"数字正体现了这一点,在实践中检察公益诉讼起诉案件占全部公益诉讼起诉案件总数的95%以上,行政公益诉讼案件占检察公益诉讼案件总数的90%左右,而行政公益诉讼案件中,95%以上的公益损害问题都是在诉前得到解决。④ 更具体的数字可以

---

① 参见《试点两年检察机关办理公益诉讼案件9053件》,载最高人民检察院官网,https://www.spp.gov.cn/zdgz/201707/t20170701_194471.shtml?_refluxos=a10。

② 参见陆军、杨学飞:《检察机关民事公益诉讼诉前程序实践检视》,载《国家检察官学院学报》2017年第6期。

③ 参见《试点两年检察机关办理公益诉讼案件9053件》,载最高人民检察院官网,https://www.spp.gov.cn/zdgz/201707/t20170701_194471.shtml?_refluxos=a10。

④ 参见应勇:《以习近平法治思想为指引加快推进检察公益诉讼立法》,载《人民检察》2023年第21期。

从2022年6月30日最高人民检察院发布的检察机关全面开展公益诉讼五周年工作情况中找到：2017年7月至2022年6月，全国共制发公益诉讼诉前检察建议52万余件；行政机关诉前阶段回复整改率从2018年的97.2%持续上升到2021年的99.5%。可见，作为行政公益诉讼起诉前置程序的检察建议在实践中发挥了巨大作用。

从公益诉讼实践中的案件"结构比"数字中，足以窥见起诉前置程序所蕴藏的极大价值，也从侧面印证最佳司法状态是在诉前（此处指审前或起诉之前）实现保护公益的目的。① 起诉前置程序在检察公益诉讼履职中所体现出的充分价值和强大功能，证明当初这一制度设计非常成功，与我国国情和体制具有内在的契合性。当然从实践情况来看，这一制度并非完美无瑕，也存在进一步完善的空间，适时优化也是必要的。

第二节　检察民事公益诉讼起诉前置程序设置与完善

检察民事公益诉讼的起诉前置程序在整个公益诉讼制度架构中有着独特的价值和意义，体现了检察权介入民事公益诉讼的补充性、检察机关与其他组织在公益保护上的协同性，也是基于现有社会组织数量与力量情况而做出的现实选择。法律尽管授权检察机关提起公益诉讼，但需要履行公告等前置程序，在确认没有其他适格主体或者其他适格主体不愿提起诉讼的前提下，检察机关才可以提起民事公益诉讼。因此，就检察机关参与民事公益诉讼来说，起诉前置程序具有其特殊之意义，它是检察机关提起民事公益诉讼与消费者协会、环保团体等有关组织提起民事公益诉讼的重要区别之所在。

一、检察民事公益诉讼设置起诉前置程序的初衷

作为公益诉讼大制度中的一个"小程序"，起诉前置程序是检察机关提起

---

① 参见秦天宝：《行政公益诉讼诉前程序社会化改良之理论本质与功能价值》，载《人民检察》2023年第21期。

民事公益诉讼的前置安排，也是检察机关相对于其他适格主体在提起民事公益诉讼时所独具的程序特色。需要探究的是，立法为何要为检察机关提起民事公益诉讼设置起诉前置程序，其意义与价值何在。究诘与厘清这些问题，也是准确理解检察机关提起民事公益诉讼的基础和前提的要求。

（一）检察权介入民事公益诉讼的补充性

检察权作为一种监督性质的公权力，对民事领域的介入和干预具有补充性。即使涉及公益事项，需要检察权的介入，也应当是在普通民事主体穷尽诸如诉讼等法律救济手段，公益仍不能获得应有保护，或者根本就没有适格主体提起诉讼的情况下，再选择由作为法律监督者的检察机关担当起维护公益的职责。因此，就公益保护来说，在检察机关启动诉讼程序之前，应当首先尝试由其他普通民事主体来发起相应的司法救济途径。检察机关"在决定提起民事公益诉讼前，可以督促或者支持其他社会团体、组织率先提起公益诉讼，只是在无主体提起公益诉讼时，检察机关才最终提起公益诉讼"。[①] 就制度建设来说，"从长远看，社会组织以及其所代表的社会公众才是环境公益诉讼的主力军。当有符合条件的社会组织愿意提起环境公益诉讼时，应优先由社会组织行使诉权，检察机关应当在证据调查等方面给予支持。若无社会组织提起诉讼，检察机关才应主动向法院提起诉讼，以免环境公共利益长期处于受损或受威胁状态却无人问津"。[②]

按照上述逻辑思路，即使检察机关已经向法院提起公益诉讼，如果有其他适格主体愿意担负起诉讼的责任向被告主张权利，使公共利益获得完全的保护，那么检察机关也可以考虑将自己当初之诉撤回，以更超脱的身份来支持和监督案件诉讼的进行，并将有限的人力和物力转移到其他社会公共利益更需要关注和保护的地方。在司法实践中，也确实存在这样的案例。如2013年年底

[①] 参见汤维建：《检察机关提起公益诉讼试点相关问题解析》，载《中国党政干部论坛》2015年第8期。

[②] 参见李艳芳、吴凯杰：《论检察机关在环境公益诉讼中的角色与定位——兼评最高人民检察院〈检察机关提起公益诉讼改革试点方案〉》，载《中国人民大学学报》2016年第2期。

至2015年4月,扬州腾达化工厂、泰兴市康鹏专用化学品有限公司等违法排放危险废物,造成盐城市大丰区境内有关河流严重污染。① 经履行起诉前置程序,该辖区内无适格主体提起诉讼,盐城市人民检察院于2016年6月13日以公益诉讼人身份向盐城市中级人民法院提起了民事公益诉讼。2016年7月,中国绿发会向法院申请加入该案诉讼。因已有符合法定条件的社会组织就该案提起民事公益诉讼,检察机关提起诉讼的基础发生了变化,盐城市人民检察院遂于2016年8月1日向盐城市中级人民法院送达了撤回起诉决定书,撤回对该案的起诉。在撤诉以后,应中国绿发会的请求,盐城市人民检察院以支持起诉机关的身份继续参与了该案后期的诉讼活动。

对民事公益诉讼的提起,实行普通民事主体优先的原则,本质上体现的正是在现代法治条件下国家公权力对社会领域自我救助、自我调整的一种尊重。可以说,在民事公益诉讼中,检察机关扮演的只是一种支持者与补充者的角色。在民事领域,检察权运用理念和相应机制,有利于社会自律自纠和健康发展,有利于执法者主体责任意识和勤勉执法习惯的养成,有利于以较低的资源投入获得较高的治理效益,这对于国家社会的和谐稳定和良性运行,具有莫大的益处。

(二)培育社会组织维护公益的能力

社会生活多姿多彩,发生于其中的各种关系千变万化,就理论上来讲,国家立法不可能穷尽所有的可能性。不论法律制定过程中立法者设想论证得多么严密,一旦适用于现实生活中大多会或多或少地发现一些问题,需要在实践中不断加以修改和完善。虽然如此,立法时仍须慎重,立法者对法律规范周至性和完美性的追求和努力,将尽可能地减少法律的纰漏和适用的混乱。就公益保护制度来讲,由于特定的侵权行为最终侵害的是社会公共利益,与公民、法人等一般社会主体不存在直接的利害关系,一般的社会主体在通常情况下并没有足

---

① 参见《江苏省盐城市人民检察院对扬州腾达化工厂、泰兴市康鹏专用化学品有限公司等污染环境案提起民事公益诉讼》,载最高人民检察院官网,https://www.spp.gov.cn/spp/xwfbh/wsfbh/201606/t20160614_119914.shtml?_refluxos=a10。

够的热情、动力采取实际的救济行动。而且面对的违法者又可能是在经济、资源、舆论等方面具有巨大优势和较强影响力的组织,即使其有诉诸行动的意愿,本身也缺乏足够的能力和相应的实力支持。因此,立法者将提起民事公益诉讼的资格赋予在特定领域专门从事相关公益活动的社会组织,希望通过它们的努力来使社会公共利益获得相应的救济。应当说,从长远来看立法机关这样的思路和设计是符合事物发展规律和现阶段我国国情的,也是实事求是的。

近年来,我国相关社会组织发展很快,参与社会活动的积极性也比较高。但在公益诉讼实践中,客观存在符合条件的社会组织数量不足与能力不够的现象。在公益诉讼试点阶段,检察民事公益诉讼的起诉前置程序主要是建议、支持辖区内符合法律规定条件的有关组织提起诉讼。由于我国的特殊社会发展阶段,各地普遍存在的情况是符合法律规定条件的有关社会组织数量太少,或者根本就没有符合条件的社会组织。即使一些地方存在一些符合条件的社会组织,但其人员配备、诉讼能力也与开展公益诉讼的要求不相匹配,大多无法也不愿真正提起公益诉讼。如在试点期间,苏州、无锡等地检察机关多次向辖区内的环保产业协会等公益组织发出起诉建议,但这些组织均以不具备公益诉讼能力为由,作出不提起公益诉讼的回复。[①]

分析试点期间媒体报道的全国检察机关提起民事公益诉讼的 44 个案例和江苏检察机关办理民事公益诉讼履行起诉前置程序的 52 个案例,可以很清楚直观地看到相关问题。具体情况见图 1、图 2。

[①] 参见陆军、杨学飞:《检察机关民事公益诉讼诉前程序实践检视》,载《国家检察官学院学报》2017 年第 6 期。

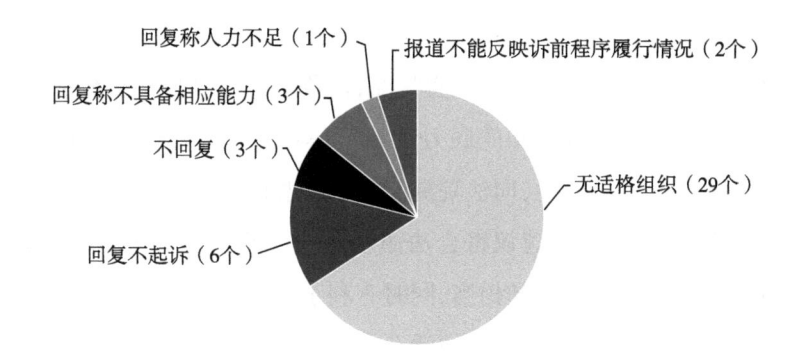

图1 试点期间全国检察机关提起民事公益诉讼44个案例诉前程序结果分析

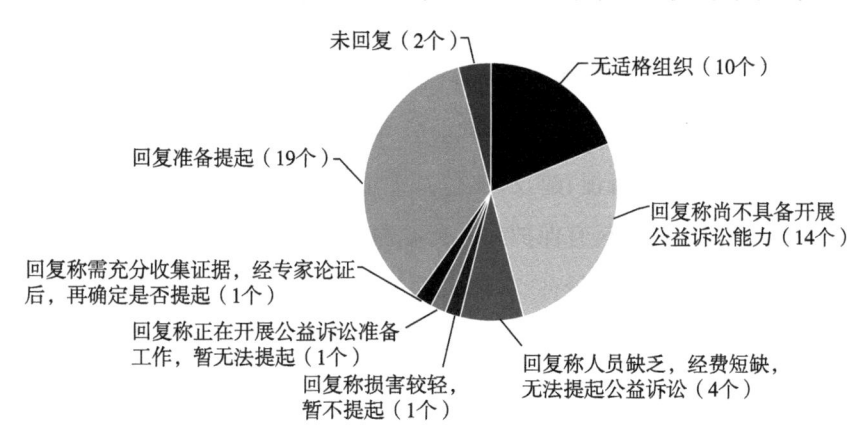

（饼图内容：无适格组织（29个）；回复不起诉（6个）；不回复（3个）；回复称不具备相应能力（3个）；回复称人力不足（1个）；报道不能反映诉前程序履行情况（2个））

图2 江苏检察机关办理民事公益诉讼案件履行诉前程序52个案例具体情况分析

（饼图内容：无适格组织（10个）；回复称尚不具备开展公益诉讼能力（14个）；回复称人员缺乏，经费短缺，无法提起公益诉讼（4个）；回复称损害较轻，暂不提起（1个）；回复称正在开展公益诉讼准备工作，暂无法提起（1个）；回复称需充分收集证据，经专家论证后，再确定是否提起（1个）；回复准备提起（19个）；未回复（2个））

在试点期间，2015年7月至2017年6月，江苏检察机关向法律规定的机关和有关组织履行民事公益诉讼起诉前置程序的案例有52个，其中除辖区内无适格主体的10个外，回复准备提起诉讼的有19个，约占36.54%；明确回复不起诉的有21个，约占40.38%；回复需要调查研究后决定的有1个，约占1.92%；未回复的有2个，约占3.85%。有关组织明确回复不准备起诉的21个案例中，除1个是因为相关组织认为损害过小不愿提起诉讼外，其余20个不起诉理由基本上均是人员不足、经费短缺、诉讼能力和专业水平有限等。[①] 由此可见，现阶段我国社会公益组织尚无法承担起公共利益维护主要责任，还需要

---

① 参见陆军、杨学飞：《检察机关民事公益诉讼诉前程序实践检视》，载《国家检察官学院学报》2017年第6期。说明：本节数据如无特别注明出处，均来源于该文，其余不再标出。

经历一个成长的阶段,同时也需要相关机关有意识地进行扶持和培育。

鉴于现阶段中国社会组织的现实状况,担负国家法律监督职责的检察机关自然被视为公益保护的补充和兜底力量。于是立法者授权检察机关在社会公益组织没有提起公益诉讼时,向法院提起民事公益诉讼。但在检察机关提起诉讼之前,通过起诉前置程序建议符合法律规定条件的社会组织提起公益诉讼,既体现出国家公权力的礼让和担当,同时有利于培育和促进更多的公益组织尽快成长起来,加入全社会维护公益的活动中。

(三)发挥检察机关与相关组织在公益保护上的协同性

公益诉讼的目的是维护公共利益而非私人利益,这是公益诉讼最鲜明、最本质的特征。当发现国家利益或者社会公共利益受到侵害,符合提起公益诉讼条件时,检察机关首先督促、建议、支持其他适格社会组织采取相应的行动,是因为这些社会组织同样负有保护公共利益的义务,也享有维护公共利益的资格和权利。当公共利益受到侵害,在检察机关采取司法救济措施之前,经过起诉前置程序,其他适格主体提起诉讼,使公共利益得到了救济和维护,就无须检察机关再提起公益诉讼,这体现了社会共同体在维护公共利益上的协同性。确立、完善和发展公益诉讼的最基本、最直接的目的就是为公共利益提供制度保障。有效的协同机制较之单一权力和权威,更能充分、及时地达到维护公共利益的目的和初衷。

在试点期间,经检察机关履行起诉前置程序,其他适格主体提起了不少民事公益诉讼,充分展现了不同社会力量在社会公共利益保护上的协同性。据统计,就全国情况来说,在13个试点省、区中,经起诉前置程序后社会组织提起民事公益诉讼的案件数量是35个,其中江苏为19个,数量最多。江苏检察机关履行起诉前置程序后适格主体回复拟提起民事公益诉讼的19个案例中,适格主体具体情况见图3。

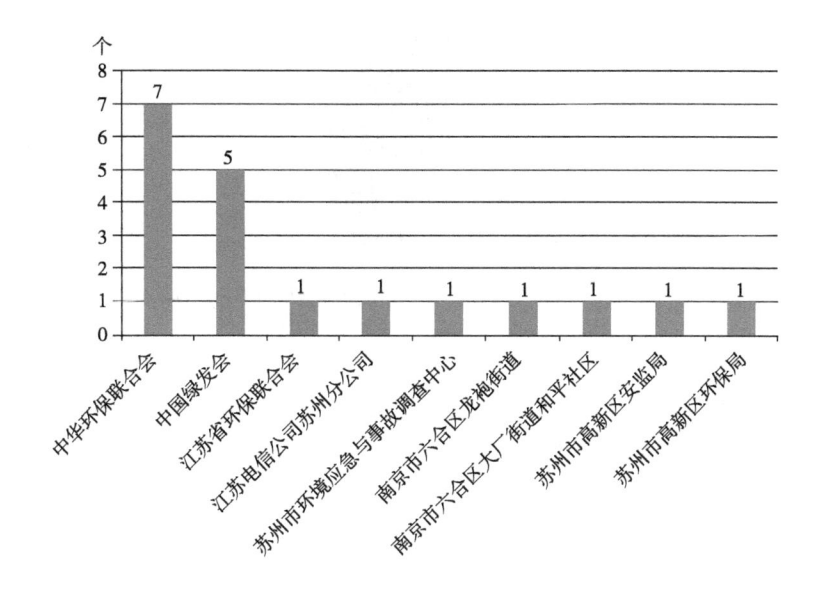

```
个
8
7    7
6
5         5
4
3
2
1              1    1    1    1    1    1    1
0
  中  中  江  江  苏  南  南  苏  苏
  华  国  苏  苏  州  京  京  州  州
  环  绿  省  电  市  市  市  市  市
  保  发  环  信  环  六  六  高  高
  联  会  保  公  境  合  合  新  新
  合     联  司  应  区  区  区  区
  会     合  苏  急  龙  大  安  环
         会  州  与  袍  厂  监  保
            分  事  街  街  局  局
            公  故  道  道
            司  调     和
               查     平
               中     社
               心     区
```

**图 3　试点期间江苏检察机关履行诉前程序后,各适格
主体提起或拟提起民事公益诉讼案件主体情况**

从试点期间江苏检察机关履行民事公益诉讼起诉前置程序的 52 个案例的具体情况可以看到,检察机关与相关社会组织在维护社会公共利益方面的协同效应。经检察机关督促、建议,在有关组织回复准备提起诉讼的 19 个案件中,有中华环保联合会、中国绿发会、江苏省环境保护联合会等多个社会公益组织提起了 18 件民事公益诉讼,约占回复准备起诉案件的 94.74%。对于这 18 件由有关组织提起的民事公益诉讼,检察机关均以支持起诉机关的身份参与诉讼,引导、协助有关组织进行民事公益诉讼活动,取得了良好的社会效果。试点期间,江苏检察机关提起民事公益诉讼以及支持其他适格主体提起民事公益诉讼情况见图 4。

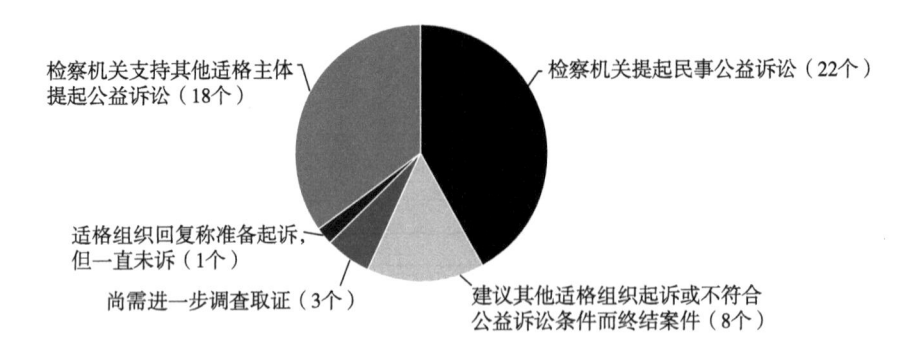

饼图内容：
- 检察机关支持其他适格主体提起公益诉讼（18个）
- 检察机关提起民事公益诉讼（22个）
- 适格组织回复称准备起诉，但一直未诉（1个）
- 尚需进一步调查取证（3个）
- 建议其他适格组织起诉或不符合公益诉讼条件而终结案件（8个）

图4 试点期间江苏检察机关履行民事公益诉讼诉前程序52个案例处理情况分析

注：试点期间，江苏检察机关共提起民事公益诉讼案件14个，本图中所谓22个是就起诉前置程序案件数量的角度而言，因为对于侵害社会公共利益的同一事件，检察机关可能先后向数个相关社会组织履行起诉前置程序。

在江苏检察机关办理的民事公益诉讼起诉前置程序案件中，有关组织明确表示起诉的为19个，而有关组织表示不起诉的案件中，检察机关提起诉讼或后又有其他组织提起诉讼的为23个，合计为42个，约占80.77%。可见，在公益维护上，通过不同主体、不同手段、不同机制的共同作用，更能够调动社会的热情和积极性，这也是更能发挥制度的潜能和聚合力的一种安排。

（四）起诉前置程序体现民事领域自治优先原则

公益诉讼制度，是立法者为应对诸如环境污染等公害案件中公众权益的保护问题，对传统的肇基于私益保护的诉讼制度进行的相应改造，赋予了与环境污染等公害不具有"直接利害关系"的民事主体和特定行政机关提起诉讼的权利。在具备起诉资格的多个主体并存的情况下，如何协调相互之间的顺序及关系，就是一个需要做出选择的问题。作为公权力行使者的检察机关只是在没有适格主体或适格主体不愿诉、不能诉或不敢诉的情况下，才担负起诉讼的责任。检察机关提起公益诉讼的起诉前置程序，实行普通民事主体诉权优先的原则，本质上体现的是在现代法治条件下国家公权力对社会领域自我救助、自我调整的一种尊重。

在民事领域，成熟的、谦抑的检察权运用理念和相应机制，有利于社会自律自纠和健康发展,有利于执法者主体责任意识和勤勉执法习惯的养成,有利于以较低的资源投入获得较高的治理效益,这对于国家社会的和谐稳定和良性运行,无疑具有莫大的益处。

二、试点期间民事公益诉讼起诉前置程序实践情况

2015年7月至2017年6月底,两年试点期间,试点地区检察机关共办理起诉前置程序案件7903件。[①] 其中,民事公益诉讼起诉前置程序案件227件,约占2.87%。在民事公益诉讼案件中,经起诉前置程序,其他适格主体提起诉讼35件,检察机关支持起诉28件。[②] 江苏省作为全国13个试点省市之一,全省共有设区市13个,根据试点要求,选择南京、苏州、无锡、常州、徐州、盐城、泰州7个地级市作为省内试点地区。在两年试点期间,江苏省试点地区检察机关共办理民事公益诉讼起诉前置程序案件52件,在试点省份中居第一位。分析试点期间检察机关履行民事公益诉讼起诉前置程序的情况,可以发现当时的一些做法是存在明显局限性的。

(一)在地域范围上,起诉前置程序仅将辖区内相关组织作为对象

根据《公益诉讼试点方案》及《公益诉讼实施办法》的相关规定,民事公益诉讼起诉前置程序要督促法律规定的机关或建议辖区内符合条件的有关组织起诉。对于督促法定的机关起诉,因有属地管辖的制度且现阶段法律也未明确赋予检察机关以外的国家机关起诉资格,故在实践中该规定并未出现什么问题。对于建议有关组织起诉,因公益诉讼本就是要赋予不具有利害关系的主体以起诉资格,故对某一地的公益损害案件,理论上全国范围内符合法定条件的有关组织均有提起公益诉讼的权利,法律不应该也确实没有对此进行限制。因此,《公益诉讼实施办法》仅规定对辖区内的有关组织进行建议,范围过于狭

---

① 参见《试点两年检察机关办理公益诉讼案件9053件》,载最高人民检察院官网,https://www.spp.gov.cn/zdgz/201707/t20170701_194471.shtml?_refluxos=a10。

② 参见《最高检:试点地区督促其他适格主体提起诉讼35件》,载最高人民检察院官网,https://www.spp.gov.cn/zdgz/201706/t20170630_194408.shtml?_refluxos=a10。

窄，未将所有特别是不在本辖区的适格组织包括在内，出现了建议对象未能穷尽的问题。

分析试点期间江苏检察机关履行起诉前置程序后适格主体提起民事公益诉讼的19个案例可知，辖区内的适格主体提起诉讼的案件数量为6个，约占31.58%；辖区外的适格主体提起诉讼的案件数量为13个，约占68.42%。具体情况见图5。

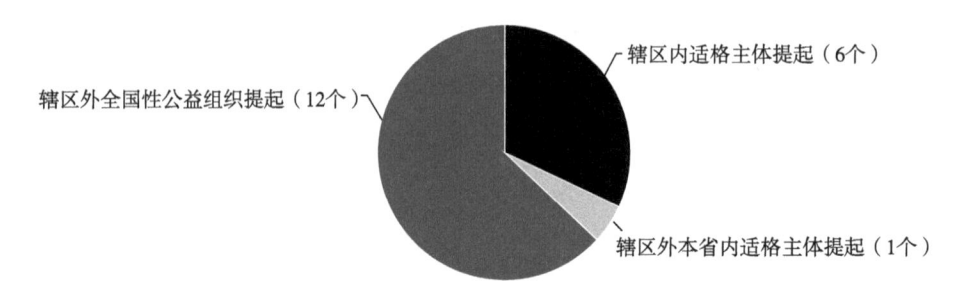

图5 试点期间江苏检察机关履行诉前程序后适格主体提起民事公益诉讼案例原告区域分布情况

在实践中，不乏经履行民事公益诉讼起诉前置程序，辖区内符合条件的组织不愿诉，而其他地区的有关组织在检察机关提起诉讼后要求加入诉讼的情况。如前述扬州腾达化工厂、泰兴市康鹏专用化学品有限公司等污染环境案，江苏省盐城市人民检察院经履行起诉前置程序，向盐城市中级人民法院提起民事公益诉讼后，中国绿发会向法院申请加入诉讼。

（二）在履行起诉前置程序的方式上以书面定向发送为主

根据《公益诉讼试点方案》及《公益诉讼实施办法》的相关规定，在民事公益诉讼中，检察机关履行起诉前置程序的方式是向相关机关和辖区内的符合法律规定条件的社会组织以书面方式发送督促起诉意见书或者检察建议。正如前面所述，在民事公益诉讼中，因并不要求提起诉讼的主体与案件具有直接利害关系，故全国范围内符合条件的有关组织均有权就特定社会公共利益受到侵害的案件提起诉讼。全国符合法律规定条件的有关组织的状况和数量处于不断的变动之中，而且缺乏全面准确的统计信息，如以书面方式向全部符合条件的有关组织逐一发送督促起诉意见书或检察建议,不但需要花费大量的时间、人力和物力,而且在实践中根本是一个无法完成的任务。

在不能穷尽所有对象的情况下,现实操作中,检察机关只能在符合条件的对象中进行选择。但有选择性地履行程序可能存在问题,一方面检察机关掌握的信息不完整、不准确,另一方面如何取舍也缺乏相应的标准。在实际操作中很可能出现的情况是,收到检察机关起诉建议书的公益组织不愿意提起公益诉讼,而检察机关未向其发送起诉前置程序文书的公益组织要求加入诉讼。还以扬州腾达化工厂、泰兴市康鹏专用化学品有限公司等污染环境案为例,盐城市人民检察院在诉前向有关机关、组织发送了督促起诉书,但这些机关和有关组织没有提起公益诉讼。在盐城市人民检察院提起诉讼以后,中国绿发会向法院申请加入诉讼,而盐城市人民检察院当初并未向中国绿发会履行起诉前置程序。

(三)起诉前置程序与法院公告加入程序不能无缝对接

在检察机关提起的民事公益诉讼中,还存在检察机关起诉前置程序与法院公告加入程序未能有效衔接的问题。《环境民事公益诉讼解释》(2014年12月通过)第10条和《最高人民法院关于审理消费民事公益诉讼案件适用法律若干问题的解释》(2016年2月通过)第6条均规定了公告程序,要求法院在受理相关公益诉讼案件后,公告受理情况,并在30日内接受可以提起诉讼的其他机关或者有关社会组织申请参加诉讼。在试点阶段的司法实践中,对于检察机关提起的民事公益诉讼同样适用法院公告加入程序。如2016年6月,江苏省盐城市人民检察院在按照规定履行起诉前置程序后,就扬州腾达化工厂等环境污染案件向盐城市中级人民法院提起民事公益诉讼,盐城市中级人民法院于6月20日受理,并于6月24日公告案件受理情况。中国绿发会即根据该公告信息,向盐城市中级人民法院提出加入该案诉讼的申请。①

---

① 参见夏道虎:《中国环境司法改革之江苏实践》,江苏凤凰文艺出版社2020年版,第194~195页。

法院公告加入程序对于检察机关以外的其他适格主体提起的诉讼来说,有其合理性,可以尽可能保护适格主体的诉权和知情权。但对于检察机关提起的民事公益诉讼来说,检察机关已经履行了相应的起诉前置程序,是在其他适格主体不诉或没有其他适格主体的情况下才最终诉至法院的,而检察机关的起诉前置程序和法院的公告程序逻辑起点和初衷是相同的。如果在一个案件中先后启动两个程序,一方面将导致诉讼时间的不必要延长,另一方面也会造成司法资源的浪费。

(四)起诉前置程序回复与审查评估时间仅为1个月

根据《公益诉讼试点方案》及《公益诉讼实施办法》的相关规定,起诉前置程序要求相关机关或组织在收到建议或意见后1个月内依法办理,并将办理情况及时书面回复检察院。在实践中,被督促的行政机关在履行职责过程中,可能涉及调查核实等程序,需要相应的时间。对被建议或者督促的有关组织来说,也涉及调查收集证据、评估损害、衡量风险等过程,尤其是在环境污染案件中,这些工作不是轻而易举就能完成的。因此,1个月的时间,对于被督促的机关而言,可能无法做到全面履行职责或纠正违法行为;对于被建议的有关组织而言,可能也没有时间认真进行调查评估,慎重作出决定。

试点期间,在江苏检察机关履行起诉前置程序的有适格主体的42个案件中,超过1个月回复和未回复的共4个,约占总数的9.52%。具体回复情况见图6。

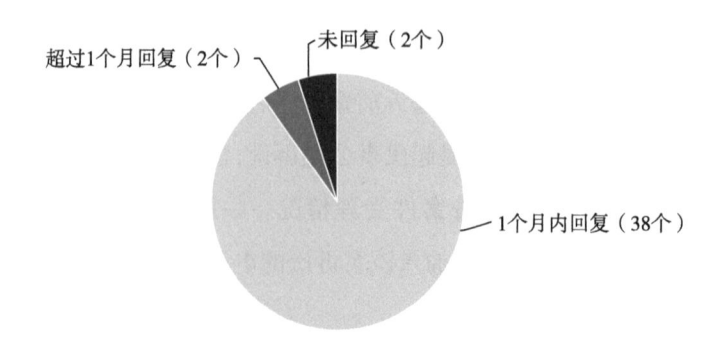

图6 试点期间江苏检察机关履行诉前程序有适格主体案例回复情况

在及时回复的案件中,也有组织未明确表明是否提起公益诉讼的情况。如赵某某生产销售有毒有害食品案,苏州市人民检察院向江苏省消费者协会发出建议起诉意见书,该协会的回复意见是,需要充分收集有关证据,经专家论证,再确定是否有提起公益诉讼的可能性和必要性。①

在司法实践操作中,还存在对起诉前置程序的审查评估问题。在试点探索过程中,曾经出现社会组织在接受检察机关的建议后遇难不诉的现象。一些地方的公益组织对于公益诉讼本身有着比较高的热情和较为积极的态度,在检察机关向其发出督促起诉意见书或检察建议后,在回复期限内可能明确表示准备就相关案件提起诉讼。但在后期逐渐了解案情之后,发现诉讼难度较大或有其他干扰因素,产生畏难情绪,迟迟不提起诉讼,有些甚至彻底打消了起诉的念头。如吴江市某电子厂污染环境案,苏州市吴江区人民检察院于2016年9月7日向中华环保联合会发出建议起诉意见书,该会复函称愿就该案提起民事公益诉讼。后由于调查取证、检测评估等原因,中华环保联合会一直未将该案诉至法院。② 实践中,有关社会组织的这种犹豫不决,乃至随意不诉的情况,容易造成诉讼期间流失,甚至关键证据灭失,不利于公共利益的保护。

(五)起诉前置程序与提起诉讼未有效衔接

关于起诉前置程序,《公益诉讼试点方案》《公益诉讼实施办法》的表述基本一致,即在法律规定的机关和有关组织没有提起民事公益诉讼,或者根本就没有适格主体的情况下,检察机关可以提起诉讼。检察机关在符合条件时可以提起诉讼,那么如果反向来理解,是否也可以不提起诉讼?如果该条款是赋权意义上的表述,那就可以理解为在符合条件时检察机关有权提起诉讼,但作为国家机关,在被赋予职权的同时,是否意味着担负相应的职责?易言之,在法律规定的领域范围内,对损害社会公共利益的行为,在符合起诉条件时,检察机关

---

① 参见陆军、杨学飞:《检察机关民事公益诉讼诉前程序实践检视》,载《国家检察官学院学报》2017年第6期。

② 参见陆军、杨学飞:《检察机关民事公益诉讼诉前程序实践检视》,载《国家检察官学院学报》2017年第6期。

能否像其他适格主体一样,在诉与不诉之间自行选择,而无须承担法律乃至于道义上的责难?在实践中也确实存在少数经过起诉前置程序后,相关社会组织未起诉,检察机关也一直未提起公益诉讼的案件。其原因有很多,可能是客观条件出现变化不再符合提起公益诉讼的法律规定,也可能是检察机关人手不足,一时之间无暇兼顾。

在起诉前置程序与提起诉讼的衔接上,还可能出现社会组织与检察机关对关联案件的起诉标准不一致的情况。在一些污染环境的案件中,同一时段的同一地域可能存在众多排放、倾倒污染物的行为主体,如果相互之间不存在共同侵权问题,就存在分开起诉的可能性。在检察机关履行起诉前置程序,建议符合法律规定条件的有关组织提起公益诉讼时,社会组织可能表示仅对其中一起或数起污染环境行为提起公益诉讼,其余建议由检察机关提起。由于目前对环境污染损害的鉴定评估标准并不统一,不同的评估机构对同一损害作出的评估结果可能相差巨大。如 2013 年某生物化工有限公司、某化工有限公司、某药业股份有限公司、某燃料有限公司等在泰州姜堰区域内沿河违法排放、倾倒废酸等危化物 2000 余吨,造成了严重的环境污染。泰州市人民检察院于 2015 年 8 月 25 日向江苏省环保联合会发出提起民事公益诉讼的建议。该联合会回复称,其只对某燃料有限公司等单位、人员非法处置废酸的行为提起民事公益诉讼,对其他单位及人员非法处置危险废物的行为暂不提起民事公益诉讼。因此,泰州市人民检察院决定对某生物化工有限公司、某化工有限公司、某药业股份有限公司等提起民事公益诉讼。后在评估污染损害后果过程中,由于委托主体、评估机构及评估标准的差异,基本相同的污染物质及情节,评估结果却出现了比较大的差异。经过协调,上述案件最终按照同一标准作出的评估数额提出诉讼。如果社会组织和检察机关分别按照依据不同标准作出的评估报告,对关联案件中的不同环境污染行为提出诉讼,就会出现各自主张的赔偿数额相差较大的问题。

三、试点后对检察民事公益诉讼起诉前置程序的完善

针对试点期间检察机关提起民事公益诉讼前置程序在实践探索中存在的

问题,最高人民检察院及时进行了回应,2020年9月通过的《公益诉讼办案规则》在当时的情况下尽可能地作出了完善改进。

(一)扩大了起诉前置程序的对象范围

根据试点期间的相关规定,民事公益诉讼的起诉前置程序是要求向相关机关和辖区内的符合法律规定条件的社会组织以书面方式发送督促起诉意见书或者检察建议。经过试点期间的实践探索,发现这种做法存在明显的局限性。因为检察机关以外的法律规定的机关和有关组织可就某一类型的案件,如破坏生态、污染环境类案件提起公益诉讼,法律规定的机关自然是指违法行为发生地的相关机关,而适格的有关组织就不一定局限于违法行为发生地,全国各地符合条件的社会组织都有提起民事公益诉讼的权利,因为公益诉讼本身就不要求提起者与案件有利害关系。试点期间检察机关根据属地管辖原则履行起诉前置程序,督促、建议的对象是明确特定的,仅限于辖区内符合条件的机关和社会组织。在这种情况下,就出现了检察机关的前置程序不能穷尽相关对象的问题。因此,对于有关组织,就应该尽量扩大履行起诉前置程序的对象范围,不宜以地域为限。

根据《公益诉讼办案规则》第91条的规定,前置程序是要告知所有的适格主体可以向法院提起诉讼,同时对于符合启动生态环境损害赔偿程序条件的案件,还要告知赔偿权利人启动生态环境损害赔偿程序。在后来制定《公益诉讼办案规则》时,考虑到公益诉讼本来就是突破了原有诉讼框架的新制度,不再强调起诉主体与诉讼标的的利害关系,而对于法律规定的有关组织,只要其符合条件,即有权提起民事公益诉讼,不应对其所属地域、体制归属等进行限制。以检察机关以外的所有适格主体为督促、建议的对象,也能够避免出现被督促、建议的组织不愿诉,而未被督促、建议的组织却要提起诉讼的情况。

在民事公益诉讼中,检察机关履行起诉前置程序的对象包括所有符合法律规定条件的机关或者有关组织,只要其有可能成为相关案件的民事公益诉讼提起主体,前置程序就体现了公益保护的协同性和检察公益诉讼的补充兜底性。

(二) 采取以公告为主的多种程序履行方式

试点期间书面发送督促起诉意见书或者检察建议的方式,在实践中发现存在无法穷尽适格主体的问题,于是在后来制定《公益诉讼办案规则》时改为以公告为主的方式。根据该规则第91条、第92条规定,人民检察院经调查,认为社会公共利益受到侵害,存在违法行为,应当依法发布公告,告知适格主体可以向法院提起诉讼,但在办理侵害英雄烈士等的姓名、肖像、名誉、荣誉的民事公益诉讼案件,也可以直接征询英雄烈士等的近亲属的意见。因为在民事公益诉讼中,特别是生态环境类案件,适格主体数量较多且状况不一,逐一书面督促、建议既不现实,在实践中也难以操作。故在发现公益诉讼案件线索以后,检察机关采取在报刊、网络等社会媒体上进行公告的方式,对不特定的适格主体(潜在的民事公益诉讼提起主体)进行督促、建议更具优势,其受众广泛,成本不高,时效性强。

(三) 有效对接起诉前置程序与提起民事公益诉讼

对于《公益诉讼实施办法》第14条和《民事诉讼法》(2017年6月修正)第55条第2款①关于人民检察院"可以"向人民法院提起民事公益诉讼的规定,多数的理解是检察院所享有的民事公益诉权,具有权责一体的属性。易言之,在履行起诉前置程序后,其他适格主体没有起诉,检察机关行使民事公益诉权的条件即告成就,检察机关应当向法院提起诉讼,这也是立法机关赋予检察机关民事公益诉权的目的和初衷之所在。如果检察机关是选择性起诉,不可避免地会使公益保护处于不确定状态,会使行使民事公益诉权的主体处于一种不应有的缺位状态,这不仅和检察机关在民事公益诉讼中拾遗补阙的角色定位不一致,无疑也与当初的立法目的相违背。《公益诉讼办案规则》采纳了此种观点,其第96条规定:在生态环境损害赔偿权利人未启动生态环境损害赔偿程序,或者经过磋商未达成一致赔偿权利人又不提起诉讼,或者没有适格主体或公告期

---

① 现行《民事诉讼法》第58条第2款。

满后适格主体不提起诉讼,或者英雄烈士等没有近亲属或近亲属不提起诉讼的情况下,只要社会公共利益仍然处于受损害状态,检察机关就应当提起民事公益诉讼。也就是说,在履行起诉前置程序后,如果社会公共利益仍处于受损害状态,检察机关就应当提起诉讼。

(四)检察机关公告与法院受理公告程序顺畅对接

因为公益诉讼案件涉及社会公共利益的保护,处理的结果与众多社会成员息息相关,往往成为新闻媒体关注的焦点和社会大众谈论的热点,在诉讼程序上应做到公开透明,从而强化裁判结果的公正性和权威性,因此法院在公益诉讼程序中设置公告加入程序。在2018年之前,法院审理民事公益诉案件主要根据《环境民事公益诉讼解释》(2014年12月通过)、《最高人民法院关于审理消费民事公益诉讼案件适用法律若干问题的解释》(2016年2月通过),而这些解释均要求法院受理民事公益诉讼案件后,应当公告案件受理情况,接受其他适格主体加入。因此在一段时间之内,检察民事公益诉讼案件曾出现检察机关在公告期满提起诉讼后,法院再次进行公告的情况,不仅浪费司法资源,还使相关的时间成本增加1倍。

检察机关在民事公益诉讼中扮演的是公共利益守护人角色,在制度上起的是一个拾遗补阙的作用。在具体的制度设计中,立法者对检察机关提起民事公益诉讼设定了一个前提,即在其他适格主体不起诉或没有其他适格主体。只有在符合这个前提条件的情况下,为避免公共利益继续受到侵害,才由检察机关向法院提起公益诉讼。在具体案件办理过程中,检察机关也是在依法履行了起诉前置程序,在确定没有其他主体起诉的情况下,才决定向法院提起公益诉讼的。

法院的公告加入程序和检察机关的起诉前置程序在逻辑基础和功能作用上,有着较大的重合之处,尤其是检察机关的起诉前置程序如以公告方式履行,与法院的程序在方式上也是相同的,并无必要先后由两个不同的机关各自履行这一同样的程序。经过协调沟通,检察机关的起诉前置程序与法院公告程序做到了有效衔接。《最高人民法院、最高人民检察院关于检察公益诉讼案件适用法律若干问题的解释》第 17 条第 2 款特别规定:"人民检察院已履行诉前公告程序的,人民法院立案后不再进行公告。"因此,在上述司法解释出台之后,法院在受理公益诉讼案件后启动的公告加入程序,就仅限于检察机关以外的适格主体未经起诉前置程序而提起的公益诉讼,对于检察机关提起的民事公益诉讼,法院不再启动公告加入程序。

从实践情况来看,应当说目前的检察民事公益诉讼起诉前置程序设计大体上适应了公益诉讼检察履职办案的需求,对近年来公益诉讼的健康发展功不可没,但也仍有一些不尽如人意的地方,还存在进一步优化完善的空间。

第三节　检察民事公益诉讼起诉前置程序优化再思考

2012 年 8 月,我国在修订《民事诉讼法》时开始引入公益诉讼制度,当时该法增加第 55 条,规定对污染环境、侵害众多消费者合法权益等损害社会公共利益的行为,法律规定的机关和有关组织可以向人民法院提起诉讼。随着形势的发展,2014 年 10 月习近平总书记在党的十八届四中全会上作《关于〈中共中央关于全面推进依法治国若干重大问题的决定〉的说明》,创造性提出"探索建立检察机关提起公益诉讼制度"[①]。2015 年 7 月,全国人大常委会开始授权检察机关开展公益诉讼试点工作。在试点工作取得显著成果的情况下,又于 2017 年 6 月再次对《民事诉讼法》进行修改,在第 55 条[②]增加第 2 款,规定在没有法律规定的机关和组织或者法律规定的机关和组织不提起诉讼的情况下,人民检察院可以向人民法院提起民事公益诉讼。

立法机关采用这种在原有法律中加入相关检察公益诉讼条款的嵌入式立法模式,初步解决了检察公益诉讼的法律依据问题。随着检察公益诉讼履职领

---

① 参见《中共中央关于全面推进依法治国若干重大问题的决定》,人民出版社 2014 年版,第 57 页。

② 现为《民事诉讼法》(2021 年)第 58 条。

域不断拓展,其他单行法规中也陆续嵌入了检察公益诉讼条款。检察公益诉讼履职领域从制度建立之初的生态环境和资源保护、食品药品安全、国有财产保护、国有土地使用权出让4个法定领域,逐步拓展为"4+N"的履职格局。① 但检察民事公益诉讼总体框架格局保持未变,检察机关在提起诉讼的顺位上始终位于法律规定的机关和组织之后。

一、检察民事公益诉讼起诉前置程序规范设置

以《民事诉讼法》(2023年9月修正)第58条第2款为基础,通过其他单行法以及司法解释、地方性法规的进一步完善扩充,我国民事公益诉权顺位制度得以确立和逐步细化。截至2024年年底,已经有25部现行法律规定了检察公益诉讼条款,涉及生态环境和资源保护等15个法定领域。2020年9月最高人民检察院制定了《公益诉讼办案规则》,还会同最高人民法院出台了检察公益诉讼和海洋公益诉讼等司法解释,27个省级党委、政府出台支持公益诉讼检察工作的意见,29个省级人大常委出台加强公益诉讼检察工作的决定。② 梳理这些法律、法规以及司法解释,检察机关在督促、提醒法律规定的机关和组织行使提起公益诉讼优先权时,主要是通过公告的方式。当然享有在起诉优先权的适格主体明确、数量较少,且联系沟通不具有困难的情况下,也可以以征询意见的方式进行。

(一)可以提起民事公益诉讼的机关及有关组织

根据我国现行法律规定,可以提起民事公益诉讼的机关和有关组织主要分布在生态环境保护、消费者权益保护、个人信息保护等领域。

1.依法可以提起民事公益诉讼的机关。在生态环境保护领域,能提起民事公益诉讼的既有法律规定的机关,也有有关组织。省级、市地级人民政府(包

---

① 参见应勇:《以习近平法治思想为指引加快推进检察公益诉讼立法》,载《人民检察》2023年第21期。
② 参见应勇:《以习近平法治思想为指引加快推进检察公益诉讼立法》,载《人民检察》2023年第21期。

括设区的市、自治州、盟、地区、不设区的地级市、直辖市的区、县人民政府）及其指定的相关部门、机构，或者受国务院委托行使全民所有自然资源资产所有权的部门，针对发生严重影响生态环境后果的特定情形，与造成生态环境损害的自然人、法人或者其他组织经磋商未达成一致或者无法进行磋商的，可以作为原告提起生态环境损害赔偿诉讼。设区的市级以上地方人民政府或者其指定的部门、机构组织对固体废物污染环境、破坏生态给国家造成重大损失的情形，与造成环境污染和生态破坏的单位和其他生产经营者磋商未达成一致的，可以向人民法院提起诉讼。依照海洋环境保护法规定行使海洋环境监督管理权的部门，应当对破坏海洋生态、海洋水产资源、海洋保护区给国家造成重大损失的侵权人提起海洋自然资源与生态环境损害赔偿诉讼。①

2. 依法可以提起民事公益诉讼的有关组织。在生态环境保护领域符合法律规定条件的环境保护公益组织对污染环境、破坏生态，损害社会公共利益的行为可以依法提起诉讼。在消费者权益保护领域，只有中国消费者协会以及在省、自治区、直辖市设立的消费者协会，对侵害众多消费者合法权益的行为，可以向人民法院提起诉讼。在个人信息保护领域，法律规定的消费者组织和由国家网信部门确定的组织，对个人信息处理者违反法律规定处理个人信息，侵害众多个人的权益的行为，可以依法向人民法院提起诉讼。

（二）有关诉权顺位的规范设置

根据《民事诉讼法》《公益诉讼办案规则》等相关规定，检察机关督促或征询民事公益诉讼适格主体起诉主要有三种途径：

1. 以公告方式告知适格主体可以提起诉讼。检察机关在立案并经调查后，认为有违法行为导致社会公共利益受到侵害的，依法在媒体上对社会公共利益受到损害的事实予以公告，告知适格主体可以提起公益诉讼。公告期间为30

---

① 《海洋环境保护法》（2023年10月修订）第114条规定："对污染海洋环境、破坏海洋生态，造成他人损害的，依照《中华人民共和国民法典》等法律的规定承担民事责任。……对污染海洋环境、破坏海洋生态，给国家造成重大损失的，由依照本法规定行使海洋环境监督管理权的部门代表国家对责任者提出损害赔偿要求。前款规定的部门不提起诉讼的，人民检察院可以向人民法院提起诉讼。前款规定的部门提起诉讼的，人民检察院可以支持起诉。"

日。公告期满,法律规定的机关和有关组织、英雄烈士等的近亲属不提起诉讼的,人民检察院可以向人民法院提起诉讼。

2. 符合启动生态环境损害赔偿程序条件的案件,告知赔偿权利人启动生态环境损害赔偿程序。对于因同一损害生态环境行为产生的生态环境损害赔偿诉讼和民事公益诉讼,不仅在起诉上实行生态环境损害赔偿诉讼优先,而且在审理上也以生态环境损害赔偿诉讼案件为先。根据《最高人民法院关于审理生态环境损害赔偿案件的若干规定(试行)》(2020年12月修正)第17条规定,人民法院受理因同一损害生态环境行为提起的生态环境损害赔偿诉讼案件和民事公益诉讼案件,应先中止民事公益诉讼案件的审理,待生态环境损害赔偿诉讼案件审理完毕后,就民事公益诉讼案件未被涵盖的诉讼请求依法作出裁判。

3. 直接征询近亲属意见。人民检察院办理侵害英雄烈士等的姓名、肖像、名誉、荣誉的民事公益诉讼案件,也可以直接征询英雄烈士等的近亲属的意见。英雄烈士没有近亲属或者近亲属不提起诉讼的,检察机关依法对侵害英雄烈士的姓名、肖像、名誉、荣誉,损害社会公共利益的行为向人民法院提起诉讼。

民事公益诉讼之所以作出这样的制度安排,学界及司法实践界主流想法主要是,从长远来看社会组织以及其所代表的社会公众才是公益救济的主力军,而检察权作为一种公权力,其对民事领域的介入和干预应当是谨慎而有限的,故被置于补充的地位。易言之,在现阶段为了弥补社会组织数量与力量上的不足,才需要检察机关在公益保护问题上及时担负起拾遗补阙的责任,以便确保终能有一种力量对被侵害的公共利益进行保护。

为贯彻落实国家立法的相关规定,最高人民检察院在检察民事公益诉讼办案程序中专门规定了公告制度。根据《公益诉讼办案规则》第91条,人民检察院经调查,认为社会公共利益受到损害且存在违法行为的,应当依法将公益受损的事实在具有全国影响的媒体上予以公告,告知其他适格主体可以向人民法院提起诉讼,符合启动生态环境损害赔偿程序条件的案件,公告告知赔偿权利人启动生态环境损害赔偿程序。

（三）检察机关在实践中的做法

现阶段民事公益诉讼只有在生态环境保护、消费者权益保护、个人信息保护等3个法定领域存在检察机关以外的适格主体，至于资源保护、食品药品安全、国有财产保护、国有土地使用权出让、英雄烈士保护、未成年人保护、军人权益和地位保障、安全生产、反垄断、反电信网络诈骗、农产品质量安全、妇女权益保障、无障碍环境建设、文物保护等可提起公益诉讼的法定领域，国家立法只授权检察机关根据诉讼法的相关规定提起公益诉讼。然而，根据《公益诉讼办案规则》，只要是检察机关认为社会公共利益受到侵害，存在违法行为，就应当向社会发布公告，以告知理论上可能存在的其他适格主体及时提起公益诉讼。

在司法实践中，不论拟提起什么领域的民事公益诉讼，也不论是单纯的民事公益诉讼，还是刑事附带民事公益诉讼，检察机关都要通过公告或者征询意见的方式，提醒或督促其他适格主体优先提起公益诉讼，始终将检察公益诉讼置于补充兜底的位置。

应当说，立法机关当初的这种思路和设计是符合检察公益诉讼制度初建时的实际情况的，在实践中也发挥了积极的作用。但随着公益诉讼制度的深入发展和形势的不断变化，这种在民事公益诉讼起诉顺位上实行优先差序设置的做法也暴露出不少问题。在《十四届全国人大常委会立法规划》把制定"检察公益诉讼法"（公益诉讼，一并考虑）列入一类项目，检察公益诉讼立法已经提上议事日程的今天，重新审视和讨论民事公益诉讼诉权顺位问题尤其具有其充分现实性和必要性。

二、现阶段检察民事公益诉讼起诉前置程序存在的问题

（一）提起民事公益诉讼实行顺位差别理论依据不充分

检察民事公益诉讼制度构建初期之所以在提起诉讼时设置顺位差序，一个主要考虑是检察权行使的谦抑性原则认为检察权作为一种公权力不宜轻易介入民事领域，故实行普通民事主体优先，以体现国家权力对社会领域自我救助、自我调整的尊重。实际上，这种最初源于刑事检察的谦抑性主张，在民事公益

诉讼中并不完全符合现实情况。无论是检察机关还是其他机关或者有关组织，它们之所以能够提起民事公益诉讼完全是法律规定使然，这与《民事诉讼法》关于起诉条件的规定，要求提起诉讼必须是与本案有直接利害关系的公民、法人和其他组织的逻辑明显不同。①

实际上在民事公益诉讼中，检察机关与其他适格主体相比，在利益相关性上处于同一地位，在诉讼权利配置上也并无实质性区别。检察机关与其他适格主体一样，不是争议法律关系的一方，与案件不具有直接的利害关系。检察机关通过诉的方式来履行公共利益保护职责时，并不具有行政机关那种以命令服从为特征的强制性权力，也不具备刑事检察中监督指导侦查机关及运用强制措施的权力，在诉讼中也是通过两造对抗的方式陈述主张、提出证据，最后由法院居中裁判。检察机关相比于其他机关及组织，在民事公益诉讼中所享有的优势基本仅限于法律专业知识的掌握和诉讼技巧的运用。因此，民事公益诉讼中检察权的运行，不存在公权力的强势滥用以及对民事主体相关权利的过度限制，也不可能造成诉讼态势的失衡，有的只是以法治的方式实现对公共利益的更好维护。

（二）提起民事公益诉讼实行顺位差别不利于保护公共利益

在我国现阶段检察机关不仅通过民事、行政公益诉讼的起诉前置程序有效维护了大量的国家利益和社会公共利益，而且在提起诉讼方面也是绝对的主力军。2018年至2022年全国检察机关立案办理公益诉讼案件75.6万件，年均上升14.6%，其中，提起诉讼4万件，年均上升41.5%。2023年上半年立案办理10.9万件；提起诉讼5308件，同比上升9.7%。② 而2018年至2022年社会组织

---

① 参见王太高、唐张：《论检察机关提起公益诉讼的体系展开》，载《苏州大学学报（法学版）》2023年第1期。
② 参见应勇：《以习近平法治思想为指引加快推进检察公益诉讼立法》，载《人民检察》2023年第21期。

提起的公益诉讼案件仅有 700 件左右。①

在提起民事公益诉讼时一体实行顺位差别,检察机关必须通过公告或者征询意见的方式对其他适格主体进行督促或提醒,在此期间社会公共利益一直处于受侵害或者重大危险之中,尤其是在出现社会公共利益损害继续扩大等紧急情形时,更是耽搁时间而无法及时有效采取救济措施。在刑事附带民事公益诉讼程序中,公告等前置程序所带来的时间上迟延,往往影响诉讼平稳有序进行及刑事案件的正常及时处理。而在实践当中,还存在适格主体滥用自己的起诉优先权的情况。一些社会组织在检察机关公告之后,以书面方式表明准备对相关案件提起民事公益诉讼,但在检察机关终结案件后,又因为自身诉讼能力或者其他种种考虑,迟迟不起诉,从而造成时间上的浪费,若诉讼时效届满,案件最终也很可能就不了了之。个别打着公益保护之名的社会组织受利益驱动,甚至利用自己的起诉优先权,达到干扰、阻止检察机关提起公益诉讼的目的。给检察公益保护工作带来了不小的挑战。②

(三)提起民事公益诉讼实行顺位差别无助于相关社会组织的健康成长

在实际操作中,提起民事公益诉讼的顺位差别设置造成了一些社会组织对检察机关的依赖性,甚至助长其惰性和平白占有他人工作成果的侥幸心理,不利于其健康发育和成长。根据检察权运行模式和检察机关公益诉讼办案流程,在决定发布公告时实际上有关案件事实的调查工作已经基本完成。比如,在生态环境保护案件中,检察机关都是在对违法行为人的基本情况、违法行为人实

---

① 参见孙谦:《中国特色检察公益诉讼的制度与实践》,载微信公众号"中国检察官"2023 年 4 月 13 日, https://mp.weixin.qq.com/s?_biz=MzA5NTE0Nzk4NA%3D%3D&mid=2655710143&idx=2&sn=18ee687806655f14f3debb3649b25a61&chksm=8bfd8900bc8a00160402bcc7aa35959df3a3c5edde79881895ef6a78055ef86a6e991dbaf982&scene=27&_refluxos=a10。

② 最高人民检察院发布的第四十批指导性案例就有这样一个典型案例(检例第 165 号), A 发展基金会在检察机关公告程序之后,以自己名义向法院提起公益诉讼,即 A 发展基金会诉 B 石化公司、C 化工公司污染环境案。后在诉讼中该基金会试图与对方当事人达成和解,并申请司法确认。由于和解协议可能损害社会利益,检察机关遂向法院提出异议,后对和解协议的效力未予确认,最终以判决形式结案。参见《最高人民检察院第四十批指导性案例》,载最高人民检察院官网, https://www.spp.gov.cn/spp/jczdal/202209/t20220926_579088.shtml?_refluxos=a10。

施的损害社会公共利益的行为、社会公共利益受到损害的基本情况、具体数额或者修复费用、违法行为与损害后果之间的因果关系、违法行为人的主观过错情况以及是否存在免除或者减轻责任的情形等基本事实均已调查清楚的情况下,才向社会公开发布公告。调查取证在诉讼活动中处于极为重要的地位,直接决定了整个案件的成败。一些社会公益组织不愿意在调查取证上下功夫,在看到检察机关发布的公告后才准备以自己的名义提起诉讼,在法院受理后往往又申请检察机关支持其起诉,并请求移交前期收集的全部证据和诉讼材料。[①] 以这样的方式提起诉讼,虽然对公益组织来说事半功倍,但对其诉讼能力的提高和健康的成长来说并无裨益。

(四)提起民事公益诉讼实行顺位差别造成司法资源浪费

在最初制度设计时,实行起诉顺位优差还考虑了现阶段我国公益组织的发展现状,适格组织不多且多数缺乏相应的诉讼能力,希望通过这种设置,一方面给予其优先起诉权可以使更多的适格组织提起诉讼,通过诉讼经验的积累和能力的锻炼,尽快培育出越来越多有意愿、有能力的适格公益组织,从而促使相关组织健康发展,有更多的力量投入公益保护中;另一方面通过检察机关的补位和兜底,在没有社会组织提起公益诉讼时,由检察机关担负起公益保护的职责,向法院提起诉讼,以确保公益能够得到有效维护。

由于对公益组织来说,提起诉讼是一种民事权利,诉讼时效通常情况下又长达3年,是否起诉及何时起诉完全是自由行使的权利,无论最终如何选择都是对自身民事权利的合法处分,不会给公益组织带来任何不利后果。公益组织如果滥用这种权利,有可能干扰检察机关正常的公益诉讼办案,且带来司法资源的浪费。在最高人民检察院发布的第四十批指导性案例中山东省淄博市人民检察院对A发展基金会诉B石油化工有限公司、C化工有限公司民事公益

[①] 司法实践中这样的案例并不少见,如扬州腾达化工厂、泰兴市康鹏专用化学品有限公司等违法排放危险废物公益诉讼案。具体参见陆军、杨学飞:《检察机关民事公益诉讼诉前程序实践检视》,载《国家检察官学院学报》2017年第6期。

诉讼检察监督案①中，也说明了由于公益组织在诉讼处理上不够专业，在一定程度上造成了司法资源的浪费。如 2013 年年底至 2015 年 4 月，扬州腾达化工厂、张某锋等违法排放危险废物，造成盐城市大丰区境内相关河流严重污染，经履行诉前程序，本辖区内无适格主体提起诉讼，江苏省盐城市人民检察院于 2016 年 6 月 13 日向盐城市中级人民法院提起民事公益诉讼。后中国绿发会向法院申请加入诉讼，盐城市人民检察院只能撤诉，而改为以支持起诉机关的身份参与该案后期诉讼。② 盐城市检察机关在前期投入了大量的人力、物力进行调查取证和准备起诉工作，而这些本应当由提起诉讼的主体承担的工作全部由检察机关予以完成，从另一角度来说也是造成了司法资源的浪费。

公益诉讼检察是新时代"四大检察"之一，依法提起公益诉讼是检察机关的一项法定权力和职责，基于国家法律监督机关的根本法定位，检察机关行使公益诉讼职权的权威性更高。这就意味着，只要符合公益诉讼立案条件，检察机关就必须积极采取措施维护国家利益和社会公共利益，没有犹豫和选择的余地。③ 相较于可以进行案件筛选取舍的其他适格主体，必须作为的检察机关对于公益的保护更为全面、可靠，也更为专业、高效。

三、进一步优化检察民事公益诉讼起诉前置程序

为更好地维护社会公共利益，可以利用制度设计在公共利益维护中的正向激励作用，更充分地发挥各类主体在维护社会公共利益方面的积极性。针对当前民事公益诉讼制度在实践中存在的局限性，可以考虑从以下几个方面进行优化完善。

---

① 参见《最高人民检察院第四十批指导性案例》，载最高人民检察院官网，https://www.spp.gov.cn/spp/jczdal/202209/t20220926_579088.shtml?_refluxos=a10。

② 参见《盐城公益诉讼获评法治惠民十佳》，载江苏检察网，http://jsjc.gov.cn/dbwyll/yaow/201808/t20180817_593447.shtml?_refluxos=a10。

③ 参见王太高、唐张：《论检察机关提起公益诉讼的体系展开》，载《苏州大学学报（法学版）》2023 年第 1 期。

(一)在大部分法定领域提起民事公益诉讼以先诉优先为原则

根据现行法律规定,除检察机关可以提起民事公益诉讼外,有权提起公益诉讼的机关主要限于符合法定条件的政府及其指定的相关部门,或受国务院委托行使全民所有自然资源资产所有权的部门,以及行使海洋环境监督管理权的部门,对生态环境保护领域的特定案件有权提起公益诉讼;有权提起公益诉讼的有关组织主要包括符合条件的从事环境保护公益活动的组织、省级以上的消费者协会以及国家网信部门确定的组织。

随着经济社会发展,提起民事公益诉讼的主体在条件成熟时可能会进一步向更多符合条件的社会组织乃至自然人开放。但就民事公益诉讼来说,无论是哪一类适格主体,均非案件的直接利害关系人,在起诉资格方面没有特殊性,不应设置先后差序。为公平考虑及更有利于公共利益保护,在提起民事公益诉讼方面应实行先诉优先原则,谁先诉到有管辖权的法院,谁即可代表被侵害公益影响的不特定人群进行诉讼。易言之,在公共利益维护资格与起诉权上不应有强弱之分,不管是谁先向法院提起公益诉讼,均为公益保护正当之举,也应为法律所许可和社会大众之所乐见。

(二)在特定领域提起民事公益诉讼实行特殊主体优先

民事公益诉讼突破了传统民事诉讼与案件有"直接利害关系"的限制,适格的机关、组织乃至个人,只要认为行为人的行为侵害了社会公共利益,就有权向法院提起诉讼,并不要求其对待决事实具有诉的利益。但为了防止出现滥诉,在司法实践中往往会对公益诉讼的提起主体进行适当的限制。在英雄烈士保护、妇女权益保障、未成年人保护等特定领域,往往存在公共利益和个人权益交叉重叠的情况,故除了法律授权提起民事公益诉讼的检察机关外,可能还存在被侵权人、近亲属等有权提起诉讼的民事主体。在这些领域,考虑到人身关系的特殊性,应当优先由特殊主体提起诉讼来主张、维护自身权益。在将来的立法中,对于英雄烈士保护、妇女权益保障、未成年人保护等特殊领域的案件,检察机关应先征询具有特定人身关系的主体,没有这些主体或者这些主体不提起诉讼的,检察机关再依法提起公益诉讼。

(三)同时符合生态环境民事公益诉讼和生态环境损害赔偿诉讼起诉条件的,优先启动生态环境损害赔偿程序

为规范生态环境损害赔偿工作,推进生态文明建设,近年来我国在建立检察公益诉讼制度的同时,还探索建立了生态环境损害赔偿制度,对因污染环境、破坏生态造成大气、地表水、地下水、土壤、森林等环境要素和植物、动物、微生物等生物要素的不利改变,以及上述要素构成的生态系统功能退化,造成生态环境损害的,按照《生态环境损害赔偿制度改革方案》要求,依法追究生态环境损害赔偿责任。省级、市地级人民政府及其指定的相关部门、机构,或者受国务院委托行使全民所有自然资源资产所有权的部门,与造成生态环境损害的自然人、法人或者其他组织经磋商未达成一致或者无法进行磋商的,可以作为原告提起生态环境损害赔偿诉讼。

2024年5月,最高人民检察院检察长应勇在服务保障长江经济带高质量发展研讨会上指出,要"加强检察公益诉讼与行政执法、行政机关生态环境损害赔偿诉讼有机衔接,促进提升执法司法协作质效"。[①] 在健全完善生态环境损害赔偿程序与检察民事公益诉讼的衔接机制时,应考虑生态环境部门作为行政主管部门,对该领域环境污染事故的处理具有专业优势,以及检察民事公益诉讼补充性和兜底性的定位等因素,检察机关在履职中发现生态环境公益损害案件,应当征询适格行政机关意见。对省、设区市政府(包括其指定的生态环境部门)启动生态环境损害赔偿磋商的,同级检察院可以派员见证磋商活动。对磋商不成,省或设区市政府(包括其指定的生态环境部门)提起生态环境损害赔偿诉讼案件的,人民检察院可通过提供法律咨询、协助调查取证、出具书面意见等方式支持起诉。省、设区市政府不提起诉讼的,人民检察院依法提起诉讼。

---

① 参见《最高检生态环境部联合召开服务保障长江经济带高质量发展研讨会》,载最高人民检察院官网,https://www.spp.gov.cn/tt/202405/t20240516_654283.shtml?_refluxos=a10。

(四)在民事公益诉讼中不能忽视督促行政机关履职的职责

在法治社会中,任何权力或权利都不是无限的,都有其不可逾越的边界,司法权也不例外。司法所要保护的是主体明确、内容具体、义务范围清晰的权利,而公共利益由于其主体不特定等原因,导致通过司法机制来救济不可避免地具有一定的局限性。行政权具有积极的主动性,可以通过事前预防、事中监管及事后处罚的方式保护公益免受不法侵害。同时,在公共政策的形成上,行政权力也可以通过举行听证、征求意见等多种形式来保障公众的参与权和知情权,从而确定公共利益的范围和边界,确保相关各方利益得到平衡。

综上,行政措施相较于司法手段具有相对的优势,其成本低、时效强,且行政机关在执法过程中也具有更大的裁量余地,可根据现场情况灵活机动地进行处理。因此,就公益保护来说,在检察机关启动民事诉讼程序之前,应当尝试由其他主体发起和使用相应的救济途径和解决方式。"如向有关行政机关发出检察建议,促使其积极履职,从而使公益得以恢复和保护,避免行政公益诉讼的发动……若行政机关积极作为,采取了有效保护公益的举措,检察机关也可以撤回诉讼。"[1]

在试点期间的制度设计中,民事公益诉讼和行政公益诉讼的起诉前置程序相对独立,有着不同的对象、形式和内容。但从实践来看,两类起诉前置程序有着密切的联系,在工作中不能将两者完全对立和割裂开来。对公益保护来讲,不管是行政处罚,还是司法救济,其目标都是一致的,即保护公益不受损害或使其在被侵害之后及时得到恢复。作为公益保护最便捷、最理想的方式,行政救济无疑应当充分发挥其功能和作用。因此,检察机关在办理民事公益诉讼时,除了要履行民事起诉前置程序外,也应考虑督促行政机关依法履职。在民事公益诉讼案件中,被告违法侵害公共利益,虽不一定构成犯罪追究刑事责任,但相应的行政责任和民事责任在一般情况下是需要同时承担的。因此,在民事公益

---

[1] 参见汤维建:《检察机关提起公益诉讼试点相关问题解析》,载《中国党政干部论坛》2015年第8期。

诉讼起诉前置程序中,除了督促、建议适格主体起诉外,应同时督促行政主管部门依法履职,即使违法行为已经受过行政处罚,行政主管部门的协助和支持也有利于证据的收集固定和诉讼的顺利进行。

此外,国家利益和社会公共利益被侵害的背后往往存在行政不作为的原因,如在环境领域,行政责任与民事责任之间通常有因果关系或是互为先决性因素。因此,如果存在环境民事侵权的情况,一般也存在行政违法,检察机关可以在提起行政公益诉讼的同时,探索提起附带民事公益诉讼。这样一方面可以纠正行政机关的违法行为,另一方面可以通过一并提起民事公益诉讼来解决民事损害赔偿问题,从而更加全面彻底地保护公益。[①] 在这种情况下,检察机关在履行民事公益诉讼起诉前置程序的同时,启动行政公益诉讼起诉前置程序,督促相关行政机关依法行使职权,就更显得非常重要了。因此,虽然检察机关提起民事公益诉讼和行政公益诉讼的理论逻辑和立法思路存在比较明显的差别,但在具体的实践操作层面上,两者又存在较为密切的联系,这就需要检察机关在法律适用上注意两种程序的衔接,充分发挥不同制度安排的功能,以期能够形成公益保护的合力。

综上,在民事公益诉讼起诉过程中,取消现阶段立法关于顺位差别的设定,原则上实行以先诉优先为标准,在特定领域实行特殊主体优先,更有利于激发适格主体的积极性和发挥各自优势。同时,注意做好督促行政机关履职的工作,以最大限度实现维护公共利益的初心和使命。

第四节 检察行政公益诉讼起诉前置程序的设置与完善

2017年6月27日,十二届全国人大常委会第二十八次会议表决通过了关于修改《行政诉讼法》的决定,明确规定了检察行政公益诉讼制度,并规定在提起行政公益诉讼之前,应当向行政机关提出检察建议督促其依法履行职责。行

[①] 参见刘艺:《检察公益诉讼的司法实践与理论探索》,载《国家检察官学院学报》2017年第2期。

政公益诉讼"诉前程序"最先出现在《公益诉讼试点方案》中,该方案明确指出,"在提起行政公益诉讼之前,检察机关应当先行向相关行政机关提出检察建议,督促其纠正违法行政行为或者依法履行职责。行政机关应当在收到检察建议书后一个月内依法办理,并将办理情况及时书面回复检察机关"。2015年12月,《公益诉讼实施办法》再次强调和细化了诉前程序。而2017年6月修正的《行政诉讼法》则将起诉前置程序写入了检察公益诉讼条款。① 检察行政公益诉讼起诉前置程序是一个什么样的程序、其运行效果如何、有没有进一步完善的空间,这些问题当然需要在实践的基础上反复进行思考和探讨。

一、检察行政公益诉讼起诉前置程序规范分析

我国检察公益诉讼保护的公益不仅包括客观法所代表的公共秩序与公共利益,还包括具体的国家利益以及涉及不特定多数人的分散性公共利益等。② 2017年6月修正后的《行政诉讼法》第一次正式确立了我国的行政公益诉讼制度,立法授权检察机关为了维护公共利益,对违法或者不作为的行政行为向法院提起诉讼。但是,当国家利益或者社会公共利益受损时,检察机关并不能直接向法院起诉,而是要通过法定的起诉前置程序以督促行政机关依法履职,起诉前置程序是启动行政公益诉讼的前提。行政公益诉讼起诉前置程序是指检察机关在进行法律监督过程中,发现行政机关不依法履行职责造成或者可能造成国家利益或者社会公共利益受到损害时,通过制发检察建议的形式督促行政机关依法履职的程序。

在《行政诉讼法》第25条第4款中,针对检察机关提起行政公益诉讼的表述为"应当向行政机关提出检察建议,督促其依法履行职责",使用了"应当"一词。法律的用语非常讲究,在条文中常出现"可以""应当"等区分,前者往往是

---

① 2017年修改在《行政诉讼法》第25条增加一款,作为第4款。该款规定:"人民检察院在履行职责中发现生态环境和资源保护、食品药品安全、国有财产保护、国有土地使用权出让等领域负有监督管理职责的行政机关违法行使职权或者不作为,致使国家利益或者社会公共利益受到侵害的,应当向行政机关提出检察建议,督促其依法履行职责。行政机关不依法履行职责的,人民检察院依法向人民法院提起诉讼。"

② 参见刘艺:《论国家治理体系下的检察公益诉讼》,载《中国法学》2020年第2期。

一种授权性条款,意味着被授权主体可以做,也可以不做;而后者则是一种命令性条款,意味着相关主体必须做,不能不做。

结合《行政诉讼法》的相关条文,意味着检察机关在提起行政公益诉讼之前,必须先向行政机关提出检察建议,没有这个程序,就不能提起行政公益诉讼。起诉前置程序的目的是督促行政机关依法履行职责,只有在行政机关不履行职责时,才可以启动诉讼程序。这一原则从试点期间的相关规定如《公益诉讼试点方案》《公益诉讼实施办法》等开始,得以确立起来。

二、检察行政公益诉讼起诉前置程序设置原因分析

起诉前置程序作为检察机关提起行政公益诉讼之前的必经程序、前置程序,是由以下因素决定的。

(一)专业分工的现实

检察权与行政权有着较为明显的权力边界,公益诉讼检察监督重在法律监督,而不是对行政机关正常行政管理业务的干预。行政管理领域是行政权行使的专业领域,对违法行使职权或不作为的最主要纠正主体还是行政机关本身,行政机关应该是主角,检察机关只是起到督促作用而已。

起诉前置程序就是充分考虑检察、行政两种不同权力的分工,尽可能让行政机关自己去主动纠正或履行,体现了检察权对行政权的尊重和对权力边界的恪守。检察监督秉持行政机关先行处理原则,也体现了检察机关在提起行政公益诉讼前的一种谨慎,以防止不必要地干预行政权的行使。只有在行政机关拒绝纠正或拒绝履行法定职责,国家利益或者社会公共利益仍处于受侵害状态时,作为法律监督者的检察机关方可通过启动公益诉讼程序,督促行政机关依法履职。

(二)成本效益的考虑

就理论上来讲,行政权是保护公益最便捷、最理想的方式,但在实践中可能存在行政机关滥用权力和不作为的情况,致使单纯依靠行政执法,并不能使公共利益获得全面、有效的保护,这才赋予了司法机关在公益保护和救济方面的职能。从环境公益保护来说,作为现代社会的典型公共问题,环境问题往往具有多样性、系统性、综合性、动态性、科技性、复杂性、不确定性等特点。对现代环境问题的治理,主要依赖于行政权这一积极、灵活、富有效率的公共权力,而不是立法权和司法权。① 以环境保护为例,"环境问题的特殊性决定了行政主导的必要性,检察机关的民事公益诉权一般隐而不显,优先由环境监管部门运用行政手段处理解决。"②实际上,行政公益诉讼同样秉持这样的逻辑和思路,由作为司法机关的检察院提起行政公益诉讼只是不得已而用之,最优的路径、最好的效果还是通过监督督促的方式由行政机关依法履行职责,这样的方式才符合以较小成本获取较大收益的合理预期。

(三)自我纠错的需要

对于行政违法行为或行政不作为,可以有多种途径督促行政机关纠正或履行职责:一是通过一定方式告知行政机关,让行政机关主动纠正或履行;二是直接将其诉至法院,让行政机关在法院裁判的压力下纠正或履行。两种方式相比,前一种效果更好,因为它给了行政机关一个体面的台阶,让其主动履行法定职责,对于促进整个社会的良性运行更为有益。实际上,对于行政违法或行政不作为现象,大多数情况下是行政机关相关人员的一时疏忽或心存侥幸,而不是一种故意行为。行政公益诉讼制度设计的初衷并不是为诉讼而诉讼,而是促进行政机关及时纠正错误。

行政公益诉讼起诉前置程序则起着告知作用,可以对行政机关有一个提醒,或者是一种警示,提醒行政机关放任这种行为的后果可能会受到司法机关的审查,从而促使行政机关及时自我纠正或履行职责。一方面,从《行政诉讼法》(2017 年 6 月修正)修改的条款看,行政公益诉讼主要涉及"生态环境和资

---

① 参见王明远:《论我国环境公益诉讼的发展方向:基于行政权与司法权关系理论的分析》,载《中国法学》2016 年第 1 期。

② 李艳芳、吴凯杰:《论检察机关在环境公益诉讼中的角色与定位——兼评最高人民检察院〈检察机关提起公益诉讼改革试点方案〉》,载《中国人民大学学报》2016 年第 2 期。

源保护、食品药品安全、国有财产保护、国有土地使用权出让等领域",这些领域都是一些专业性较强的领域,尤其是生态环境、资源保护、食品药品安全领域。对于这些领域,行政机关最为熟悉、最为专业,也有更多从事这方面工作的人员。另一方面,从已经发生的行政公益诉讼案件来看,大多数是行政机关怠于履行职责的案件,①而对于如何履行职责,专门从事该领域管理的行政机关最为熟悉、最为专业,以法律为主要知识背景的检察人员往往并不内行。在行政公益诉讼中通过起诉前置程序,让专业的行政机关主动地纠正违法行为或依法履行法律职责,充分发挥行政机关的积极性,更有利于实现纠错的彻底性。

三、检察行政公益诉讼起诉前置程序的功能与价值

(一)促使检察权与行政权良性互动

行政公益诉讼起诉前置程序制度设计的目的是维护国家与社会公共利益,行政机关与检察机关都是维护国家利益、社会公共利益的公权力机构,行政机关作为负有监督管理职责的主管部门本身具有较高的工作效率,但如果缺乏监督制约,也可能会出现不作为甚至违法的现象,极大地影响行政机关在社会管理中的公信力。行政违法行为和行政不作为会使公共利益受到侵害,这时作为法律监督者的检察机关应当通过检察建议的手段督促行政机关积极履职,通过司法权力监督促进行政执法,弥补行政执法的主动性不足。但是,行政机关绝不能仅依赖检察机关的监督,检察机关也不能过度干预行政机关的执法。

在行政公益诉讼起诉前置程序中检察权与行政权的良性互动,有利于双方在社会管理中互相配合交流,行政权与检察权的相互配合,才能成就维护公共利益的目的。起诉前置程序促进了检察权与行政权的良性互动,使社会管理状态更趋于完善。

---

① 在最高人民检察院公布的检察机关提起公益诉讼试点工作起诉前置程序15个典型案例中,有14个是行政机关怠于履行法定职责的行政公益诉讼案例。参见《检察机关提起公益诉讼试点工作起诉前置程序典型案例》,载最高人民检察院官网,https://www.spp.gov.cn/zdgz/201601/t2010107_110536.shtml_refluxos=a10。

(二) 节约司法资源

起诉前置程序的设置在节约司法资源、尊重行政自制、促进社会和谐方面确有不可替代之功效。[①] 行政公益诉讼制度设计的目的是维护公共利益,诉讼不是终极的目标,而是通过起诉前置程序高效便捷地发挥出最大的司法效益状态,以最优化的方式解决行政机关的不依法履行职责问题,节约司法成本。

随着经济的发展,涉及公共利益领域的案件越来越多,如果不通过便捷有效的起诉前置程序解决问题,动辄选择最耗时费力的诉讼程序,就需要大量的人力、物力来支持,必然会在客观上造成资源的浪费。首先,公益损害案件的特殊性使其专业性较强,而我国检察系统与审判系统本就面临案多人少的问题,诉讼周期较长,很可能导致诉讼不能在合理合法的时间内结案,这就会导致处在紧迫状态或者已经遭受损害的公共利益面临不可预估的风险和损失。因此,在设计公共利益救济制度时,必须进行成本效益的考量。其次,行政执法本身具有灵活多样性与执法专业性的优点,对于维护国家与社会公共利益具有专业性和职能优势。相较于周期漫长的诉讼方式,行政执法能够更快地解决公益损害问题,一般情况下其效率更高、成本更低、效果更好。

(三) 优化司法职权统筹协调社会管理

追求经济迅猛发展的同时,有可能忽略生态环境等公共利益的保护。在我国法律制度不断完善的过程中,检察机关的法律监督职能不断发展,行政公益诉讼的起诉前置程序就是检察机关参与社会治理的创新之举,对促进整个社会治理体系的完善和社会治理能力水平的提升具有重要的法治意义。检察机关通过检察建议督促行政机关纠正违法不作为行为,实际上也是参加社会管理的一种方式。作为公共利益的代表,检察机关应当参与社会治理,起诉前置程序间接地成为检察机关参与社会治理的重要手段,而且通过这种间接的方式充分尊重行政机关的执法,在保持自身谦抑性的同时尊重行政权,有效发挥着司法

[①] 参见应松年:《行政公益诉讼试点亟待解决的几个问题》,载《人民论坛》2015 年第 24 期。

机关在社会治理创新中的积极作用。

试点期间的实践探索情况，充分说明行政公益诉讼起诉前置程序的功能强大，其作用完全达到了预期。自全国人大常委会2015年7月授权最高人民检察院开展行政公益诉讼试点工作以来，各地检察机关开展了多种多样的创新实践，在提起行政公益诉讼之前都很重视起诉前置程序，从已有的案例效果看，也都取得了很好的实效。据统计，2015年7月至2017年5月，各试点地区检察机关共办理起诉前置程序案件6952件，占全部公益案件的88%以上，其中行政公益诉讼起诉前置程序案件6774件，除了未到1个月回复期的935件外，行政机关纠正违法或者主动履行职责的4358件，约占75%。也就是说，约3/4的行政机关在行政公益诉讼的起诉前置程序中纠正了违法行为，履行了法定的职责。①

由此可见，通过起诉前置程序，大多数行政公益诉讼案件在提起诉讼之前，就被行政机关及时进行了纠正，促进了行政机关自觉并积极地纠正违法行政行为或履行法定职责。即使提起行政公益诉讼的案件，也多是由于行政机关自我纠正的不充分造成的，很少出现行政机关不予理睬的现象。这充分体现了起诉前置程序的制度价值，也更增强了在行政公益诉讼中设置起诉前置程序的必要性。

综上，将起诉前置程序作为检察机关提起行政公益诉讼前的一个必经程序，既有可行性，更有必要性。通过起诉前置程序，一方面，体现了检察监督权对行政权行使的充分尊重；另一方面，也起到促使行政机关在起诉前置程序中纠正违法行为或依法履行其职责的效果。

四、试点后对检察行政公益诉讼起诉前置程序的完善

起诉前置程序在各地试点探索中发挥了很大的作用，取得了很好的效果，在试点结束后《行政诉讼法》将检察行政公益诉讼制度，包括起诉前置程序，以

---

① 参见胡卫列回答关于修改民事诉讼法和行政诉讼法的决定有关问题，载网易网2017年6月27日，http://m.163.com/dy/article/CNVFJ45605148UCS.html？spss=adap_pc&_refluxos=a10。

法律的形式固定下来。为了正确适用法律,最高人民法院、最高人民检察院于2018年2月联合发布《检察公益诉讼适用解释》,2020年9月最高人民检察院发布《公益诉讼办案规则》等司法解释文件。通过这些司法解释,国家最高司法机关对检察行政公益诉讼起诉前置程序作了具体化的规定,这是在前期实践的基础上对该程序进行的一次优化和完善。

(一)对已履行起诉前置程序案件合理分类处置

根据试点期间的《公益诉讼实施办法》,检察机关对于审查终结的行政公益诉讼案件,应当区分情况分别作出终结审查、提出检察建议、提起行政公益诉讼的决定。根据试点期间的办案实践,《人民检察院公益诉讼办案规则》将调查终结后的案件作了第一次分流:对于行政机关未违法行使职权或者不作为、国家利益或者社会公共利益已经得到有效保护、行政机关已经全面采取整改措施依法履行职责以及其他应当终结案件的情形,作出终结案件决定;对于行政机关不依法履行职责,致使国家利益或者社会公共利益受到侵害的,报检察长决定后向行政机关提出检察建议;在制发检察建议并经过规定的期限后,经过跟进调查,再次根据机关履职情况对案件作出终结案件、提起行政公益诉讼、移送其他人民检察院分流处置。这样的分类处置在程序上做到了进一步优化,使整个起诉前置程序更加符合办案实际,也更加合理。

(二)对检察建议内容作出明确具体规定

行政公益诉讼起诉前置程序中检察机关向行政机关提出的检察建议,不同于诉讼监督等其他检察监督程序中的检察建议。公益诉讼起诉前置程序中的检察建议是让行政机关自行整改并自我纠错,重点是发挥行政机关自身纠错的主观积极性。因此,检察建议的部分不必过细,重点是对行政行为的定性,而不是具体的细节,具体细节问题留给行政机关根据专业判断认定而做出裁量决定。这样既可以减少检察机关调查案件事实的成本,使其把精力放在更多需要提起行政公益诉讼的案件上,也可以给行政机关在纠正违法行为或履行法定职责方面留出更多的空间。

根据《公益诉讼办案规则》第 75 条的规定,检察建议应当包括以下内容:(1)行政机关的名称;(2)案件来源;(3)国家利益或者社会公共利益受到侵害的事实;(4)认定行政机关不依法履行职责的事实和理由;(5)提出检察建议的法律依据;(6)建议的具体内容;(7)行政机关整改期限;(8)其他需要说明的事项。检察建议书的内容应当与可能提起的行政公益诉讼请求相衔接。在试点期间,有些检察机关的检察建议不仅明确指出了行政机关违法或不履行职责的具体法律依据,甚至将行政机关对相对人处罚的金额都作出了具体要求,显然有些过细,这些都应交给行政机关来判断。检察机关在检察建议中只需指明行政机关某些行政行为违法即可,而无须对具体内容细节一一列明。同时,在实践中检察建议应包含相应法律责任的部分内容,明确表述行政机关不及时纠正违法行为或不依法履行职责,检察机关将提起行政公益诉讼。通过告知行政机关法律后果以增加检察建议的刚性和威慑力,以达到充分发挥起诉前置程序督促整改的法律效果。

(三)对行政机关的回复期限作了合理化改进

关于行政机关的回复,试点期间《公益诉讼实施办法》的规定较为笼统,而且 2 周的期限太短,没有给予行政机关足够的整改时间,不够科学合理。对此,两个司法解释作了尽可能符合实际的优化改进。《检察公益诉讼适用解释》(2020 年 12 月修订)第 21 条第 2 款规定:"行政机关应当在收到检察建议书之日起两个月内依法履行职责,并书面回复人民检察院。出现国家利益或者社会公共利益损害继续扩大等紧急情形的,行政机关应当在十五日内书面回复。"对于确因客观原因无法在 2 个月内完成整改的,《公益诉讼办案规则》也提出了中止审查的合理处理方式,其第 78 条规定:"行政机关在法律、司法解释规定的整改期限内已依法作出行政决定或者制定整改方案,但因突发事件等客观原因不能全部整改到位,且没有怠于履行监督管理职责情形的,人民检察院可以中止审查。"

行政机关如果认为 2 个月的期限不足以完成整改,确实需要延长处理期限的,可以向检察机关提出延长期限的申请,并由检察机关进行审查。行政机关没有及时将处理结果回复检察机关又没有正当理由的,检察机关可以直接提起行政公益诉讼,而不必再进行协商与沟通。对于检察机关提起行政公益诉讼后,行政机关彻底纠正违法行为或履行了法定职责,诉讼请求全部实现的,检察机关可以在要求行政机关出具违法行为确认书后进行撤诉或者提出终结诉讼的要求,当然也可以变更诉讼请求,要求确认原行政行为违法。

(四)对行政机关的履职情况进行跟进审查

根据《公益诉讼办案规则》第 77 条规定,提出检察建议后,人民检察院应当对行政机关履行职责的情况,以及国家利益或者社会公共利益受到侵害的情况跟进调查,收集相关证据材料。对行政机关处理结果情况,需要根据具体情况作出评估和认定。实践中,很少有行政机关明确表示拒不处理或不予回复的,但可能会在对违法行政行为纠正或法定职责履行的程度上不够彻底。检察机关需要审查的是行政机关有没有纠正主要违法行为或有没有履行重要职责,有没有明确规定自我纠错的时间节点,有没有消除公益损害后果,有没有进行溯源治理建立长效的处理机制,等等。如有必要,检察机关可以邀请相关专业机构、专家以及"益心为公"志愿者或者人大代表、政协委员等对整改工作进行实地查看,还可以引入"专家辅助人"制度,对专业性、技术性问题进行咨询评估。

在实践中,对于一些要求行政机关纠正违法行政行为的案件,行政机关能够及时纠正,违法的行政行为不复存在,整改效果比较容易作出判断。但对督促行政机关履行监管职责的案件,不仅要看行政机关有没有及时向违法的单位或个人发出责令纠正违法行为通知或行政处罚决定,还要看实际整改的效果以及进一步采取措施的后续情况如何,而不是行政机关发出责令限期改正违法行为通知书或一纸处罚决定后就案结事了了。因此,行政机关有一个按照程序进行处理的过程,时间上可能会有一个相对的延后。对于此类案件,检察机关需要积极跟进行政机关整改方案、进度以及各阶段的效果,以便对行政机关整改情况有一个全面的掌握和了解。检察机关可以对某一类案件集中跟进,定期对行政机关履职情况进行调查,对整改情况进行"回头看",防止行政机关虚假敷衍整改,或者整改后又反弹回潮的现象发生。

第五节　检察行政公益诉讼起诉前置程序优化再思考

对于起诉前置程序的具体内容,《行政诉讼法》(2017年6月修正)第25条第4款没有作出更为详细的规定,但根据更具体的司法解释规定,检察机关提起行政公益诉讼的前置程序主要是先向违法行使职权或者行政不作为的行政机关提出检察建议,督促其纠正违法行为或依法履行法定职责,并给予行政机关一定的时间处理。只有在行政机关不纠正违法行政行为或不依法履行法定职责,且侵害状态仍在继续时,检察机关才提起行政公益诉讼。

从形式上看,行政公益诉讼起诉前置程序就是向行政机关依法制发检察建议。这里涉及两个问题:一是检察机关的检察建议的具体程度,是详细地、明确地指明行政机关必须采取的行为,还是只泛泛地指出行政机关要履职的范围,由行政机关自行调查和采取监管措施;二是检察机关是否需要多次与行政机关就回复情况进行沟通。下面结合检察实践对上述问题进行一些探讨。

一、检察行政公益诉讼起诉前置程序内容分析

行政公益诉讼起诉前置程序中最关键的内容是调查核实后如何制发检察建议以及检察机关如何与行政机关进行协商沟通两个问题,下面分而论之。

(一)调查核实与检察建议的制发

在检察行政公益诉讼中,检察建议作为强制性的起诉前置程序,其内容非常关键,甚至对能否提起诉讼以及诉讼的结果产生直接的影响。检察建议的内容关键是要结合行政机关的具体监管职责提出有针对性的建议内容,确保检察建议能与诉讼请求相衔接,具有可诉性。

在实践中,可能有不少专家或实务部门倾向于作出更为明确的建议,认为

"检察建议书要切实做到事实证据清楚、观点清晰明确、建议合理可行"[①],似乎内容越具体明确质量就越高。从一些行政公益诉讼案件的实际情况来看,有部分检察人员也在某种程度上存在这种倾向。[②] 检察建议内容明确具体虽然便于行政机关及时纠正违法行政行为或依法履行法定职责,但也会带来一些问题。检察机关在提出检察建议前必须要做大量的针对细节方面的调查取证工作,甚至要对可能造成的国家利益或者社会利益侵害程度作出大量的评估,其成本是相当大的。而实际上大部分案件经过起诉前置程序后,行政机关就已经主动自我纠正而结案。详细的检察建议必然是与后续可能提起的诉讼相衔接的,但因行政机关的自我纠错已经使诉讼条件丧失了,因此检察机关前期所做的大量的具体的调查核实工作并不会发生实际而重要的作用。随着检察公益诉讼法定履职领域的不断拓展,行政公益诉讼案件数量会越来越多,过于细致的工作将使检察机关的工作不堪重负。

检察机关在制发检察建议时只要有行政机关违法行使职权或者行政不作为并造成了公共利益被侵害的初步证据即可。检察建议书也无需拘泥于过多的细节,只要能对行政机关违法和公共利益受损作出定性即可。如果此后需要提起行政公益诉讼,还可以在检察建议回复期限届满后跟进调查时进一步收集补强相关证据。

此外,在行政诉讼程序中,作为被告的行政机关承担主要举证责任。因为根据《行政诉讼法》(2017年6月修正)第34条规定,被告对作出的行政行为负有举证责任,应当提供作出该行政行为的证据和所依据的规范性文件;被告不

[①] 韩耀元:《准确把握诉前程序基本特征 科学构筑诉前程序工作机制》,载《人民检察》2015年第14期。

[②] 例如,在福建省惠安县市政公用事业管理局怠于履行职责案中,惠安县检察机关向惠安县市政公用事业管理局发出的检察建议是:(1)对梅山垃圾填埋场渗沥液因排流不畅造成周边环境污染的情况进行排查、整改;(2)加强对梅山垃圾卫生填埋场的日常巡视,发现问题及时处理,确保安全、环保,防止再次出现类似情况。同时,惠安县市政公用事业管理局在回复中,提出的采取措施是:一是立即组织市政维护等相关人员进行现场勘察,提出修复方案后立即组织现场施工;二是督促县环境卫生管理处加强对梅山垃圾填埋场的日常管理,加强巡查,及时发现问题并进行处理。参见《检察机关提起公益诉讼试点工作起诉前置程序典型案例》,载最高人民检察院官网,https://www.spp.gov.cn/zdgz/201601/t2010107_110536.shtml_refluxos=a10。

提供或者无正当理由逾期提供证据,视为没有相应证据。检察机关提起的行政公益诉讼属于一种特殊的诉讼形态,但在现有框架下其审理程序也同样要遵循《行政诉讼法》关于证据方面的相关规则,即由行政机关对其行政行为的合法性承担证明责任的原则。如果检察机关在起诉前置程序的检察建议内容过于具体,实际上是检察机关承担了被告行政行为违法的举证责任,这与行政诉讼中要由被告承担举证责任的规则并不一致。

(二)与行政机关就整改情况进行沟通

试点期间的《公益诉讼实施办法》第 41 条规定:"经过诉前程序,行政机关拒不纠正违法行为或者不履行法定职责,国家和社会公共利益仍处于受侵害状态的,人民检察院可以提起行政公益诉讼。"《公益诉讼办案规则》(2020 年 9 月通过)第 81 条规定:"行政机关经检察建议督促仍然没有依法履行职责,国家利益或者社会公共利益处于受侵害状态的,人民检察院应当依法提起行政公益诉讼。"如果行政机关逾期不回复检察建议,也不采取有效整改措施,毫无疑问就符合提起行政公益诉讼的条件,但实践中情况往往较为复杂,需要根据不同的情形分别进行处理。例如,行政机关虽然进行了回复,但不是在规定的期限内回复;回复后没有整改或者仅进行部分整改;进行了回复,也进行了整改,短时间内又再次出现违法行为;等等。

如果在回复中出现上述各种情况,检察机关是否需要频繁地与行政机关协商沟通,对其整改落实行为进行动态化的监督督促①。实践中,这种情形也较为多见,如在射阳县人民检察院督促射阳县环保局、射阳县合德镇政府、射阳县农业委员会履行职责案中,该县检察机关就多次组织相关部门会商,"召集环保局、农委、合德镇政府及耦耕堂村等单位负责人就检察建议的落实情况举行联席会,听取各行政单位就环境公益诉讼检察建议的推进落实情况,商讨联合

---

① 一些学者认为,检察机关可以根据具体工作需要继续开展沟通交流、后续监督工作,积极督促或支持相关主体行使法定权利、履行法定职责。即使行政机关没有及时回复,或回复时没有达到检察机关要求的,检察机关也不要放弃进行沟通的努力,如确有必要,检察机关也可以进一步强化沟通协调与督促力度。参见韩耀元:《准确把握诉前程序基本特征 科学构筑诉前程序工作机制》,载《人民检察》2015 年第 14 期。

整治方案"。①

行政机关违法行使职权或者不作为的原因有时相当复杂,有的是因为法律规定不够明确,职责边界不清,有的是因为历史遗留问题,等等。如果检察机关在诉前程序阶段过于频繁密切地与行政机关沟通,可能会产生一些不良后果。一是检察监督的威慑性可能会受到影响。行政公益诉讼作为对行政机关违法行使职权或不依法履行职责的一种检察监督,目前之所以许多案件在起诉前置程序就得到较好解决,与检察机关法律监督的权威性密切相关。如果检察机关在起诉前置程序中频繁与行政机关进行沟通,对检察机关而言可能会偏离监督的方向和边界。因为起诉前置程序的检察建议本质上是督促行政机关依法履职,如果反复协商就会失去监督的本来意义,不利于该项制度的良性发展。二是可能造成久拖不诉现象。如果检察机关在回复期限届满前反复与行政机关进行协商沟通,容易出现超期协商,造成一些较为棘手的案件久拖不诉,导致国家利益或社会公共利益不能得到及时救济。三是使起诉前置程序与提起诉讼程序本末倒置。就两个程序的关系来说,起诉前置程序并非主程序,而是为提起诉讼服务的。如果在起诉前置程序中与行政机关沟通花费太多的时间和精力,该诉不诉,不仅浪费司法资源,而且最终对提起诉讼也会产生不利影响。

二、实践中存在的问题

在实践中,行政公益诉讼起诉前置程序可能会存在以下不足。

(一)部分检察建议内容不当

对于检察建议,《行政诉讼法》第25条内容非常原则,仅规定当行政机关不依法履行职责或不作为致使国家利益或者社会公共利益受到损害时,检察机关在起诉前置程序中"应当向行政机关提出检察建议",而并未提及具体应载明的事项。《公益诉讼办案规则》尝试对此作出更为具体的规定,除了规定

---

① 参见《江苏检察机关公益诉讼典型案例汇总》,载江苏检察网,http://www.js.jcy.gov.cn/yao-wen/201610/t3046863.shtml。

检察建议书必要的格式外,还明确检察建议书的内容包括行政机关不作为或者不依法履职的情况说明、认定不作为或者不依法履职的原因、法律上依据建议的具体内容以及行政机关的整改期限等。实际上,检察建议的内容主要就是两部分:一是行政机关没有依法行使职权以及行政不作为的情况、原因和法律基础;二是检察机关提出的具体建议。

起诉前置程序的价值和意义就在于通过外部监督督促行政机关自我纠错,从而最大限度上降低损失,及时维护国家利益和社会公共利益。相较于检察机关,对于一项违法行为该如何纠正,行政机关更具有专业性,检察建议的目的在于告诉行政机关要做什么,而非怎么做。实践中,由于没有统一且明确的要求,不同检察机关建议的内容也存在差异,过于笼统和过于具体的情况同时存在。有的检察建议书的内容过于模式化、形式化和原则化,目标性和可操作性不足,从而使行政机关无所适从,如"建议加强监管"等。而有的检察建议则过于细化,甚至明确指出行政机关给予罚款的具体数额,这种细致入微的方式虽然能够帮助行政机关有针对性地纠正违法行为、履行法定职责,但有越权的嫌疑,可能对行政管理形成不当干预。

(二)公益诉讼检察建议与社会治理检察建议不分

根据《人民检察院检察建议工作规定》(2018年12月通过),检察建议分为五种类型,分别是再审检察建议、纠正违法检察建议、公益诉讼检察建议、社会治理检察建议和其他检察建议。与检察公益诉讼履职相关的主要是公益诉讼检察建议和社会治理检察建议,但这是两类不同类型的检察建议,适用情形和范围不同。公益诉讼检察建议主要适用于生态环境和资源保护、食品药品安全、国有财产保护、国有土地使用权出让等领域负有监督管理职责的行政机关违法行使职权或者不作为,致使国家利益或者社会公共利益受到侵害,从而符合法律规定的公益诉讼检察监督的情形。

社会治理检察建议主要适用于检察机关在履职办案过程中发现涉案单位存在以下需要提出检察建议的情形:在预防违法犯罪方面制度不健全、不落实,管理不完善,存在违法犯罪隐患,需要及时消除;一定时期某类违法犯罪案件多发、频发，或者已发生的案件暴露出明显的管理监督漏洞，需要督促行业主管部门加强和改进管理监督工作；涉及一定群体的民间纠纷问题突出，可能导致发生群体性事件或者恶性案件，需要督促相关部门完善风险预警防范措施，加强调解疏导工作；相关单位或者部门不依法及时履行职责，致使个人或者组织合法权益受到损害或者存在损害危险，需要及时整改消除；需要给予有关涉案人员、责任人员或者组织行政处罚、政务处分、行业惩戒，或者需要追究有关责任人员的司法责任等。

公益诉讼检察建议仅针对检察公益诉讼案件中的被监督行政机关，是在办案过程中为督促被监督行政机关依法履职而制发，制发以后还要跟进监督；社会治理检察建议可以针对检察机关在办理案件中所发现的在社会治理工作方面存在需要改进和完善问题的所有单位和部门，一般是在相关案件办结后发出，被建议单位按照规定进行回复即可。实践中有少数案件制发的公益诉讼检察建议全部是关于改进管理、完善制度、提高治理能力，甚至是普法宣传的内容，完全缺乏精准性和可诉性。更多情况是，制发公益诉讼检察建议时，不仅有督促行政机关履行监管职责的内容，还包含了不少建议有关单位和部门改进工作、完善治理的内容。这实际上是把公益诉讼检察建议与社会治理检察建议混为一体，似乎是提高了效率、达到事半功倍的效果，但也存在适用法律不规范的情况。因为两种检察建议的适用范围、制发对象、制发时间乃至目的都存在明显的区别，如果混在一份法律文书中发出，不仅降低了司法的严肃性，而且显得检察监督不够精准。

（三）涉及多个行政机关时检察建议制发不规范

当同一个损害公共利益的违法行为，涉及两个以上的行政机关均负有监管职责时，如何制发检察建议也是实践中经常遇到和需要处理的问题。例如，依照有关法律法规或文件的规定，某一事项需要多个行政机关联合执法，或某一职责需要两个行政机关共同承担，此时需要向所有的行政机关发出检察建议，还是仅针对主要负责的行政机关提出检察建议，法律及司法解释没有规定。若对所有的行政机关制发检察建议，可能导致多个行政机关之间责任不明，彼此

"踢皮球",或将问题的解决寄托在别的行政机关身上,显然不利于公共利益的及时维护。而如果只向一个行政机关发出检察建议,那么不能对其他行政机关起到良好的督促效果,国家利益或者社会公共利益还是不能得到更好的维护。实践中,各地甚至同一个检察机关在不同的案件中,都有不同的选择和做法,有的仅是出于对被监督机关进行监督的难易程度考虑,而不是从解决问题及行政机关本身的职责内容来考虑。在这种情况下,同样会损伤检察监督的权威。

(四)检察建议流于形式

检察建议本身虽有一定的刚性,但本质上并非强制性监督措施,其内容是否得到采纳落实与机关之间的配合程度有很大的关系,但作为行政公益诉讼起诉前置程序的检察建议以诉讼程序为"依托",有自己的后手监督措施存在,对被监督的行政机关而言也确实形成了不小的压力和威慑。在收到检察建议后,行政机关为避免陷入诉讼的尴尬境地,绝大多数都能严肃对待,主动采取措施纠正自己的违法行为,积极履行法定职责。但实践中仍存在部分行政机关不予回应的情况,特别是对一些整改难度大、周期长的案件,由于公共利益的恢复不是短期内就能实现的,有关部门进行整改和履行职责也需要一定的期限。检察机关在发出检察建议后未能及时对建议采纳情况进行了解,也未跟进监督相关措施是否得到落实,有些仅凭行政机关回复就终结案件,从而使检察建议流于形式而得不到真正落实。

三、进一步优化行政公益诉讼起诉前置程序

(一)有效对接行政、民事起诉前置程序

民事公益诉讼和行政公益诉讼的起诉前置程序相对独立,有着不同的对象、形式和内容。但从实践来看,两类起诉前置程序有着密切的联系,实践中不能将两者完全对立和割裂开来。对公益保护来讲,不管是进行行政处罚还是主张民事赔偿,目标都是一致的,即保护公益不受损害或在被侵害之后及时得到恢复。在实践中,行政措施相较于司法手段具有一定的优势,其成本低、时效强,且行政机关在执法过程中也具有更大的裁量余地,可根据现场情况灵活机

动地处理。在民事公益诉讼案件中,被告违法侵害社会公共利益,虽不一定构成犯罪追究刑事责任,但相应的行政处罚和民事赔偿责任在一般情况下是免不了的。因此,在起诉前置程序中,除了在民事上督促、建议适格主体提起民事公益诉讼,还要同时督促行政主管部门依法履职。即使行政主管部门对同一违法行为已经作过行政处罚,其协助和支持也有利于证据的收集固定和诉讼的顺利进行。

在民事公益诉讼案件中督促行政机关依法履职,至于行政公益诉讼最终是否启动,取决于行政机关此后的履职行为是否符合法律规定,这仍然需要检察机关对其效果依法作出评估。总而言之,检察机关在具体司法实践中,做到民事起诉前置程序与行政起诉前置程序的有效对接,在履行民事起诉前置程序的同时,启动行政起诉前置程序,督促相关行政机关依法行使职权,是非常必要的。

(二)建立检察建议异议制度

从制度完善的角度来讲,还应考虑探索建立被监督行政机关对公益诉讼检察建议的异议制度。被监督行政机关的异议包括对检察建议内容的异议和对检察建议制发程序的异议。对检察建议内容的异议除了对检察机关就违法事实及法定职责的认定不服外,还包括不可抗力、行政审批、经费来源等客观原因导致的履行不能、履行困难。对此,被监督行政机关应当及时向检察机关书面说明情况,必要时提供一定的证据。遇到行政机关提出异议的情形,检察建议回复期限应中止计算。异议成立的,检察机关应当撤销已制发的检察建议;异议不成立的,检察建议回复期限恢复计算。检察机关在了解核实异议时,发现行政机关确实在纠正违法或者不作为时有困难的,可以适当延长履职回复期限,但是行政机关应当出具相关履职的计划方案。对于经过异议处理的检察建议,被监督行政机关仍然应当按照规定的回复期限书面回复检察机关并说明理由,检察机关可以通过磋商等形式同行政机关进行沟通交流,以便及时掌握了解相关情况。

此外,条件成熟时,也可以考虑将检察建议与被监督行政机关的回复定期向社会进行公开,以提升检察监督办案的透明度和权威性。

(三)无缝衔接磋商程序

在办理检察行政公益诉讼案件时,检察机关需要与行政机关进行必要的沟通,在启动起诉前置程序时应当与行政机关就专业问题进行交流协商,提升检察建议的针对性;在检察建议发出之后,也应与行政机关保持必要的联络沟通,及时掌握检察建议后续落实情况。检察机关可就调查核实的情况与行政机关进行磋商,研讨具体问题的解决方案,针对较为复杂的问题听取行政机关的意见,做到有针对性地制发检察建议。在检察建议发出后,检察机关还需要与行政机关通过磋商、工作联络等形式保持沟通,以及时掌握行政机关的阶段性整改成果,了解下一步工作方案,在行政机关整改落实与检察机关跟进监督间形成良性互动,协同实现公益保护目标。

(四)继续履行或者纠正已无实质意义的案件可直接提起诉讼

行政公益诉讼通常的起诉前置程序针对的是行政机关违法行使职权或者不作为可以及时进行纠正的情形,但对于那些整改已经没有实际意义或者客观上无法继续履行的特定案件,如果严格按照起诉前置程序通过先制发检察建议督促履职不仅效果不佳,而且浪费时间和司法资源,实际上已不存在制发检察建议的必要性,而应当采取特殊的方式来进行处理。对于那些违法行为已经造成了国家利益或者社会公共利益严重受损,行政机关的继续履行或者整改已经没有意义的案件,检察机关应当不必经过起诉前置程序,而直接提起行政公益诉讼。通过提起行政公益诉讼确认相关行政行为违法或无效,来实现对该案被告乃至于其他负有监督管理职责的行政机关此后履职的警示作用。

(五)进一步对检察建议书的内容进行规范完善

制发检察建议是行政公益诉讼起诉前置程序的核心环节,检察建议内容的合法性与合理性对实现良性法律监督状态非常重要。根据现阶段实践情况,还应当对检察建议内容进行更加科学合理的充实完善。进一步强化检察建议的释法说理内容,做到事实清楚,理由充分,法律依据明确,公共利益受损与行政机关不依法行使职权行为的因果关系表述符合逻辑,将案件的线索来源、案件事实、证据说理、行政违法和不作为行为的认定完整地体现在检察建议中。对行政违法行为的确认,应当根据不同领域案件的行业特点和监管特殊性,采用不同的认定标准。特别是对行政不作为的认定,还应当考虑行政机关的主观积极性以及违法行政行为所带来的公益损害及风险。

需要特别强调的是,公益诉讼检察建议制发以后,持续跟进监督行政机关的落实情况非常重要,因为这样可以及时掌握情况做到应诉即诉,避免到期未整改、敷衍整改甚至虚假整改,经过较长时间以后又在"回头看"中不得不重新启动检察监督程序的被动。

第六章　检察机关对公益诉讼的提起与支持

检察公益诉讼实现进一步高质量发展，着力提升精准性、强化规范性是必不可少的，而可诉性是精准性和规范性的前提和基础。对于具备可诉性的民事公益诉讼案件，检察机关可以在督促、建议起诉无果后提起诉讼，也可以在其他适格主体提起诉讼后开展支持起诉工作；对于具备可诉性的行政公益诉讼案件，检察机关在督促履职效果不彰时提起诉讼。对于不具有可诉性的案件，检察机关就只能制发社会治理类检察建议。

最高人民检察院应勇检察长多次强调，检察公益诉讼必须紧紧扭住"可诉性"这个关键，持续提升精准性和规范性。① 为了保证法律统一、正确实施，作为国家法律监督机关，检察机关公益诉讼履职除了适用起诉前置程序，也需要强化通过诉的方式、诉的形态来解决问题。以诉的确认来体现司法价值引领。起诉前置程序未能有效实现公益保护目标的，检察机关要应诉则诉，通过"诉"的确认推动类案治理。

第一节　检察行政公益诉讼诉求的确定

检察行政公益诉讼在公益诉讼制度中发挥着极为重要的作用，而且在国家治理体系和治理能力现代化中越来越体现出巧妙的制度价值。行政公益诉讼制度的建立，通过将行政机关违法行使职权、不作为等导致公共利益受到损害

---

① 参见《诉！让公益保护更有力更可见》，载《检察日报》2024年11月14日，第5版。

的情形纳入司法监督之下,推动了国家权力的优化配置和法治政府的建设,对我国的法制体系起到了必要而有益的补充作用。

从近年来全国检察机关公益诉讼起诉裁判情况来看,2023年全国检察机关立案办理公益诉讼19万件,其中行政公益诉讼16.8万件。向行政机关发出检察建议11.6万件,回复整改率99.1%,绝大多数公益损害问题在诉前得到解决。对发出公告或检察建议后仍未解决的,依法提起诉讼1.3万件,99.96%得到裁判支持。[①] 2024年全国检察机关立案办理公益诉讼151,270件,其中行政立案135,648件,占89.7%;提出行政公益诉讼检察建议93,151件,回复整改率98.1%,提起行政公益诉讼1160件,法院裁判支持率达到96.8%。[②] 从2017年7月检察公益诉讼制度正式确立以来,行政公益诉讼案件起诉数量逐年增加,涉及的领域也愈加广泛,现在有15个法定履职领域,案件的判决结果由开始的全部胜诉演变为有部分诉求不支持,甚至出现败诉。诉讼请求是否准确适当,对行政公益诉讼的审理及最终的诉讼结果有着极为重要的影响。因此,在行政公益诉讼中,对于如何提出诉讼请求、其内容如何确定,必须予以认真研究和对待。

一、行政公益诉讼请求权基础

请求权本是源于私法的一个概念,是指请求他人为一定行为(作为或不作为)的权利。检察机关在行政公益诉讼中的请求权法律基础是《行政诉讼法》(2017年6月修正)第25条第4款。根据我国的国家机构设置及定位,检察机关是《宪法》明确规定的法律监督机关。由检察机关提起行政公益诉讼,究其实质是以诉的形式来履行法律监督职责。检察机关提起公益诉讼是基于法律监督职责的履行及职权的行使,而并非救济权利的行使。[③]

---

① 参见《最高人民检察院工作报告——2025年3月8日在第十四届全国人民代表大会第三次会议上》,载最高人民检察院官网,https://www.spp.gov.cn/spp/gzbg/202403/t20240315_649603.shtml。

② 参见《最高检发布〈公益诉讼检察工作白皮书(2024)〉》,载最高人民检察院官网,https://www.spp.gov.cn/xwfbh/wsfbh/202503/t20250309_688675.shtml?_refluxos=a10。

③ 参见王周户、杨思怡:《检察公益诉讼程序中的检察职权及其运行规律》,载《人民检察》2023年第21期。

经过近年来的探索发展，检察公益诉讼的法定履职范围经历了一个较快的拓展过程。截至2024年年底，共有25部法律对检察公益诉讼作出了规定，法定领域从最初的4个拓展到15个。全国人大常委会在2024年6月制定通过了《农村集体经济组织法》，11月又修订通过了《矿产资源法》和《文物保护法》。根据《农村集体经济组织法》第56条规定，确认农村集体经济组织成员身份时侵害妇女合法权益，导致社会公共利益受损的，检察机关可以发出检察建议或者依法提起公益诉讼。《文物保护法》（2024年11月修订）第99条规定："因违反本法规定造成文物严重损害或者存在严重损害风险，致使社会公共利益受到侵害的，人民检察院可以依照有关诉讼法的规定提起公益诉讼。"

从提起诉讼的条件来看，根据《行政诉讼法》第25条第4款规定，检察机关行使行政公益诉讼请求权，需满足以下条件：（1）涉及的领域为生态环境和资源保护、食品药品安全、国有财产保护、国有土地使用权出让以及其他的法律规定的领域；（2）负有监督管理职责的行政机关违法行使职权或者不作为；（3）行政机关违法行使职权或不作为对国家利益或者公共利益造成了侵害；（4）在检察机关提出检察建议后行政机关仍未依法履行职责。在同时满足以上4个条件的情况下，检察机关可以向人民法院提起诉讼，提出要求行政机关依法纠正错误或履行相应职责等诉讼请求。

在行政公益诉讼中，检察机关可以提出确认行政行为违法或者无效、撤销或部分撤销违法行政行为、依法履行法定职责、变更行政行为等诉讼请求。根据《行政诉讼法》第25条第4款规定，检察机关在提起行政公益诉讼之前有一个前置程序，即应当向行政机关提出检察建议，督促其依法履职。不过，检察建议不能简单理解为提起行政公益诉讼行使请求权的一个中间环节，而应当认为是检察机关为维护国家和公共利益行使请求权的一种具体形式，若行政机关不采纳并依法履行相应职责，则检察机关取得向法院提起诉讼的权力。

从相关法律条款的表述可以看出，检察机关在行政公益诉讼中行使请求权受到诸多因素的规制，所提出之诉讼请求必须精准把控，以免影响案件的审理进程和诉讼效果。

二、提出行政公益诉讼诉求的原则

检察机关提起行政公益诉讼,应当根据案件事实和证据提出精准、规范的诉讼请求则需要遵循以下原则。

(一)公益保护原则

检察机关提起行政公益诉讼制度是国家立法授权司法机关对行政权运行的一种适度干预和介入,其出发点和落脚点是保护国家利益和公共利益不受侵害。因此,检察机关在确定诉讼请求时,应紧紧围绕"公益"这一核心进行展开,与国家利益和公共利益无关的请求则不应该在公益诉讼中涉及。检察机关提出的公益诉讼诉求主张不仅要在内容上与不属于公共利益的个人利益等私益区别开来,更要在结果上重点关注诉求的实现所可能达到的社会效果。

检察机关提起行政公益诉讼的核心目标在于保护国家利益和社会公共利益,诉讼请求必然要围绕这个目标而确定。"公益"是一个不确定概念,其内涵具有很强的适应性和变动性,须根据具体案件的时空背景作出相应的衡量与调整。为了保障行政公益诉讼的顺利开展,实践中必须准确把握"国家利益或者社会公共利益"的具体内容,其不仅限定了诉讼请求,而且限定了提起行政公益诉讼的条件、受案范围、调查取证方向。行政公益诉讼的诉讼请求坚持公益保护原则,既可以防止检察机关滥用监督权,也可以防止国家司法资源的浪费,有利于公共利益的保护。

(二)合法合理原则

合法性是法律监督效力的根本要求,也是监督效力刚性的现实体现。检察权在行使过程中,要始终以宪法和法律的规定为界限,由法律专门授权,运用法律规定的手段,依照法定程序,在法律范围内运行。[①] 在行政公益诉讼中如何

---

① 参见孙谦:《新时代检察机关法律监督的理念、原则与职能——写在新修订的人民检察院组织法颁布之际》,载《人民检察》2018年第21期。

提出诉讼请求是检察机关行使法律监督权的体现,诉求的内容和形式必须符合法律规定和要求。诉讼请求对行政行为性质的确定、责任主体的选择、法律责任的主张以及程序要求的提出都要符合法律的规范性要求。合理性主要体现在检察机关准确把握职能定位,恪守检察权的边界,提出的诉讼请求尊重行政管理程序及行政权的运行规律。

检察监督要以有确实、充分证据证明的客观事实为基础,提出的诉求内容必须有明确的法律依据。如果诉求缺乏法律依据、证据支撑或者超出合理范围,其法律监督是没有刚性的,不仅检察建议难以落实,提起诉讼也很难得到法院的支持。因此,在行政公益诉讼中检察机关提出的诉讼请求,不仅要有确实充分的证据来支撑,而且必须有明确的法律依据,其内容还应当在行政机关监督管理职责范围内,具有相应的合理性。

(三) 谦抑性原则

随着现代经济社会的发展,很多领域越来越呈现高速化、高风险的特征,需要行政管理权力不断扩张以实现对潜在矛盾纠纷的及时排除和对公共利益的有效保护。但要确保行政权的行使不偏离维护公共利益的轨道,则必须对行政权力加以必要的监督。而由司法权对行政机关的行为进行必要的审查和控制正是这种制衡机制的一部分,但为了确保行政管理目标的实现,这种审查和控制必须遵循专业性和行政权优先等原则。对于损害国家利益或者社会公共利益的行为,行政机关有一定的自由裁量空间和权力,可以在法定范围内根据具体情况自主决定采取何种监管方式、何种惩罚类型及其幅度大小,司法权应当予以尊重,并保持适度谦抑。

根据相关法律规定,检察机关通过行政公益诉讼,对行政机关行政行为的合法性和合理性有权予以审查和监督。但在监督的过程中,也应当对行政机关依法履职行为予以尊重和维护。司法权对行政权的监督和控制应该保持一种克制,保留必要且适当的行政裁量空间,不能对所有细节都予以干涉,更不能代替行政机关进行行政管理。要尊重行政机关的专业判断权和裁量权,并把行政不能作为免责事由加以考虑,以在公权力之间实现良性制约与平衡。

三、实践中行政公益诉讼诉求存在的问题

近年来检察机关提出的行政公益诉讼诉求,虽然绝大部分的诉讼请求都得到了裁判的支持,但是也有少数案件诉讼请求并未得到全部支持,甚至还有被驳回的情况出现。这些诉讼请求未得到支持或者未得到全部支持的案件,除了案件事实等方面的因素,主要就是所提诉讼请求在合法性、合理性、适当性等方面存在问题。在司法实践中,检察机关提起行政公益诉讼的诉讼请求主要集中在要求行政机关依法履行职责和确认行政行为违法上,很少出现要求行政机关撤销或者变更行政行为的诉讼请求。通过分析裁判文书网中公开的行政公益诉讼裁判文书以及结合检察系统进行的案件进行评查活动可以发现,行政公益诉讼的诉求在实践中可能存在以下问题。

(一)诉讼请求对象错误

检察机关提起行政公益诉讼,目的是督促行政机关依法履行监管职责,保护国家利益或者社会公共利益不受侵害。检察机关的诉讼请求中必然包含被诉行政机关这一对象要素,如果诉讼请求指向的对象有误,案件的可诉性基础缺失,诉求自然就不能成立,最终得不到支持也在情理之中。

(二)诉讼请求与检察建议内容不一致

作为前置程序的检察建议与提起诉讼的诉讼请求在内容上应当保持一致性,法庭调查的内容除了行政机关的法定职责和公益受损事实外,还包括检察建议制发情况和行政机关对检察建议的采纳情况等。如果检察建议的内容与诉讼请求的内容不能对应,那么检察机关提起的诉讼就不能成立,将会承担败诉的法律风险。例如,检察机关在前期制发的检察建议只是笼统地建议行政机关对某一侵害公共利益的违法行为依法处理,而起诉意见书的诉讼请求中却要求判令撤销行政机关在前所作的行政处罚决定书,就出现后期诉讼请求与前期检察建议内容不一致的问题,可能无法得到法院的支持。

(三)诉请请求超出行政机关职责范围

在行政公益诉讼中,如果诉求超出行政机关所应承担的法定职责范围,就会导致因诉求缺乏法律依据而无法得到支持的后果。例如,某县人民检察院诉某镇政府履行英烈保护管理职责案中,该县人民检察院所提出的诉讼请求,除了要求镇政府履行英烈保护管理职责修复陵园毁损设施,还要求镇政府为烈士陵园内的无名烈士坟墓修建墓碑。要求行政机关履行管护职责修复毁损破坏设施没有争议,但在陵园内已有一个统一的"革命烈士永垂不朽"纪念碑,再要求行政机关给众多的无名烈士墓逐个树立墓碑,不仅在实际上没有必要,而且超出了行政机关的职责范围,可能存在检察权不当干预行政权的情形。

(四)诉讼请求过于笼统宽泛

诉讼请求如果不够明确具体,易导致行政机关依据裁判进行履职时方向不明确,标准也不易把握,在庭审阶段甚至会因此被质疑缺乏具体诉讼请求而不符合法定起诉条件。

(五)诉求过于具体,干涉行政机关行政权的自由裁量

检察机关督促行政机关履行职责,对行政机关的专业管理和行政处分应当予以尊重,不能过分干预,更不能代替行政机关行使权力。在已经公开的判例中就存在个别诉讼请求不合理,过分干涉行政机关行政权力的行使,致使最终败诉的情况。

四、确定行政公益诉讼诉求之路径

经过跟进调查,确认行政机关经检察建议督促仍然没有依法履行职责,国家利益或者社会公共利益仍处于受侵害状态,检察机关拟向法院提起行政公益诉讼,在确定行政公益诉讼具体诉求时,首先需要精准确定监督对象,再根据诉讼类型确定诉求内容,注意保持与检察建议的对应性,在内容上做到具体适度。

(一) 精准确定监督对象

诉讼请求所指向的对象要精准无误,这是其是否成立的前提。要做到确定监督对象的精准,首先要准确理解监督管理职责。行政机关的具体职责既有宏观上的计划、组织、指挥、调节等职责,也有微观上的对违法行为进行处理的职责,而行政公益诉讼意义上的监管职责,指的是以监督方式履行管理职责的行政机关,能够依法以自己的名义独立地对于被监管对象的行政违法行为进行处理或对公共事务进行管理。一般来说,行政机关的监管职责主要规定在法律、法规、规章的"法律责任"章节,但诸如《环境保护法》(2014年4月修正)第28条的类似规定①就属于宏观管理职责,不属于行政公益诉讼中的"监督管理职责",怠于履行此项职责的行政机关不是行政公益诉讼的监督对象。

要精准确定监督对象,还必须以法律、法规规定的行政机关为起诉对象。如果在城市管理、市场监管、生态环境等系统进行了相对集中行政处罚权的综合行政执法改革②的话,应当调查清楚这种改革是否经过法定程序,是否具备法定要件。如是否经过省级政府等有权限机关的批准,如未履行法定程序则仍以原行政机关为监督对象。对于可能存在职能交织的案件,可以沿着"从事项到部门、从领域到部门"的思路,先确定案件属于什么事项或领域,然后再据此确定被监督对象。司法实践中,常常存在法律法规授权的组织、行政机关委托的组织以及开发区管理机构三类特殊的主体,对此应严格按照《最高人民法院关于适用〈中华人民共和国行政诉讼法〉的解释》(2017年11月通过)第20条、第21条的规定来执行。

当然,精准确定监督对象是一个需要从立案环节就应关注和解决的事情,也是一个在特定情况下相当复杂而有难度的问题。在第二章第三节对相关内容已经进行了详细而深入的探讨,在此不再具体展开。

---

① 《环境保护法》(2014年修订)第28条规定,地方各级人民政府应当根据环境保护目标和治理任务,采取有效措施,改善环境质量。
② 《行政处罚法》(2021年修订)第18条规定,国家在城市管理、市场监管、生态环境、文化市场、交通运输、应急管理、农业等领域推行建立综合行政执法制度,相对集中行政处罚权。

（二）分类确定诉求内容

对于不同类型的诉讼，在提出诉讼请求时可以遵循相对固定的模式。在确认之诉中，可以要求确认某行政机关（或者法律法规授权的组织）做出的某行政行为违法或无效，并采取补救措施。如果在案件审理过程中，行政机关依法履职而诉讼请求全部实现的，此时如果变更诉讼请求要求确认违法，诉求可以是要求确认某行政机关（或者法律法规授权的组织）对某损害公益的行为未依法履行监管职责的行为违法。

在撤销之诉中，诉求可以是要求撤销某行政机关（或者法律法规授权的组织）做出的某行政行为（如果同时要求行政机关重新作出行政行为，则再加上"责令其对某损害公益的行为重新做出处理"）。在履行之诉中，诉求可以是要求某行政机关（或者法律法规授权的组织）对某损害公益的行为在某期限内依法履行监管职责，切实保护某某公益不受侵害。而在变更之诉中，诉求则应是要求变更某行政机关（或者法律法规授权的组织）做出的某行政行为，此时要明确行政处罚的具体内容，或行政行为涉及的款额，并提出变更后的具体意见。

（三）与检察建议内容保持对应

按照我国行政公益诉讼的制度设计，检察机关提出检察建议督促行政机关依法履行职责是提起行政公益诉讼的前置程序，行政机关收到检察建议后仍不依法履行职责是提起诉讼的基础和前提。在行政公益诉讼中，因为检察建议与诉讼指向的是同一对象，解决的是同一问题，而检察建议督促在前，提起诉讼反制在后，故诉讼请求与检察建议必须保持一种前后呼应的关系。诉讼请求的内容应该小于或者等于检察建议的内容，而绝不能超出检察建议的内容。

行政公益诉讼审理的重要内容之一就是行政机关收到检察建议后是否依法履职，检察建议的内容是否得以实现。因此，若检察建议的内容完全没有实现，则应当保持诉讼请求与检察建议的一致性；若部分内容已经实现，则仅应当将未实现的部分作为诉讼请求，并将已经实现的部分在起诉意见书中予以说明；如果行政机关接到检察建议后整改的情况未达到检察建议要求的效果，则应该根据整改效果重新确立诉讼请求。但不能出现诉讼请求从实质内容上超出检察建议的情况,因为超出部分因未履行起诉前置程序不能提起公益诉讼。

在司法实践中,检察建议的内容对检察机关后续提起行政公益诉讼的诉讼请求具有一定约束力,两者应形成基本的同向性,其目的是保证公益诉讼的严肃性。行政机关依据检察建议内容履职后,即使实际情况发生变化,公益仍处于受侵害状态,原则上检察机关也不应当随意超出检察建议内容提出诉讼请求,而应当根据新情况进行沟通或重新制发检察建议。如果行政机关只是形式上履职并未采取实际有效整改措施,在规定期限内虽对检察建议进行了回复,但未对公益未受到保护或进行有效修复作出合理解释,检察机关的诉讼请求可以与检察建议内容存在适度不同,要求行政机关依法全面履行职责,从而更加有效地保护公益。

(四)诉求内容具体适度

行政公益诉讼的诉求既要具体明确,又不能过度干预行政管理,不能代替行政机关作出行政行为,检察建议与诉讼请求内容应当保持具体适度。伴随行政法治的发展,特别是进入风险社会模式,行政权不断扩张以实现对公共利益的充分保护,而司法权则关注对行政权的审查制约,确保其不偏离维护公共利益的轨道,即大体上遵循相互尊重、不超越各自专业和边界,在具体执法中坚持行政权优先等原则。对于损害国家利益和社会公共利益的行为,行政机关往往可以同时或者递进采取多种方式予以规制,至于选择适用哪种或哪几种方式,司法权应当保持适度谦抑。

诉讼请求的确定是提起行政公益诉讼的关键一步,公益诉讼检察履职必须认真对待和解决好这一问题。检察行政公益诉讼履职除了适用起诉前置程序外,同时也需要强化通过诉的方式、诉的形态来解决问题。对于行政公益诉讼检察建议解决不了问题的,要敢于和善于以"诉"的形式来履行法律监督职责,通过诉的确认体现司法价值引领。

第二节　检察行政公益诉讼证明责任分配

证明责任是在诉讼中承担提出证据，证明案件事实的法律上的义务。在具体的诉讼中，当法庭辩论程序结束，双方当事人都没有更多的证据向法庭提交，但法官对相关事项能否确认未达到内心的确信，由诉讼中对自己的诉讼主张承担提出证据加以证明的责任的一方对真伪不明状态①的情形承担不利的法律后果。因证明责任的实质是说服责任，而承担证明责任的一方当事人在诉讼之初便负担着更大程度的败诉风险。② 通俗地讲，只有尽到举证责任的当事人，才会避免不利后果的产生，以至于有人说举证之所在，败诉之所在。因此，证明责任在诉讼程序和诉讼法学中具有重要地位，乃至于被称为"诉讼之脊梁"。

一、关于证明责任的内涵及相关理论

证明责任是指当事人对自己提出的主张有提供证据，以证明所主张的案件事实成立或有利于自己主张的一种责任。③ 这种"责任"就其性质而言，可以用"败诉风险""负担""义务"甚至"权利"④来加以诠释。德国有学者认为，证明责任的本质和价值就在于，在重要的事实主张的真实性不能被认定的情况下，它告诉法官应当作出判决的内容。消除事实问题方面的疑问，是证明责任规范的使命。⑤

---

① 德国法学家汉斯·普维庭对"真伪不明"作出如下界定：(1) 一方当事人已经提出对法官内心确信有影响力的主张；(2) 另一方当事人也提出有实质性并有相当效果的对立主张；(3) 对影响法官心证倾斜的事实需要当事人提供证据加以证明；(4) 用尽一切可以并且可能的证明手段，法官依然不能形成内心确信；(5) 诉讼中特定的辩论程序已经结束，双方没有进一步的证据改变上述第 3 种或第 4 种的情形。参见张卫平：《民事诉讼法：关键词展开》，中国政法大学出版社 2005 年版，第 205 页。
② 参见周密：《行政公益诉讼中的证明责任分配与证明标准》，载《湘江青年法学》2017 年第 1 期。
③ 参见章剑生：《现代行政法总论》，法律出版社 2019 年版，第 449 页。
④ 《最高人民法院关于行政诉讼证据若干问题的规定》第 7 条规定，原告"逾期提供证据的，视为放弃举证权利"。
⑤ 参见[德]莱奥·罗森贝克：《证明责任论——以德国民法典和民事诉讼法典为基础撰写》(第 4 版)，庄敬华译，中国法制出版社 2002 年版，第 64 页。

证明责任的分配是出于多种考虑的综合结果,也是对力量的一种平衡,是立法者和司法者在价值考量后作出的选择。适当地分配证明责任是从古及今所有诉讼所必须面对的重要工作,也是检察公益诉讼应该认真考虑的,研究证明责任分配理论将有助于构建符合检察公益诉讼规律的证明责任分配制度。

(一)构成要件理论

原告只需主张和证明权利产生规范的构成要件,被告只需要主张和证明权利妨碍规范、权利消灭规范或权利排除规范的构成要件。"简而言之,该当事人应对支持自己诉讼请求的规范要件进行主张和证明。"[1]这一理论在法律界被称为规范说,该学说建立在对实体规范的适用上,从规范的相互关系中寻找分配原则,主要是为防止证明责任在当事人之间无目的地徘徊。"谁主张,谁举证",是举证责任分配的原始萌芽,有其合理性,一个人不能平白遭到控告,除非控告之人能证明自己的主张。如何在原被告间寻求平衡,考虑到诉讼进程的推进,符合实体构成要件的证明责任分配将有助于事实真相的发现。

(二)危险控制理论

谁掌握着危险或谁更有说谎的危险,举证责任就分配给谁。正如当危险在于健忘症是易于伪装的,原告对于失忆的问题和其他争论焦点负有举证责任。[2] 由于有伪装的危险,必须在适用较低的说服责任之前,使人确信失忆的证据是清晰且令人信服的,有身体上遭受其他伤害的客观特征和程度来支持,并且失忆明显是事故的结果。事故必须是导致失忆丧失的一项实质因素,这个限制不仅仅在于原告无能力提出证据,而且在于当原告的无能力是由被告的行为造成时,允许了解事实的被告在出庭时以保持沉默而获益,这是不公正的。

---

[1] [德]莱奥·罗森贝克:《证明责任论——以德国民法典和民事诉讼法典为基础撰写》(第4版),庄敬华译,中国法制出版社2002年版,第133页。

[2] 参见[美]小詹姆斯·A.亨德森等:《美国侵权法:实体与程序》,王竹等译,北京大学出版社2014年版,第133页。

(三)经验理论法则

因英美法系更侧重司法经验主义,霍姆斯大法官在《普通法》中有句在法学界传颂的名言:法律的生命不是逻辑而是经验。英美法在论证证明责任分配原则时,综合考虑案件的相关因素,在利益衡量的基础上,对将证明责任分配给哪一方当事人更显公平作出判断。这是一项法官根据经验和判例作出判断的权力。英美法在经验总结的基础上归纳如下考量因素:谁更接近证据;谁举证更有利于推进诉讼进程;该事件发生的盖然性;经验法则;政策倾向等。在英美法系司法界普遍认为,通过证明责任合理分配,使案件当事人所提供的证据具有足够的证明力量,能够确定其所主张的事实,使裁判者相信某种事实存在进而支持其主张,这比提供证据本身的分量更重。①

(四)盖然性学说

证据盖然性学说是诉讼法中关于事实认定的核心理论,主张通过证据证明待证事实的"高度可能性"而非绝对确定性作出裁判。该学说承认司法认知的有限性,要求法官综合证据的证明力、逻辑关联及经验法则,评估事实存在的概率。大陆法系以"高度盖然性"为民事证明标准(通常高于75%),强调内心确信;②英美法系采用"优势证据"原则(超过50%即可),侧重概率比较。其价值在于平衡客观真实与诉讼效率,允许在无法还原绝对事实时,依现有证据作出合理裁决,同时通过证明责任分配防范裁判恣意。该学说实质是法律真实主义在证据领域的体现。③

盖然性学说认为要依据法律要件事实发生的可能性大小,决定如何在当事人之间分配证明责任。在待证事实无法得到确信存在与否的情况下,应根据一般的生活经验或一般人认知,来判断该事实发生的可能性。

---

① 参见刘善春:《行政诉讼举证责任分配规则论纲》,载《中国法学》2003年第3期。
② 参见毕玉谦:《民事证据法及其程序功能》,法律出版社1997年版,第130页。
③ 参见张卫平:《民事诉讼法》,法律出版社2023年版,第286页。

二、行政诉讼中的举证责任倒置

建构合理的证明责任分配规则将有助于诉讼程序的发展,也有利于普遍正义的实现。确定证明责任的分配因素主要有以下几个方面:诉讼便利性的考虑;双方当事人的举证能力;是否打破现存的法律状态;如果对有关争议问题没有证明,在法律上什么应当是真实的;一方当事人提出主张的反常性;诉讼理由是肯定的还是否定的;案件是否属于制定法或一般诉讼规则的例外情形,诸如威慑之类的公共政策考虑;谁更掌握着主动等。也正是基于这些因素考虑,立法在行政诉讼中设置了"举证责任倒置"的规则。

"举证责任倒置"是为了维护法政策或法秩序的需要,特别设置一些让对方当事人承担举证责任的特别规则,这种规则设置主要是出于一种力量平衡的考量。所谓特别规则,实际上是对举证责任分配一般规则的例外。在环境侵权诉讼中,由于环境受害人与证据的距离过远,对证据的掌控不力,对环境污染、生态破坏相关信息和知识的了解都不如环境加害人。正是考虑到这些客观情况,为了保证受害方得到充分有效的救济,减轻原告的举证责任,矫正因遵守传统的"谁主张,谁举证"一般原则进行举证责任分配而产生的不平衡,根据相关法律特别规定,在当事人之间进行了一种强制性的分配,即在环境侵权领域中引入"举证责任倒置"。当然,"举证责任倒置"只是对原告举证责任的部分豁免,对于被告来说举证证明其行为与损害后果之间不存在因果关系,并没有加重其举证责任。

在行政诉讼中对被诉的行政行为实行"违法推定原则",但这种关于违法的推定可以用相反的证据予以反驳,如果行政机关基于它已经获得的证据足以推翻这种违法推定,则可以认定其已经作出的行为合法。反之,如果行政机关未能推翻这种违法推定,则只能承担不利后果。在行政诉讼中,因为代表国家的行政机关在力量对比中处于强者的地位,而且是以它作出的行政行为为诉讼客体,在依法行政基本原理支持下,它应当承担举证责任。而作为原告的公民、法人或者其他组织只有在例外情况下才需要承担举证责任。

三、检察行政公益诉讼证明责任分配主张

"诉讼开始时,存在何方对某个事实主张承担举证责任的问题;诉讼终止时,则是由何方承担不能被证明的事实的不利后果问题。"①行政诉讼属于救济之诉,旨在保护私人合法利益和监督行政机关依法行使职权。② 因此,《行政诉讼法》(2017年6月修正)第34条和《最高人民法院关于行政诉讼证据若干问题的规定》(2002年6月通过)第1条均规定被告对其作出的行政行为的合法性举证,即通常意义上的"举证责任倒置"原则。综观《行政诉讼法》和《检察公益诉讼适用解释》的规定,都只是对行为意义上的举证责任作出规定,并未就事实真伪不明时由谁承担不利后果作出明确表述。

在检察机关提起的行政公益诉讼中,无论是作为公益诉讼起诉人的检察机关、作为被告的行政机关,还是作出裁判的审判机关,都具有保护国家利益或者社会公共利益的法律责任义务。这与一般的行政私益诉讼相比,具有实质上的差异。在检察行政公益诉讼中,是否因检察机关的举证能力与行政相对人地位不同,而改变传统行政诉讼的举证责任分配原则,实践中在一定范围内存在一些不同认识或者说争议,主要有三种观点。

1. 由行政机关承担证明行政行为合法性的责任。

"由于行政机关作出行政行为是基于社会公共利益,在行政法律关系中处于主动性和主导型性,举证责任就涉及分配问题。"③主流观点认为与普通行政诉讼相比,检察公益诉讼只是发起诉讼的主体有所不同,而行政机关的地位、身份及优越性并无实质性区别。行政机关掌握行政行为的所有第一手证据材料,更应该也更有能力负担证明责任,所以在检察行政公益诉讼中,仍应当坚持举证责任倒置规则。即使检察机关有权监督人民法院的审判活动,也不能因此改变行政公益诉讼审判程序的逻辑关系,检察机关只能作为案件一方当事人参加

---

① [德]汉斯·普维庭:《现代证明责任问题》,吴越译,法律出版社2000年版,第9页。
② 《行政诉讼法》第1条规定:"为保证人民法院公正、及时审理行政案件,解决行政争议,保护公民、法人和其他组织的合法权益,监督行政机关依法行使职权,根据宪法,制定本法。"
③ 参见章剑生:《行政法与行政诉讼法》,北京大学出版社2014年版,第444~445页。

诉讼，并遵循程序规则，因此在分配举证责任时亦不应有所不同。

2. 由检察机关根据"谁主张，谁举证"的原则承担举证责任。

此种意见认为检察机关在人力、财力、技术上与行政机关势均力敌，且检察机关兼具司法权和监督权，具有法律赋予的调查核实权和专业的法律人才，举证能力强大，有能力和条件承担举证责任。同时，由检察机关承担举证责任有利于防止检察机关滥诉，以确保公力救济的严肃性和权威性。[1]

3. 以"谁主张，谁举证"作为原则，涉及行政机关不作为或者不依法履行职责的情形除外。

此说考虑行政公益诉讼"双阶构造"诉讼程序的特点，把公益诉讼起诉人提出的检察建议和行政机关不依法履行职责作为双重客体，由检察机关对检察建议承担举证责任，行政机关对不作为或者不依法履行职责承担举证责任。[2]

结合现阶段的法治状态，相较而言，以上三种意见中第一种观点更为合理。行政公益诉讼的举证责任分配，原则上仍不应该脱离行政诉讼的基本原则，依法行政和最有利于客观事实再现的原理是行政诉讼确立举证责任倒置的初衷。而行政公益诉讼制度的价值更多在于法律正确实施和社会公共利益保护层面，无论是行政机关不作为还是乱作为，也不管是对事实的确认还是对违法行为的处理，无论行政行为造成的后果对国家利益、社会公共利益是增加还是减损，行政机关始终处于主导地位。即使不考虑行政机关对案件证据的独占性控制，由行政机关对其行为的合法性承担证明责任，将会对公共利益保护、依法行政产生积极而有力的促进作用，对于行政公益诉讼所追求的价值功能也会起到放大作用。而如果由检察机关承担主要的证明责任，由于证据收集固定在客观上存在的难度，不仅有可能会使一些违法行政行为无法受到追究，也会增加检察机关办理行政公益诉讼案件的压力，影响办案人员的履职积极性。

综上所述，由行政机关承担证明行政行为合法性的责任无疑是相对合理的。

---

[1] 参见北京市朝阳区人民检察院课题组、孙伟：《行政公益诉讼检察调查核实权行使困境与完善路径初探》，载《中国检察官》2019年第5期。

[2] 参见章剑生：《论行政公益诉讼的证明责任及其分配》，载《浙江社会科学》2020年第1期。

四、检察行政公益诉讼的举证责任分配

根据《检察公益诉讼适用解释》第 22 条的规定,检察机关需要提供行政机关违法行使职权或者不作为致使国家利益或者社会公共利益受到侵害,以及已经履行起诉前置程序行政机关仍不依法履职或者纠正违法行为的证明材料。故在行政公益诉讼中,行政机关应承担对行政行为合法性的证明责任,检察机关承担程序推进的证明责任,而法院也应依法承担职权探知责任。

(一)通常情况下检察机关需要承担的证明责任

提出证据对自己的主张加以证明是当事人的一项权利,而基于检察机关的职责,其应当积极履行推进诉讼程序的责任。① 《检察公益诉讼适用解释》第 22 条、第 23 条规定的是检察机关在提起行政公益诉讼时所应提交的材料,并未直接规定举证责任和举证不能的后果。结合《人民检察院公益诉讼办案规则》(2020 年 9 月通过)第 46 条、第 81 条规定可知,检察机关应对起诉符合法定条件,包括人民检察院已履行起诉前置程序经制发检察建议但行政机关拒不纠正违法行为或者不履行法定职责的事实提供相应的证明材料,以推进诉讼程序。② 从上述司法解释的条文表述来看,检察机关承担的主要是程序推进证明责任。

1. 符合起诉条件的证明材料。根据《行政诉讼法》(2017 年 6 月修正)第 49 条及《最高人民法院关于适用〈中华人民共和国行政诉讼法〉的解释》(2017 年 11 月通过)第 54 条的规定内容和司法实践情况,检察机关在提起行政公益诉讼时需要提交的材料,以及明确的诉讼请求,即明确提出撤销违法行为、限期履行职责、确认违法(并采取补救措施)或者变更行政行为等;证明案件范围属于《行政诉讼法》第 25 条第 4 款规定的生态环境和资源保护、食品药品安全、

---

① 参见周密:《行政公益诉讼中的证明责任分配与证明标准》,载《湘江青年法学》2017 年第 1 期。
② 需要在此指出的是,对行政机关违法的证明责任并非主要由检察机关承担,检察机关作为公益诉讼起诉人提供行政行为违法的证据是积极的诉讼行为,不免除行政机关对其涉诉行政行为合法的举证责任。参见钱国泉、俞广林、付继博:《检察机关提起行政公益诉讼的举证责任分配》,载《人民检察》2016 年第 22 期。

国有财产保护、国有土地使用权出让以及其他法定检察行政公益诉讼履职领域。

2. 履行起诉前置程序的证明材料。检察建议是人民检察院依法履行法律监督职责,参与社会治理、维护司法公正、促进依法行政,预防和减少违法犯罪,保护国家利益和社会公共利益,维护个人和组织合法权益,保障法律统一、正确实施的重要履职方式,也是法律规定的提起行政公益诉讼的前置程序。检察建议书、送达回证是履行起诉前置程序的重要证据材料,提起行政公益诉讼时必须提交。至于行政机关的回复材料,则非必须提交的材料。

3. 公共利益受损的证明材料。国家利益和社会公共利益受到损害是提起行政公益诉讼的必要条件之一,只有存在受损的公共利益,才可能由检察机关提起诉讼。有学者认为,检察机关在证明起诉符合法定条件这一点上与传统的行政诉讼原告所负有的举证责任无异,而区别则主要在于其应承担证明行政机关对公共利益造成损害事实的举证责任。而这一责任,并非要求检察机关承担完全意义上的证明责任。[①] 因为起诉证明材料仅在于启动程序,至于是否构成实质意义上的公共利益损害,需要经过法庭调查和人民法院评判确定。

4. 不依法履行职责与公共利益受损之间存在因果关系的证明材料。检察机关需要证明行政机关有何职责、有何违反职责规定履职行为导致公共利益受损,实际上是对行政机关职权职责的举示。检察机关提交上述这些材料,并不能免除《行政诉讼法》第34条规定的行政机关提供作出行政行为的证据和所依据的规范性文件的义务。

(二)检察机关因行政机关抗辩需要承担的举证责任

检察机关履行程序性举证责任启动了行政公益诉讼程序后,并不能确保审判机关自动完全采纳检察机关的诉讼请求,必须经过庭审质证,才能依据检察机关和行政机关所举示的事实证据和法律规定,对检察机关所提出的行政机关

---

① 参见沈开举、邢昕:《检察机关提起行政公益诉讼诉前程序实证研究》,载《行政法学研究》2017年第5期。

不依法履行职责的主张作出评定。在实践中,检察机关的诉讼请求与行政机关的抗辩方向有着密切的联系,而二者的类型和变化则直接关系到举证责任的分配。

1. 行政不作为类案件的举证责任分担

一般而言,检察机关已经在起诉之初完成了基本的举证责任,是否需要承担进一步的证明责任,则需要结合行政机关所举证据和抗辩理由进行再分配。对不作为类型的案件,检察机关的诉讼请求一般都是请求判决限期履行职责,行政机关针对检察机关的抗辩通常是已经履行职责、不是本部门职责或者是没有公共利益受损。

若行政机关提出已经履行职责的证据,审判机关可以结合其履职情况和法律法规的规定,判断是否需要转移由检察机关继续举证。若行政机关能够证明其已经履行了检察机关诉请的法定职责,则检察机关所诉不能成立,将由检察机关承担举证不能的风险。

若行政机关抗辩称其没有相应职责,则检察机关只需提交法律、法规规定的行政机关职责或者法律授权机关明确规定的行政机关职责即完成举证责任,此时即应由行政机关承担举证不能的后果。需要指出的是在法律、法规未明确赋权的情况下,规章①规定的行政机关职责和上级、本级规范性文件及"三定方案"确定的职责,以及行政机关本不具有但基于行政机关的先行行为、行政允诺、行政协议而形成的职责,均应纳入法定职责范畴。此抗辩理由的举证责任在行政机关,若行政机关不能证明其不该履行检察机关诉请所主张的职责,则由行政机关承担举证不能的后果。

行政机关否定有公共利益受损,实际上是对危害结果的不认同。当前公共利益的不确定性,导致公众对此的认识也存在模糊和不清晰之处,这种情况也为行政机关以没有明确的规定或者标准为借口进行开脱提供了便利。而公共利益的界定在司法实践中也很困难,通常以主体是不特定的多数人、基本性、整

---

① 此处的规章包括部门规章和地方政府规章。

体性和层次性、发展性、重大性、相对性作为公共利益的判定标准,①而实际上这些标准都缺乏明确的界限,并不具有可操作性。检察机关应对生态环境和资源、食品药品安全、国有财产损失、国有土地使用权出让等公共利益实际受损负举证责任,否则将承担举证不能的后果。当然,若检察机关提供了初步证据,而行政机关对不构成公益受损提供证据又无法做出合理说明和阐述,则由行政机关承担不利后果。

另外,虚假整改、迟延履职和部分履职,都应属于不作为的范畴。与绝对意义上的不作为不同,在虚假整改案件中,行政机关往往对检察建议回复称已整改,实则未整改。迟延履职是在合理期限内未采取措施,部分履职则是未全面充分履行职责。若在诉讼过程中,行政机关已经全面、充分履职,则检察机关提出的继续履行已无必要,可变更诉讼请求为确认违法。

2. 违法作为类案件的举证责任分担

行政机关不依法履行职责,对检察机关举证要求更高的是行政机关乱作为的诉讼。在违法作为类案件中,因检察机关的诉讼请求多为变更或者撤销行政行为,而行政机关的抗辩理由一般是正确履职,不存在变更或者撤销的理由。按照被告举证的原则,行政机关对所作行政行为和所依据的规范性文件举证,但实际上与检察机关所诉的违法作为可能存在偏差,检察机关还需要进一步证明行政机关违法作为。这又分为三种情况:

一是超出法定职责范围作出行政行为,表现为滥用职权。虽然被告出示了证据,但一般不会证明自己违法,因此人民法院在判断行政机关是否存在违法作为,是否需要撤销或者变更行政行为,更多依赖的是检察机关提供的证据。因此,检察机关应当尽可能多地提供证明行政机关超出法定职责乱作为的证据材料。

二是选择作为,表现为避重就轻。行政机关一般会根据实际情况,选择难度低、容易整改的方式维护公共利益,而对周期长、整治复杂或者难度大的措施

---

① 参见湖北省十堰市郧阳区人民检察院诉郧阳区林业局行政公益诉讼案(检例第 30 号)系 2017 年 1 月最高人民检察院发布的第八批 5 个指导性案例之一。参见《第八指导性案例》,载最高人民检察院官网,https://www.spp.gov.cn/spp/jczdal/201701/t20170104_177552.shtml?_refluxos=a10。

往往予以回避,诉讼中会以客观理由抗辩检察机关的变更之诉。这就需要检察机关通过梳理和对照行政机关的法定职责而予以明确,以确保被诉行政机关的职责是此而非彼。

三是未选择最优方式,表现为形式主义。如在国有财产保护类案件中,行政机关未按照协议约定解除合同及时止损,致使国有财产长期遭受损失。检察机关则需要从合同约定、法律规定的角度,结合企业经营评估情况,充分证明解除合同比追偿债务更能保护国有财产。

3. 检察机关的其他举证责任

诉讼过程中,对检察机关提出的继续履行、变更行政行为或者采取补救措施等诉讼请求,行政机关可能会以存在历史遗留问题需要解决、已穷尽所有措施、有更需要保护的其他公共利益等,不能全面充分保护公共利益为由进行抗辩,并向法庭提交履行职责的各种证据材料。对此,举证责任会转移给检察机关,这时就需要对保护公共利益的可行性进一步举证,如行政机关仍有未履行的法定职责,仍可以采取行政强制、行政处罚、行政征收等手段予以弥补或者通过其他途径向行政相对人主张权利来进行公益维护,如果不能做好进一步的举证,则有可能面临被法院驳回诉讼请求的情况。

(三)审判机关依职权调取证据责任

《最高人民法院关于行政诉讼证据若干问题的规定》第 22 条明确规定了人民法院依职权调取证据的范围包含涉及国家利益、社会公共利益的情形,但法院职权探知只是对真伪不明的补充,而非真正的举证责任主体,因此要发挥好法院职权取证的作用,但又不能过分依赖。

五、优化检察行政公益诉讼证明责任分配规则

任何一项制度之创立,必然有其外在的需要,必然有其内在的用意,这是断无可疑的。① 举证责任的本质是后果责任,在司法审查中所起的作用就是说服

---

① 参见万进福:《行政公益诉讼中的举证责任分配》,载《人民法院报》2017 年 9 月 27 日,第 6 版。

法官。作为有别于刑事、民事和普通行政私益诉讼的行政公益诉讼,其证明责任制度如何设计,在相当程度上是一个法政策问题,由立法者权衡各种因素之后作出决断。① 检察行政公益诉讼作为一项新的诉讼制度,在法律规定及司法程序方面依然有需要完善的地方。

(一)明确相关法律概念

行政公益诉讼毕竟是机关对机关,具有重大的社会影响,在涉及公共利益或者国家利益这些法律术语层面,因为缺乏必要的说明,导致检察机关、审判机关、行政机关在考量其内涵和外延时不一致,在举证责任的分担上也不统一。如果通过立法或者司法解释的形式予以统一,则无论对于司法实践,还是理论研究,都将减少很多不必要的争议。

(二)加强检察机关公益诉讼调查取证权配置

作为法律监督机关,检察机关在为提起行政公益诉讼而进行调查取证时,由于缺乏必要的强制措施,在行政机关以及公民、法人、其他组织不配合提供相应证据时,无法通过搜查等强制手段获取证据。特别是保存在行政机关手中的独有性资料,建议赋予检察机关公益诉讼调查取证一定的强制手段。

(三)完善公益诉讼保全措施

在生态环境和资源保护、国有财产保护领域,若行政机关的作为不当或者不作为损害公共利益,一般影响的范围都比较大,后果比较严重。行政公益诉讼针对的是行政机关的违法行使职权或者不作为违法已经导致国家利益或者社会公共利益受到损害的情形,而对于安全生产、文物保护以外其他法定领域国家利益或者社会公共利益面临被侵害风险的情况则一般不介入。② 但等到

---

① 参见章剑生:《论行政公益诉讼的证明责任及其分配》,载《浙江社会科学》2020年第1期。
② 《文物保护法》第99条规定:"因违法本法规定造成文物严重损害或者存在严重损害风险,致使社会公共利益受到侵害的,人民检察院可以依照有关诉讼法的规定提起公益诉讼。"《安全生产法》第74条第2款规定:"因安全生产违法行为造成重大事故隐患或者导致重大事故,致使国家利益或者社会公共利益受到侵害的,人民检察院可以根据民事诉讼法、行政诉讼法的相关规定提起公益诉讼。"

诉讼程序结束,法院判决确认行政行为违法、无效或者判决行政机关依法履行职责时,也许公共利益的损害已经到了难以挽回的程度。在这种情况下,行政公益诉讼虽然开启了救济的程序,却不一定有救济的效果。因此,公益诉讼除了适用证据保全等传统司法保全措施,对于公共利益面临重大、现实、急迫的损害风险的情形,还应当探索完善行为保全制度,通过事先预防性、暂时保全性机制来避免因不及时采取措施,导致国家利益或者社会公共利益受到重大的、不可挽回的损失的情况发生。

(四)完善法院在公益诉讼案件中依职权调查取证机制

行政公益诉讼涉及的范围广泛、内容众多、专业庞杂,尤其是一些专业性强、比较小众或者刚刚兴起的领域,有的专业问题甚至没有司法鉴定机构和人员能够做出判断。这种情况就需要人民法院根据行业要求和专业特点,以调查、询问、勘验等多种方式予以明确。在实践中,法院经常以检察机关有调查取证权为由,对其自身依职权调查取证的规定置之不理,甚至根本不愿启动调查取证程序。因此,应以立法或司法解释等形式对法院依职权调查的范围、程序、措施作出更为具体明确的规定。

虽然目前存在不同的看法,而检察机关也相对承担了较重的举证责任,但由行政机关对作出行政行为的合法性进行举证的规则根本未变。行政公益诉讼中举证责任应当如何合理分配,从实践探索、理论研究到形成一套成熟的体系和制度,还需要经过较长时间的实践和总结。随着实践的发展和立法的进步,检察行政公益诉讼举证责任分配制度将会不断得到优化和完善。

第三节 检察行政公益诉讼的可诉性

行政公益诉讼作为检察公益诉讼制度的重要组成部分,在推动国家治理体系和治理能力完善提升和现代化过程中有着独特的价值。2025年1月13日在全国检察长会议上,最高人民检察院应勇检察长强调,健全公益诉讼检察办案规范体系,以可诉性提升精准性规范性。① 明确和完善可诉性标准对于检察机关提升公益诉讼履职水平具有重要意义,是否具备可诉性也是现阶段衡量检察公益诉讼高质效办案的重要标准。因此,聚焦公益保护主题,完善公益诉讼检察工作机制,对照可诉性标准依法、规范办理案件,就成为检察公益诉讼履职的基本规则,也理所当然地成为行政公益诉讼案件办理的目标和要求。

从近年来全国检察机关公益诉讼起诉裁判情况来看,2023 年全国检察机关立案办理公益诉讼案件 19 万件,其中行政公益诉讼 16.8 万件。向行政机关发出诉前检察建议 11.6 万件,回复整改率 99.1%,绝大多数公益损害问题在诉前得到解决。对发出公告或检察建议后仍未解决的,依法提起诉讼 1.3 万件,99.96% 得到裁判支持。② 从 2017 年检察公益诉讼制度正式确立以来,行政公益诉讼案件起诉数量逐年增加,涉及的领域也愈加广泛,现在有 15 个法定履职领域,对于可诉性不强而提起诉讼的检察公益诉讼案件,将不可避免地会出现部分诉求不被支持,甚至是被全部驳回的情况。检察行政公益诉讼案件办理是否符合可诉性要求,不仅对于检察公益诉讼工作的规范性有着重要的影响,而且直接关系到相关案件的诉讼结果。因此,对于检察行政公益诉讼的可诉性问题必须予以高度重视和认真研究。

一、检察行政公益诉讼形式可诉性之内容

检察公益诉讼是检察机关运用诉讼制度模式依法履行法律监督职能的一种重要方式,因而检察公益诉讼应当遵循诉讼规律和符合诉讼机理。③ 检察机关办理检察行政公益诉讼案件,从立案开始就应把可诉性作为履职标准,依法调查收集证据,准确适用法律,将程序上的规范和实体上精准具体落实在办案的每一个环节。最高人民检察院检察长应勇指出,可诉性基本要素包括有适格

---

① 参见高家伟:《检察公益诉讼可诉性内涵的三点阐释》,载《检察日报》2025 年 1 月 25 日,第 3 版。
② 参见《最高人民检察院工作报告》,载最高人民检察院官网,https://www.spp.gov.cn/spp/gzbg/202403/t20240315_649603.shtml?_refluxos=a10。
③ 参见王周户:《检察公益诉讼彰显法律监督与诉讼机理有机统一》,载《检察日报》2025 年 1 月 23 日,第 3 版。

诉讼主体,有公益损害事实,有法律明确授权等。行政公益诉讼还应当有行政违法行为,包括违法履行职责或者不履行职责。① 因此,行政公益诉讼可诉性应包括适格诉讼主体、行政违法行为、公益损害事实、法律明确授权四个基本要素。② 行政公益诉讼的可诉性建立在个案规范性和合法性的基础之上,可以从形式可诉性和实质可诉性两个层面对其进行分析。概括来讲,检察行政公益诉讼案件的形式可诉性,应当主要包括以下要素和标准。

(一)监督法定性

监督法定性即明确的法律授权,从本质和渊源来说,检察行政公益诉讼的形式可诉性来自国家立法的明确授权。经过近8年时间的探索发展,检察公益诉讼的法定履职范围经历了一个较快的拓展过程,25部法律涉及检察公益诉讼内容,法定领域从最初的4个拓展到15个。特定行政行为之所以能够成为检察行政公益诉讼的客体,是因为国家立法将其列入了检察公益诉讼的履职领域和法院的受案范围。③ 明确的法律授权既是公益诉讼合法性的基础,也是其可诉性的基础。④

在现代法治国家中,公权力的运行实现了制度化和专门化,同时通过分工制约来解决权力行使中的专横和懈怠。在实际运行中,行政权有着单向的约束效力和强大的动员能力,可以保证社会的有序运转和积极增进人民整体福利。但反过来,如果行政权脱离应有轨道,出现违法行使的情况,其对公共利益和个体权利的伤害也是轻易而显著的。为应对此一情况,推进依法行政、严格执法,加强对公共利益的保护,检察行政公益诉讼应运而生。但检察公益诉讼制度的运行应当坚守检察机关国家法律监督机关的宪法定位,提起公益诉讼要在法律

---

① 参见应勇:《高质效办好每一个案件 努力让人民群众在每一个司法案件中感受到公平正义》,载最高人民检察院官网,https://www.spp.gov.cn/tt/202410/t20241008_668110.shtml。
② 参见吴勇:《立足"四个要素"把握程序机制深入探究可诉性要求》,载《检察日报》2025年1月23日,第3版;王燕、孙冬梅:《行政公益诉讼可诉性判定及适用标准的优化》,载《中国检察官》2025年第3期。
③ 参见章剑生:《现代行政法总论》,法律出版社2019年版,第379页。
④ 参见吴勇:《立足"四个要素"把握程序机制深入探究可诉性要求》,载《检察日报》2025年1月23日,第3版。

明确授权的范围内。合法性除了强调检察权行使要合乎立法授权范围、规定程序等外在表现形式,还要注意准确把握检察机关的职能定位,恪守检察权的边界,检察监督要尊重行政管理程序及行政权的运行规律。法无授权不可为,检察公益诉讼坚持在法律授权领域内履职办案,这是案件具有可诉性的基础。

(二)行政违法性

在行政公益诉讼中,一般将行政机关不依法履行职责的行为分为违法行使职权和违法不履行职责两类,前者是以作为违法,后者是不作为违法。行政机关的行为必须具有违法性才能成为检察公益诉讼的监督对象,否则检察权不能干预行政权的正常运行。对于行政违法性的认定,需要考量行政机关监督管理职责的法律依据、履职手段和履职情景等因素。行政机关职权来源依据一般包括法律、法规、规章规定的职责,也包括权力机关或者上级机关的规范性文件以及"三定方案"等相关内容。除了这些通常情况下明确成文的规定,行政机关在一些特殊情况下还可以对特定行政行为取得合法性,如行政协议、行政允诺以及基于行政机关的在先行为等,使行政机关可以作出通常情况下不得实施的行为。

行政行为违法除了行政机关作出行政行为没有职责来源依据的合法性缺失外,还有可能是履职行为本身不合法,即行政机关在事实认定、法律适用以及程序方面不符合法律规定。另外,在履行之诉案件中行政违法表现是应为而不为,一般是行政机关未能穷尽法定监督管理手段,在客观上仍有履职可能性的情况下,不作履职的努力或者尝试,构成不作为违法。

(三)公益受损性

检察机关提起行政公益诉讼的制度设计和构建,是新时代条件下尝试由司法监督权对行政权行使进行一种适度的介入和干预,这当然是出于保护国家利益或者社会公共利益不受侵害的终极目的。公益诉讼检察监督真正要解决的实质性法律问题,实际上就是公益损害问题。因此,检察行政公益诉讼履职办案,必须紧紧围绕公共利益维护这一中心任务,与国家利益和社会公共利益没有关系的内容则被排除在外。国家利益和社会公共利益的内容不仅限定了诉讼请求的内容,同时也划定了检察机关提起行政公益诉讼的范围、条件以及立案后的检察调查的方向。

检察行政公益诉讼的初衷在于维护国家利益和社会公共利益,故其最终的诉讼请求必要囿于该保护公共利益之初始目标,凡与该初衷无关的内容均不应出现在检察机关提出的诉求内容之中。然公共利益本身若"普罗透斯之脸",常处于变动不居之中,故其内涵具有很强的包容性和适应性,可以根据不同案件的不同背景作出相应的调整与取舍。但发生国家利益或者社会公共利益受侵害的事实或者危险,是检察机关启动公益诉讼的必要条件和基础。坚持行政公益诉讼的公益保护原则,可以防止检察机关对公权力的滥用,也可以防止随意扩大行政公益诉讼的范围,从而造成国家司法资源的浪费。

二、检察行政公益诉讼实质可诉性之基础

建立检察行政公益诉讼制度当初的设想,就是既要发挥行政权的功能和积极性,同时又能限制其违法行使或者不作为所可能带来的破坏和消极性,但检察权对行政权的干预应保持一个合理的边界,遵守有限监督原则,做到到位而不越位,避免对行政管理的不当干预。检察行政公益诉讼的可诉性,除了要具备形式可诉性,还要具备实质可诉性之基础。概括起来,主要有四个方面。

(一)对象准确

有适格的诉讼主体就是检察机关提起公益诉讼时,不仅要有明确的被告,而且该被告还必须符合法律规定条件,是依法应当承担法律责任的主体。行政公益诉讼中确保主体适格就是要准确确定监督对象,这是确保检察监督有效性的关键环节。对于被监督行政机关的确定,一般遵循"谁行为,谁担责"的原则,把负有法定监督管理职责但却违法行使职权或者不作为的行政机关作为监督对象。监督对象的精准选择直接决定了检察监督的针对性和有效性。例如,将仅具有协调职能的部门列为监督对象,很可能会因为权责不匹配导致问题整改不力,使监督无法达到目标和应有效果。若监督对象不精准,不仅可能导致行政机关推诿责任或履职不能,甚至因缺乏可诉性导致行政公益诉讼败诉或者司法裁判无法执行,从而直接影响监督效能和司法权威性。因此,准确选择适格主体作为监督对象,能够避免重复监督或者无效诉讼,减少司法资源浪费。

精准确定监督对象需要严格依据法律、法规及"三定方案"等规范性文件,避免泛化监督或者错位监督。行政公益诉讼通过精准确定监督对象,认定行政机关的具体职责,明确其履职边界,既可以倒逼行政机关强化责任意识,也为司法审查提供明确标准,推动法治政府建设。

(二)程序规范

法治既是规则之治,也是程序之治。实体公正和程序公正都是司法公正的重要组成部分,程序公正是实现实体公正的必要前提和手段,实体公正则是程序公正的最终目的和结果。[1] 检察权在行使的过程中,必须恪守检察权的定位,不能逾越宪法和法律的授权边界,以立法本意为初衷,运用法律规定的手段,依照法定程序,追求法定目标,在法律范围内运行。[2]

明确和遵循程序规范原则,既是司法实践的现实需求,同时也是国家治理现代化的内在要求。程序合法、规范是法律监督的前提,同时也是监督刚性的基础。程序规范原则通过规则设计的精细化和办案流程的明确化,以"制度之治"回应时代之需,既激活检察权的公益守护功能,又筑牢权力行使的堤坝和藩篱。规范化的调查核实、磋商听证、检察建议制发、审查起诉、第三方评估等,既可以赋予检察机关有效的履职手段,又能避免权力越界。例如,检察机关在行政公益诉讼中通过规范履行起诉前置程序,不仅可以推动治理从"末端应对"转向"源头防控",还可以有效提升社会治理效能。检察行政公益诉讼的启动和运行必须符合法定条件和程序,遵循司法规律,办案人员也必须熟悉相关法律法规和程序规定,做到不越权、不违法,程序合法、形式规范。

---

[1] 参见应勇:《高质效办好每一个案件 努力让人民群众在每一个司法案件中感到公平正义》,载最高人民检察院官网,https://www.spp.gov.cn/tt/202410/t20241008_668110.shtml。

[2] 参见孙谦:《新时代检察机关法律监督的理念、原则与职能——写在新修订的人民检察院组织法颁布之际》,载《检察日报》2018年11月1日,第5版。

(三) 监督有度

从权力性质和运行效果来看，行政权相对来讲更具有效率和活力，在具体领域和职责范围内也更具备相应的专业性。为适应现代经济社会发展中公权力运行规律，在行政公益诉讼中，检察机关监督履职时需要尊重行政机关行政处理的优先权，尽可能地督促其自行纠正违法或者不当行政行为，以保持行政权的能动与自主性。检察权介入行政管理的前提是，负有监督管理职责的行政机关违法行使职权或者不作为已成为事实，只有在这种情况下检察机关才能启动监督程序。而在行政机关实施行政管理之前或者过程中，检察机关应当予以相应的尊重。[1] 除非是在公共利益遭受重大而急迫的损害风险的极端情况，否则检察机关的监督应当以事后监督为原则。

检察机关在行政公益诉讼中督促行政机关依法履行职责，并不是要代替行政机关作出行政行为，因为行政机关在行政管理中应当享有相应的自由裁量权。随着现代经济社会的发展，很多领域越来越呈现高速化、高风险的特征，为了更好地维护公共秩序和利益，客观上需要行政机关监督管理的范围和内容不断拓展来作为回应。在这种形势下，要想使行政机关行使权力的效果符合立法授权的初衷，而不偏离维护公共利益的目标，除了行政机关强化自我规范性之外，合理的外部监督是必由之路，而由司法权对行政机关的行为进行必要的审查和干预也就成了应有之义。但为了确保行政管理目标的实现，这种审查和干预又必须遵循专业性和尊重行政机关的裁量权等原则。对于损害国家利益和社会公共利益的行为，行政机关依法可能会同时或者依次递进地运用多种监管方式来实现其监管目标，至于具体如何选择适用则属于行政机关自主决定的范畴，司法权对此需要秉持一种理性的谦抑态度。

根据我国的制度设计，检察机关通过行政公益诉讼履职，可以对法律规定领域内的行政行为的合法性和合理性进行必要的审查和法律监督。但公益诉讼既是督促之诉，同时也是协同之诉，在检察履职过程中除了进行监督督促，对

---

[1] 参见傅国云：《行政检察监督研究：从历史变迁到制度架构》，法律出版社2014年版，第116页。

行政机关合法行使行政权力的行为还应当予以配合和协助。检察权对行政权的监督和干预应该始终秉持一种适度的克制态度,让行政机关保留其应有的行政裁量空间,检察机关不能连行政机关进行行政管理的具体内容和细节都加以干涉,更不能代替行政机关进行监管处罚。

(四)公正合理

公正合理是现代法治社会中平衡公权力与私权利、公益与私益关系的重要原则,在检察行政公益诉讼制度设计和运行中有着重要影响。公正合理作为司法领域遵循的一项原则,与行政管理中奉行的比例原则实质上有着很多相同的内容。比例原则最初主要适用于立法或者行政管理领域,指立法机关或者行政机关针对同一立法或者管理目的的达成,可以有多种方式或者手段进行选择时,应当选用对人民造成最小损害效果的手段,尽可能选取对人民权利侵犯或者限制最少的方式。①

在检察行政公益诉讼领域,公正合理原则对检察机关检察权的运用同样有着重大的指导意义。在监督方式上,如果有多种途径可以选择的话,检察机关应当选择最有利于发挥行政机关能动性和管理成效的方式。在实体上,如果涉及行政机关的自由裁量权运用,就应当充分尊重行政机关在管理上的专业性和自主性。在程序上,如果通过磋商、检察建议等督促履职方式就可以解决的,就不要选择对行政机关提起公益诉讼的手段。

三、提升行政公益诉讼可诉性的多维价值与意义

从本质上来讲,行政公益诉讼制度的提出和确立,反映出国家治理现代化的深层逻辑——将行政行为纳入司法审查的法治轨道,通过程序正义来实现实体正义。这种制度演进既补强了行政系统的自我纠偏能力,又构建了多元主体协同治理的法治框架,为打造共建共治共享的社会治理格局提供了司法保障样本。因此,强化提升行政公益诉讼的可诉性,是构建法治中国、推进治理能力现

---

① 参见城仲模:《行政法之一般法律原则》,台北,三民书局1999年版,第142页。

代化的客观需要,在宏观层面和实践层面有其多维度的价值和意义。

(一)提升行政公益诉讼可诉性是促进国家治理现代化的需要

通过司法途径推进依法行政和政府法治化建设,将治理矛盾纳入法治框架,既降低了社会治理成本,又提升了政府公信力。通过提升行政公益诉讼的可诉性来促进行政行为的规范性,并进行有效配合。"放管服"改革、优化营商环境等国家战略部署,推动法治政府与法治社会的协同发展。就权力运行而言,行政公益诉讼优化形成了司法权与行政权的新型互动模式。这种将司法监督嵌入行政管理过程的制度设计,既避免了权力对抗的治理内耗,又强化了对依法行政的刚性约束。因此,提升行政公益诉讼可诉性,是完善中国特色法治体系的重要举措,对推进国家治理现代化具有深远意义。

(二)提升行政公益诉讼可诉性可以优化重塑公共利益的法治保障机制

行政公益诉讼制度的建立和完善,通过降低诉讼门槛、扩大受案范围,使行政机关怠于履职或违法行政行为的纠错机制更为畅通,填补了传统行政监督的空白。2017年6月国家立法机关对《行政诉讼法》进行修订,明确将生态环境、食品药品安全等领域纳入公益诉讼范围,有效遏制了"公地悲剧"的发生。提升行政公益诉讼可诉性,检察机关通过个案之诉体现普遍性的司法价值引领,可以从理念和机制上实现对公共利益法治保障机制的优化重塑。

(三)提升行政公益诉讼可诉性可以有效强化法治监督效能

不同于传统对抗式诉讼,行政机关在起诉前置程序中主动履职一直保持很高的比例。根据最高人民检察院2024年11月发布的专项报告,自2017年7月至2024年9月全国检察机关共提出行政公益诉讼检察建议77.8万件,行政机关回复整改率达98.8%。[①] 可以说,行政公益诉讼实现了司法监督与行政自

[①] 参见《最高检专项报告:七年多来向行政机关发出检察建议后回复整改率近100%》,载最高人民检察院官网,https://www.spp.gov.cn/spp/xzjcgzbg/202411/t20241106_671209.shtml?_refluxos=a10。

我纠错的良性互动,形成"以诉促改"的制度优势。检察机关通过提起公益诉讼,既维护了公共利益,又倒逼行政机关提升依法行政水平。进一步提升行政公益诉讼的可诉性,可以不断提高检察监督的精准性和有效性,从而实现强化法治监督效能的效果。

四、提升检察行政公益诉讼可诉性路径

近年来提起的行政公益诉讼,虽然检察机关提出的诉讼请求在绝大部分的案件中得到裁判的支持,但是仍然有少数案件面临败诉的风险。少数未得到支持的案件,除了案件事实等方面的因素,主要就是案件在可诉性方面存在问题。在实践中,行政公益诉讼的可诉性可能会存在以下问题:监督对象错误、监督内容偏差、监督不够精准、超出职责范围,等等。

检察公益诉讼的可诉性不是在提起诉讼和法院审理阶段才需要关注的问题,更需要从检察立案环节开始。为确保检察行政公益诉讼案件可诉性,除了坚持在法定范围内履职,在线索评估、立案受理、调查取证、前置程序、审查起诉过程中按照规定的步骤、方式、顺序、时限等依法依规履行程序外,还需要精准确定监督对象,根据诉讼类型合理确定诉求内容,注意保持与检察建议的对应性,在内容上做到具体适度。

(一)精准确定监督对象

行政公益诉讼指向的对象要精准无误,这是是否具备可诉性的前提。要做到精准确定监督对象,必须做到以下几点:

首先,要准确理解监督管理职责。行政机关的具体职责既有宏观上的计划、组织、指挥、调节性等职责,也有微观上的对违法行为进行处理的职责。"监管职责"这一概念本身在行政公益诉讼中是极为关键的表述,对其如何理解和界定将对检察机关履职办案产生非常重要的影响。"监管职责"应是指行政机关以监督方式履行管理职责,即行政机关依法能够独立地以自身名义对行政违法行为进行调查处理或对公共事务进行管理。司法实践中,还会经常遇到法律法规授权的组织、行政机关委托的组织以及开发区管理机构等三类特殊主体,此时应当严格按照《最高人民法院关于适用〈中华人民共和国行政诉讼法〉的解释》(2017年11月通过)第20条、第21条的规定来执行。

其次,坚持直接因果关系原则。要准确确定行政公益诉讼的监督对象,需要查明行政机关的违法行为与公共利益受损之间是否存在直接的关联。如果存在多个部门职责交叉,则应厘清并确定直接责任主体。而要做到这一点,还必须以法律、法规规定作为依据。对于一些职责不清或交叉案件,尝试根据"从事项到部门、从领域到部门"的原则,明确案件属于何种事项或领域,然后再进一步确定哪一机关应作为监督对象。如对于河道污染案件,如果是因为水利部门监管失职所导致,则不能因为生态环境部门对环境保护工作负有统一监督管理职责而承担本应由水利部门承担的责任。

最后,注意行政机关职责的调整变化。对于因机构改革发生职能转移的部门,应当根据职权承继关系来确定责任主体。如2018年至2019年,我国对国家机构进行了一轮较大范围的改革调整,原国土部门、工商部门的职能、人员都有了较大的变化,其大部分职权分别划转到自然资源、市场监管部门,而到了2023年、2024年,中央和地方又进行了新一轮的党和国家机构改革,又有新的情况发生。行政公益诉讼在确定监管对象时,应关注机构改革和职能调整的动态情况,只能将现职能部门作为监督对象。

(二)分类确定监督内容

对于不同类型的案件,检察机关在督促行政机关履职时可以采取不同的应对模式。行政机关作出行政行为存在主要证据不足,适用法律、法规错误,违反法定程序,超越职权、滥用职权或者明显不当情形,致使国家利益或者社会公共利益受到侵害的,检察机关应当要求撤销或部分撤销特定行政行为。当然要求撤销特定行政行为的同时,也可以建议行政机关重新作出行政行为,即建议其对某损害公益的行为重新作出处理。

在行政公益诉讼案件中,对违法行政行为实施主体不具有行政主体资格、行政行为明显缺乏依据,或者行政行为依法应当撤销但撤销可能会对公共利益造成重大损害,或者违法行政行为不具有可撤销内容,行政机关已经改变原违法行政行为但确认违法仍具有重大意义,行政机关不履行或者拖延履行时过境迁重新履行已经没有现实意义等情形,检察机关可以明确指出行政机关已经作出的行政行为违法或无效,并要求行政机关采取补救措施。

对于行政机关不履行或者拖延履行法定职责,导致公共利益受到侵害的情形,检察机关可以建议行政机关对损害公益的行为在明确的期限内依法履行监管职责,切实保护公共利益不受侵害。对行政处罚明显不当而侵害公共利益的,检察机关应当督促作出行政处罚的行政机关予以变更。此时需要明确变更后行政处罚的具体内容,包括可能涉及的罚款数额等。

(三)规范制发检察建议

行政公益诉讼是检察机关对行政机关的行政管理行为履行法律监督职责,那就必须尊重检察权、行政权的运行规律,监督对象的选择、行为性质的确定、法律责任的主张以及监督要求的提出都应做到规范有度。因此,检察机关督促行政机关履职内容不仅要有确实充分的证据来支撑,而且必须有明确的法律依据,其内容在行政机关监督管理职责范围内,检察机关督促行政机关依法履职的程序完备而无明显瑕疵。检察监督要以具有确实充分证据证明的客观事实为基础,提出的监督必须有明确的法律依据。如果检察建议或者诉讼请求内容缺乏法律依据、证据支撑或者超出合理范围,其法律监督是没有刚性效力的,不仅检察建议难以落实,提起的诉讼也很难得到法院的支持。

行政公益诉讼的诉求既要具体明确但又不能代替行政机关作出行政行为,因为行政权具有一定的自由裁量权。为了对行政权进行有效制衡,立法机关授权司法机关对行政权开展相应的监督,以确保其不偏离维护公共利益的轨道。但司法权对行政权的监督和制约又有着明确的边界,大多时候要遵循行政优先的原则,即不得干预行政权的自由裁量。因此,检察机关在行政公益诉讼中提出的检察建议和诉讼请求内容既不能过于具体,又不能失之于笼统,需要保持适度的具体,做到既不越俎代庖,侵犯行政机关的自由裁量空间,而又使行政机关在整改中能有着较为明确的履职目标和标准。

在司法实践中,行政机关依据检察建议履职整改后,有可能发生形势变化致使公共利益仍处于受侵害状态。对于这种情况检察机关应当根据新的形势和情况进行沟通评估,如果符合法定监督条件就重新制发检察建议,而不应当基于前面已制发的检察建议直接提起公益诉讼。因为如果这样做的话,很可能会出现后来的诉讼请求内容超出原检察建议内容的情况。

(四)精准提出诉讼请求

按照我国公益诉讼的制度设计,检察机关提出公益诉讼检察建议督促行政机关依法履行职责是随后提起诉讼的必经前置程序。行政机关在收到检察建议后,如果没有采纳检察建议,未依法履行监管职责,是检察机关提起行政公益诉讼的基础和前提。在行政公益诉讼中,法院审理的重要内容之一就是行政机关收到检察建议后采纳情况如何,是否依法履职。如果行政机关未依法履行监管职责,检察建议的内容完全没有实现,则诉讼请求应当与检察建议的内容保持一致。如果行政机关采纳了检察建议的部分内容并已经整改落实,则诉讼请求仅应指向检察建议未被采纳或实现的部分,并将检察建议中已经实现的部分内容在起诉书的"事实与经过"部分交代清楚。如果行政机关接到检察建议后进行了整改,但其整改落实的情况未达到预期效果,则相应的诉讼请求应该根据整改的实际效果重新确定。一个必须注意和避免的情况是,检察机关提出的诉讼请求决不能超出检察建议的内容,超出部分由于未履法律明确要求的建议程序,因此不能提起相应的诉讼请求,如果强行提起则面临败诉的风险。

如果行政机关虚假履职或者敷衍应付,并未采取实际有效的整改措施,也不存在其他正当理由,检察机关诉讼请求则可以首先要求确认行政机关的履职行为违法,并要求责令该行政机关在一定期限内依法履职。此时,由于行政机关在主观上存在一定的故意,检察机关要求履职的内容在具体表述上可增加针对性,此时诉讼请求与检察建议在内容上可出现一定的差别,而不必保持完全的一致性。

可诉性是检察公益诉讼案件办理的实质性标准和规范性要求,公益诉讼检察履职必须在提升案件可诉性上下功夫,通过可诉性的提升来促进案件办理的精准性、规范性。检察行政公益诉讼除了适用起诉前置程序做好督促履职工作,同时也需要强化通过诉的方式、诉的形态来解决问题。对于公益诉讼检察建议解决不了问题的,检察机关要能够和敢于以"诉"的形式来履行法律监督职责,通过诉的确认体现司法价值引领,起到"起诉一件、促治一片"的效果。

第四节 检察民事公益诉讼惩罚性赔偿的适用

民事领域的惩罚性赔偿在我国立法中出现较晚,此项制度具有补偿和惩罚的功能,能够提高不法行为人的违法成本,弥补不法行为产生的不良后果,保护重要法益。[①] 检察机关办理民事公益诉讼是否适用惩罚性赔偿、如何适用惩罚性赔偿,在当下还存在不同的认识和主张。生态环境侵权案件具有累积性、潜在性等特点,惩罚性赔偿在生态环境领域的适用能够有效遏制环境侵权行为的发生,有效保护生态环境。[②] 同生态环境领域一样,在食品药品等其他公益诉讼检察履职领域也存在学习研究、探索应用惩罚性赔偿的问题。

一、我国民事领域惩罚性赔偿制度的建立和发展

惩罚性赔偿制度在我国主要经历了三个阶段。

(一)法律允许个体消费者在产品侵权领域提出惩罚性赔偿诉求

1993年10月制定的《消费者权益保护法》是我国第一部引入惩罚性赔偿制度的法律,该法第49条规定:"经营者提供商品或者服务有欺诈行为的,应当按照消费者的要求增加赔偿其受到的损失,增加赔偿的金额为消费者购买商品的价款或者接受服务的费用的一倍。"2009年2月通过的《食品安全法》,大幅增加了惩罚性赔偿的额度,该法第96条第2款规定:"生产不符合食品安全标准的食品或者销售明知是不符合食品安全标准的食品,消费者除要求赔偿损失

[①] 参见王利明:《美国惩罚性赔偿制度研究》,载《比较法研究》2003年第5期。
[②] 参见蔡祎晗、邱帅萍:《审慎适用生态环境损害惩罚性赔偿之浅见》,载《检察日报》2024年2月1日,第5版。

外,还可以向生产者或者销售者要求支付价款十倍的赔偿金。"2013年10月,立法机关对《消费者权益保护法》进行了修正,加重了对于经营者欺诈的惩罚力度,将原来2倍赔偿增加为消费者购买商品的价款或者接受服务费用的3倍,最低为500元。若经营者明知商品或者服务存在缺陷,仍然向消费者提供,造成消费者或者其他受害人死亡或者健康严重损害的,受害人有权要求经营者依照《消费者权益保护法》第49条、第51条等法律规定赔偿损失,并有权要求所受损失2倍以下的惩罚性赔偿。

2015年4月,立法机关在修订《食品安全法》时,对第148条第2款的惩罚性赔偿条款作了相应修改:一是生产不符合食品安全标准的食品或者经营明知是不符合食品安全标准的食品,消费者既可以选择要求支付价款的10倍赔偿金,也可以要求损失3倍的赔偿金;二是增加赔偿的金额不足1000元的,为1000元;三是食品的标签、说明书存在不影响食品安全且不会对消费者造成误导的瑕疵的情形除外。其中第三点变化将食品领域标签瑕疵排除在惩罚性赔偿之外,将关注点集中在食品安全本身,减少了职业打假人因为牟利性行为提起的大量产品标识瑕疵之诉,节约了司法审判资源,也回归了惩罚性赔偿的立法本意。在最高人民法院2024年1月发布的第六批指导性案例中,孙银山诉南京欧尚超市有限公司江宁店买卖合同纠纷案(指导性案例23号)[1]明确,知假买假的个体消费者属于《消费者权益保护法》所界定的消费者,知假买假是消费者主动行使监督权利的一种方式,但是以营利为目的有组织、职业化的职业打假组织则被排除在外。

在这一阶段,惩罚性赔偿制度的依据主要是《消费者权益保护法》《食品安全法》,在实务中主要应用在产品侵权即消费者权益保护领域。虽然《消费者权益保护法》第34条授权消费者协会就损害消费者合法权益的行为支持受损害的消费者提起诉讼或者依照本法提起诉讼等,第47条规定"对侵害众多消费者合法权益的行为,中国消费者协会以及在省、自治区、直辖市设立的消费者协

---

[1] 参见《最高人民法院关于发布第六批指导性案例的通知》,载最高人民法院官网,http://gongbao.court.gov.cn/Details/eda7ec2c3f19beba74278e4e331eb4.html?_refluxos=a10,最后访问日期:2025年3月11日。

会,可以向人民法院提起诉讼",但在实践中,极少出现省级以上消费者协会诉讼主张惩罚性赔偿,绝大多数的诉讼主体为个体消费者和职业打假人。总体来看,立法本意应当是鼓励消费者积极行使民事诉权,授权消费者协会代表众多消费者提起诉讼,是为了改变消费者因个体分散、信息资源不对称等面对不法行为人所处的弱势地位,以降低消费者的维护门槛,提高其维权意识,同时增加不法行为人的违法成本,剥夺其非法利益,从而达到双方权利义务相平衡的目的。

(二)检察机关探索提出惩罚性赔偿诉求

2017年6月,全国人大常委会修订《民事诉讼法》《行政诉讼法》,赋予了检察机关在关系国家利益和社会公共利益的特定领域提起民事、行政公益诉讼的资格,检察公益诉讼制度正式设立,检察机关成为继个体消费者、消费者协会等主体之后可以在食品侵权等特定领域主张惩罚性赔偿的又一主体。作为宪法规定的国家法律监督机关,检察机关的调查取证能力与手段,明显超过个体消费者与消费者协会等社会组织,检察机关在起诉前要督促有权机关和社会组织提起诉讼,根据相关法律规定履行以公告为主要内容的起诉前置程序;为弥补个体消费者与消费者协会等组织调查取证能力的不足,设定了检察机关支持起诉的程序。在其他适格主体均不提起诉讼的前提下,检察机关可以提起民事公益诉讼。

近年来在实践中检察机关多以刑事附带民事公益诉讼的方式,对食品安全领域侵害不特定多数人利益的违法行为提出3—10倍的惩罚性赔偿之诉。仅在2020年、2021年两年时间里,全国检察机关食药领域提起民事公益诉讼3200余件。其中,提出惩罚性赔偿诉求的占起诉案件总数的80%以上。[①] 民事公益诉讼中惩罚性赔偿制度的适用,严厉打击了一批食品领域制假售假的不法经营者,使其既要承担刑事责任,也要承担较大数额的民事惩罚性赔偿金,还

---

① 参见正义网:《最高检发布检察机关食品药品安全公益诉讼典型案例》,载海南省人民检察院网,https://www.hi.jcy.gov.cn/webSite/module/M101/view/793025/00500008,最后访问日期:2025年4月13日。

要在媒体上公开赔礼道歉,从而有力地震慑了潜在的违法者。大量案件的成功办理,使检察机关积累了很多成功经验,但同时也发现了一些问题,这都为立法机关修改完善相关法律提供了鲜活的素材和宝贵的实践经验。

(三)惩罚性赔偿的扩大适用与体系化

2021年1月1日开始实施的《民法典》整合了众多特别法和司法解释中的惩罚性赔偿规则,有不少条款都规定了惩罚性赔偿的内容,如第1185条的知识产权侵权责任、第1207条的产品侵权责任和第1232条的生态环境侵权责任。而在《民法典》之外,惩罚性赔偿制度还规定于《消费者权益保护法》(2013年10月修正)第55条、《食品安全法》(2021年4月修正)第148条第2款、《旅游法》(2018年10月修正)第70条、《著作权法》(2020年11月修正)第54条、《商标法》(2019年4月修正)第63条第1款、《专利法》(2020年10月修正)第71条第1款、《反不正当竞争法》(2019年4月修正)第17条第3款以及《优化营商环境条例》(2019年10月通过)第15条第1款、《最高人民法院关于审理医疗损害责任纠纷案件适用法律若干问题的解释》(2020年修正)第23条等。

通过《民法典》的统合,惩罚性赔偿的一般规定与《消费者权益保护法》《食品安全法》《环境保护法》(2014年4月修正)等特别法共同构成的惩罚性赔偿规则体系初步形成。在此一阶段,之前作为例外的惩罚性赔偿制度在民事法律大框架内获得了整体承认和系统安排,惩罚性赔偿被限定在知识产权、产品侵权和生态环境侵权领域。我国立法中有关惩罚性赔偿体系的形成对检察机关依据法律授权开展相关领域的惩罚性赔偿探索提出了更高的新要求,还需要在实践中不断地学习、研究和适用惩罚性赔偿制度。

二、惩罚性赔偿适用在实践中遇到的问题

检察机关在实践中适用惩罚性赔偿主要集中在食品安全领域,当然在生态环境领域也有尝试,从形式上看主要采取刑事附带民事公益诉讼的方式。在办案实务中,惩罚性赔偿的适用主要遇到了以下困难和问题。

（一）法律规定不明确

《民法典》第 1232 条在法律层面明确了生态环境损害惩罚性赔偿制度。但是,有关惩罚性赔偿是否适用于生态环境民事公益诉讼,法学界存有争议,国家层面也未有明确立法。[①]《民事诉讼法》虽然赋予了检察机关在生态环境、食品药品安全等领域提起民事公益诉讼的权力,但是对权利如何主张、权利具体内容并没有规定。根据《食品安全法》第 148 条的规定,消费者可向生产者或者经营者要求价款 10 倍或者损失 3 倍的赔偿金。从此条规定可以看出,《食品安全法》仅赋予了消费者要求惩罚性赔偿的权利,对于其他机关和组织并未有规定。而根据《最高人民法院关于审理消费民事公益诉讼案件适用法律若干问题的解释》(2020 年修正)的规定,检察机关提起公益诉讼可以提出赔偿损失、赔礼道歉等诉讼请求,仍然未对检察机关能否提出惩罚性赔偿的诉讼请求作出明确规定。

（二）实务操作不确定

《食品安全法》仅明确赋予了消费者要求惩罚性赔偿的权利,《最高人民法院、最高人民检察院关于检察公益诉讼案件适用法律若干问题的解释》则赋予了检察机关以"公益诉讼起诉人"身份提出诉讼请求的权利。但实践中由于法律规定的缺位,部分审判人员对检察机关提出惩罚性赔偿诉讼请求持保留态度且在部分专家和法律实务界同志看来,似乎检察机关在公益诉讼中提出惩罚性赔偿请求的依据不够明确。

三、检察民事公益诉讼提出惩罚性赔偿诉求的正当性基础

惩罚性赔偿核心在于对加害人科以远远超过其因故意侵权行为所造成实际损失的赔偿责任,从而达致教育和震慑潜在侵权人,预防将来可能发生之侵

[①] 参见徐日丹:《生态环境损害惩罚性赔偿:好制度如何才能稳妥落地》,载《检察日报》2023 年 9 月 14 日,第 5 版。

权行为的目的。① 诸如生态环境类的侵权具有累积性、潜伏性、缓发性、公害性等特点,长期以来一直存在违法成本过低的现象,这也是造成破坏生态环境的违法行为屡禁不止的重要原因。检察机关在民事公益诉讼中提出惩罚性赔偿诉求有其正当性基础,能够发挥积极、正向的制度价值和社会功能。

惩罚性赔偿制度作为一种舶来品,在我国已有较为成熟的实践经验,其具有的威慑、预防和惩治的功能有着近似于刑法或行政法中的"公法惩治"效果。惩罚性赔偿制度创立以来,在惩罚那些恶意侵犯他人权利、主观恶性严重的侵权行为方面发挥着积极而明显的作用。我国传统民事领域普遍适用的是补偿性赔偿机制,对于受害权益的救济只需达到恢复至原状即可,即所谓的填平原则。但考虑到维权者在物质、精神上所付出的巨大维权成本,填平原则对受害人的实际补偿水平是偏低的,远远达不到惩罚的目的。

补偿性赔偿对侵权人来说,根本毫无畏惧感可言,因为侵权人通过侵权行为所获得之利益往往高于其所要承担的赔偿责任。② 这就很容易使违法行为人错误地认为,自己所要承担的守法成本远远高于可能存在的违法成本,从而让本该发挥警示、教育、指引作用的法律,实际上成为鼓励行为人铤而走险、实施侵权行为的条文。长期以来,社会公众作为理性经济人,大多认为生态环境、市场秩序等公共利益不如经济利益重要,不惜以牺牲公共利益为代价贪婪追逐个人更高的经济利益。惩罚性赔偿能够增加侵权人的违法预期成本,使其必须承担起应该履行的守法诚信的谨慎义务。

惩罚性赔偿金具有两大功能,一是对受害人的超额损失赔偿功能;二是对不法侵权行为的惩戒、遏制功能。惩罚性赔偿让受害人所遭受的直接损失以外的其他损害,以及那些难以收集证据予以证明的损害得到赔偿,又让侵权人受到严厉的经济制裁,防止将来重犯,同时达到警醒、教育他人的目的。因此,在消费者及环境污染受害人不提起诉讼且侵权行为损害了社会公共利益的情况

---

① 参见周骁然:《论环境民事公益诉讼中惩罚性赔偿制度的构建》,载《中南大学学报(社会科学版)》2018年第2期。
② 参见王树义、刘琳:《论惩罚性赔偿及其在环境侵权案件中的适用》,载《学习与实践》2017年第8期。

下,检察机关作为公共利益代表,从保护公益出发提起公益诉讼,主张惩罚性赔偿符合相关法律规定和立法精神,与消费者及环境污染受害人个体提出惩罚性赔偿金方面具有同样的主体地位。公益诉讼如果不能适用惩罚性赔偿金,既不能有效防止恶意侵权人收益大于赔偿的情形,使对其的惩戒效果大打折扣,而且也不能对其他经营者形成有效的警示和震慑。因此,检察机关在公益诉讼中提出惩罚性赔偿非常必要,对维护不特定消费者和环境污染受害者的合法权益,加大公益保护力度具有积极意义。

正是因为正当性基础牢固,故近年来对于在环境民事公益诉讼中适用惩罚性赔偿,在司法实践中逐渐取得了共识,并被司法解释固定下来。2022年1月,最高人民法院印发《关于审理生态环境侵权纠纷案件适用惩罚性赔偿的解释》第12条规定:"国家规定的机关或者法律规定的组织作为被侵权人代表,请求判令侵权人承担惩罚性赔偿责任的,人民法院可以参照前述规定予以处理。但惩罚性赔偿金数额的确定,应当以生态环境受到损害至修复完成期间服务功能丧失导致的损失、生态环境功能永久性损害造成的损失数额作为计算基数。"该解释自2022年1月20日起施行。

四、提出惩罚性赔偿诉讼请求实务问题

惩罚性赔偿作为对传统损害赔偿填平原则的一种突破,通过让主观上具有恶意的违法行为人承担超出实际损害数额的赔偿,达到充分救济受害人、制裁恶意侵权人的效果,具有惩罚、震慑、预防等多重司法与社会功能。检察机关在民事公益诉讼中提出惩罚性赔偿诉讼请求虽有其正当性基础,但在实务中也确实面临不少亟待解决的问题。

(一)诉讼请求的选择

在食品药品安全领域,食品和药品案件主张惩罚性赔偿所依据的法律不同,提起的条件不同,其标准也不同。根据"特别法优先适用"原则,食品类案件应适用《食品安全法》,主张惩罚性赔偿的条件是侵权人"生产不符合食品安全标准的食品或者经营明知是不符合食品安全标准的食品",被侵权人或者其代表可主张所支付价款 10 倍或者损失 3 倍的赔偿金。①药品类案件则只能适用《消费者权益保护法》，主张惩罚性赔偿的条件是"经营者提供商品或者服务有欺诈行为"，被侵权人或者其代表主张所支付价款 3 倍赔偿金。但要注意的是原告对自己的权利有自由处分权，应把法律规定的 10 倍或 3 倍视为最高限值，具体主张倍数可根据侵权情节、被告的承受能力、判决执行效果进行确定，以达到法律效果和社会效果的统一。

惩罚性赔偿作为附加性责任，必须以补偿性损害赔偿的成立和确定为基础。在食品药品安全领域，检察机关要贯彻落实"最严谨的标准、最严格的监管、最严厉的处罚、最严肃的问责"要求，在公益诉讼中积极探索提出惩罚性赔偿诉讼请求。在生态环境领域，首要的价值目标应该是生态环境的修复和保持，而非仅仅要求侵权人承担惩罚性赔偿责任。为了早日使受损的生态环境得到修复，在民事公益诉讼中，应当凸显《环境保护法》预防为主、防治结合的基本精神，在受损生态环境可被修复的情况下，鼓励引导侵权人积极主动承担生态环境的修复责任。

在生态环境民事公益诉讼中提出惩罚性赔偿诉求，有着严格的适用条件，在构成要件和证明责任分配方面有其独特要求。与普通环境侵权责任适用无过错责任归责原则不同，适用惩罚性赔偿时不仅要求侵权人实施了不法行为且造成了严重的生态破坏、环境污染后果，而且要求侵权人在主观上必须存在故意。此外，根据"谁主张，谁举证"的原则，提出适用惩罚性赔偿的一方需要承担对包括侵权人主观故意状态在内的其所主张事实，提供证据予以证明的责任。至于生态环境惩罚性赔偿金的数额，被侵权人提出惩罚性赔偿应以环境污

---

① 《食品安全法》（2021 年）第 148 条第 2 款规定："生产不符合食品安全标准的食品或者经营明知是不符合食品安全标准的食品，消费者除要求赔偿损失外，还可以向生产者或者经营者要求支付价款十倍或者损失三倍的赔偿金；增加赔偿的金额不足一千元的，为一千元。但是，食品的标签、说明书存在不影响食品安全且不会对消费者造成误导的瑕疵的除外。"《最高人民法院关于审理食品药品惩罚性赔偿纠纷案件适用法律若干问题的解释》（2024 年 8 月公布）第 1 条第 1 款规定："购买者因个人或者家庭生活消费需要购买的食品不符合食品安全标准，购买后依照食品安全法第一百四十八条第二款规定请求生产者或者经营者支付惩罚性赔偿金的，人民法院依法予以支持。"第 2 款规定："没有证据证明购买者明知所购食品不符合食品安全标准仍然购买的，人民法院应当根据购买者请求以其实际支付价款为基数计算价款十倍的惩罚性赔偿金。"

染、生态破坏所造成的人身损害赔偿金、财产损失数额作为计算基数;而检察机关或者其他适格主体在生态环境民事公益诉讼中提出惩罚性赔偿,则应当以生态环境受到损害至修复完成期间服务功能丧失导致的损失、生态环境功能永久性损害造成的损失数额作为计算基数。综合考虑侵权人的恶意程度、侵权后果的严重程度、侵权人所获利益以及侵权人事后采取的修复措施和效果等因素,一般不超过基数的二倍。

(二)惩罚性赔偿与行政罚款、没收违法所得、刑事罚金的关系

行政执法与检察机关提起民事公益诉讼从最终目的上来说都是维护公共利益,行政执法中的行政罚款、没收违法所得及刑事罚金和检察机关提出的惩罚性赔偿实际都包含了惩罚和威慑的目的,这些分属于不同法域的法律责任是否可以并处、如何进行衔接,不管是在理论界还是实务界都存在一些不同的认识。检察机关提出惩罚性赔偿诉讼请求代表的是众多消费者、环境污染受害者的利益,属于私法责任形式,与被告违法行为所应承担的行政处罚和刑事惩处并不矛盾,各自所属法域、制度逻辑、承担的功能、用途去向并不相同。10倍、3倍或者2倍的赔偿金是被告应承担的民事责任,与其所承担的行政责任、刑事责任并不冲突。各种法律责任可以并行不悖,而不是相互冲抵的关系。

侵权人因为同一食品药品安全或者生态环境违法行为被行政机关给予罚款或者被法院判处罚金,虽然不能免除其承担惩罚性赔偿的责任,但可以在确定具体数额时予以综合考虑。当侵权人的财产不能完全承担所有责任时,公权力机关应当遵循谦抑原则,让违法生产者或者经营者优先承担民事责任部分,即属于私法责任形式的惩罚性赔偿应当优先于公法责任形态的行政罚款和刑事罚金。这也符合《刑法》《民法典》《行政处罚法》等法律相关规定,即在责任者财产不足以全部支付时优先承担民事赔偿责任。

(三)提出惩罚性赔偿的公益诉讼与民事私益诉讼的关系

在惩罚性赔偿的适用问题上,质疑检察机关提出惩罚性赔偿的其中一个理由是,检察机关提出的惩罚性赔偿,可能与受侵害的消费者寻求救济的权利产

生冲突。在食品药品安全、生态环境保护等领域，因为各种原因不提起诉讼或者放弃自己权利的消费者占绝大多数，检察机关提起公益诉讼主要目的是惩罚侵权人和震慑潜在的侵权人，提醒和教育公众，而食品药品安全及环境污染事故的受害者是不特定的且极为分散，在很多情况下其损失也无法量化，检察机关惩罚性赔偿请求与受害消费者、环境污染受害者自身的损害赔偿请求权并不矛盾。

在食品药品安全公益诉讼中，如果相关的受害消费者在公益诉讼结案后提出权利主张时，如果检察机关提出的赔偿请求已经覆盖其损害，则该受害者可以提出申领赔偿的请求；如果未覆盖相关受害者的损失，则相关受害者可以另行主张权利。如果检察机关提起诉讼前，已经知道特定受害者的存在，则应告知其可自行主张权利。检察机关提出的惩罚性赔偿请求可能无法完全覆盖所有已经售出的不安全食品的价款，基于食品安全领域及相关公益诉讼的特殊性，应该突破传统的民事诉讼"一事不再理"的原则。消费者及其代表可以选择主张惩罚性赔偿诉讼请求，在相关公益诉讼案件判决后消费者可以依据法院的生效裁决文书从公益诉讼赔偿金中领取。对于超出公益诉讼赔偿金的部分，仍然可以选择另行起诉主张权利。

(四)消费公益诉讼赔偿金的处理

检察机关提起的惩罚性赔偿诉讼请求初衷是维护社会公共利益，那么通过公益诉讼获得的赔偿金也应用于公共利益。但因检察机关的该项诉讼请求本系代表消费者提出的，消费者亦可从中分得相应部分金额。国家各级财政应该设置特定的公益诉讼账户，辖区内同类公益诉讼案件获得的赔偿金应纳入专门账户，实行专款专用。为减少消费者"搭便车"转嫁维权责任的情形，对于提出申请的消费者，应按一定比例在不高于其实际损失数额内分配。根据"取之于公益，用之于公益"的原则，消费者认领完赔偿金之后，剩余的惩罚性赔偿金可适用于涉案受损公益的修复、受害人员的安置、其他同类公益诉讼案件费用等支出，只要保证其仍用于公益事业即可。

第五节 刑事附带民事公益诉讼案件的办理

2018年3月,最高人民法院、最高人民检察院联合发布了《关于检察公益诉讼案件适用法律若干问题的解释》,首次明确对刑事附带民事公益诉讼作出了规定。根据该司法解释第20条第1款的规定,人民检察院对破坏生态环境和资源保护、食品药品安全领域侵害众多消费者合法权益等损害社会公共利益的犯罪行为提起刑事公诉时,可以向人民法院一并提起附带民事公益诉讼,由人民法院同一审判组织审理。该司法解释出台以后,刑事附带民事公益诉讼案件数量迅速增长,在检察民事公益诉讼履职中占据着相当重要的地位。

一、刑事附带民事公益诉讼的价值与功能

刑事附带民事公益诉讼是指行为人的行为在构成刑事犯罪的同时侵害了社会公共利益,检察机关在对行为人提起公诉依法追究其刑事责任时又附带提起民事公益诉讼,要求其依法承担相应的民事责任。与传统的刑事附带民事案件相比,刑事附带民事公益诉讼针对的是社会公共利益遭受侵害的情况,即违法行为人的行为对不特定多数人的权益造成了损失,导致国家利益或者社会公共利益被侵犯,在这种情况下有必要对不法行为人提起公诉的同时,通过提起刑事附带民事公益诉讼的形式,使受到侵害的公共利益得到救济。

2017年4月,当时检察公益诉讼试点期间,安徽省五河县人民检察院就董某伟、董某亚涉嫌污染环境犯罪案[①]提起刑事附带民事公益诉讼,请求法院判令两名被告人赔偿因环境污染造成的损失。这是自检察公益诉讼试点以来,全国检察机关办理的首例刑事附带民事公益诉讼案件。虽然从试点开始,人们对

---

① 参见《两兄弟为牟利倾倒电料废渣污染环境》,载最高人民检察院官网,https://www.spp.gov.cn/xwfbh/wsfbt/201704/t20170417_188230.shtml?_refluxos=a10。

刑事附带民事公益诉讼还存在一些不同的认识和意见①,但这项制度从建立以来巨大的办案数量足以说明现实需求和强大的生命力。

(一)统筹解决违法行为人法律责任

刑事附带民事公益诉讼的模式方便协调推进刑事、民事两个诉讼程序,有利于统筹解决违法行为人的刑事责任、民事责任分配和承担问题。从刑事案件来看,刑事惩罚对督促违法行为人做好公益损害补救无疑将起到极大的推动作用。检察官在刑事诉讼程序中提出定罪量刑的诉求与建议,以实现刑法的惩罚及教育功能。而附带民事公益诉讼致力于解决犯罪行为造成的物质损害,不仅可以维护公共利益,而且对刑事量刑产生积极的影响。根据《最高人民法院关于适用〈中华人民共和国刑事诉讼法〉的解释》(2020年12月通过,以下简称《刑诉解释》)第194条的规定,审理刑事附带民事诉讼案件,人民法院应当结合被告人赔偿被害人物质损失的情况认定其悔罪表现,并在量刑时予以考虑。因为在附带民事诉讼中,具体赔偿情况会被作为法定的量刑情节来考虑,故刑事附带民事公益诉讼被告的赔偿情况会影响其刑事量刑,而且法院通常会以经济赔偿情况来判断刑事被告人是否有认罪悔罪表现。检察机关提起刑事公诉并附带民事公益诉讼,由法院同一审判组织进行审理,有利于全面统筹解决法律责任的承担问题,也能够避免不同法院、不同审判组织在审理相关联的刑事案件或民事公益诉讼时出现协调性缺失的情况。

(二)提高诉讼效率

虽然刑事诉讼和民事诉讼是两个不同的程序,但检察机关提起刑事附带民事公益诉讼所依据的与刑事案件是同一个事实,在诉讼中绝大部分证据是可以转化和共用的。对于侦查机关在侦查阶段收集、固定的证据,检察机关在刑事

---

① 在刑事附带民事公益诉讼制度探索阶段,主要是争论《刑事诉讼法》第101条第2款关于"如果是国家财产、集体财产遭受损失的,人民检察院在提起公诉的时候,可以提起附带民事诉讼"的规定,能否作为检察机关提起刑事附带民事公益诉讼的依据。在这项制度正式确立后,实践中一些从事刑事检察和审判的人员对该制度的适用范围、程序衔接乃至有无必要价值进行质疑并提出不同意见。

和附带的民事公益诉讼中都可以直接审查运用。

如果检察机关审查后认为附带民事部分证据不够充分需要进一步补强,还可以通过刑事诉讼监督程序引导公安机关进行补充侦查。相较于在单独民事公益诉讼案件中,检察机关经常因调查核实保障措施不足而为收集证据所困,由检察院以刑事诉讼审查者、监督者身份介入证据收集的做法无疑有着更多的优势,可以高效协调不同的部门,更有利于形成打击犯罪、维护公益的合力。

(三)充分发挥检察机关公共利益守护功能

人民检察院作为我国的法律监督机关,在对违法行为人进行刑事追诉的同时,以"公益诉讼起诉人"的身份提起附带民事公益诉讼,不仅彰显检察机关作为国家法律监督机关履职的综合性、全面性、彻底性,而且协调推进刑事诉讼与民事公益诉讼程序,也更有利于国家利益和社会公共利益的维护。[1] 对于损害社会公益的案件一并提起刑事附带民事公益诉讼,由同一审判组织在同一时间段内综合考虑解决刑事、民事两种法律责任,不仅能够避免前后两次分别提起刑事诉讼与民事诉讼造成司法资源的浪费问题,还能够统筹修复被破坏的社会秩序和受损的社会公益,更好地发挥检察机关公共利益守护职能。

在当前阶段,检察机关提起民事公益诉讼的案件中单独提起民事公益诉讼案件占比较少,绝大多数为刑事附带民事公益诉讼案件。2018年1—12月,全国检察机关提起民事公益诉讼案件2641件,其中刑事附带民事公益诉讼2476件,单独民事公益诉讼165件,刑事附带民事公益诉讼占全部民事公益诉讼的93.75%;食药领域,2018年全国检察机关提起民事公益诉讼案件836件,其中刑事附带民事公益诉讼790件,单独民事公益诉讼46件,刑事附带民事公益诉讼占全部民事公益诉讼案件的94.49%。2018年8月至2019年8月,食药领域全国检察机关提起民事公益诉讼案件1065件,其中刑事附带民事公益诉讼案件999件,单独民事公益诉讼66件,刑事附带民事公益诉讼占全部民事公益

---

[1] 参见刘艺:《刑事附带民事公益诉讼的协同问题研究》,载《中国刑事法杂志》2019年第5期。

诉讼案件的93.8%。① 2020年1—9月,食药领域全国检察机关提起民事公益诉讼805件,其中刑事附带民事公益诉讼721件,单独民事公益诉讼84件,刑事附带民事公益诉讼占比89.56%。② 由此可见,刑事附带民事诉讼的分量及其在公益维护中的重要作用。

二、刑事附带民事公益诉讼案件起诉条件

根据法律相关规定,经过起诉前置程序后,没有符合条件的法律规定机关和有关组织,或者符合条件的法律规定机关和有关组织不提起民事公益诉讼,社会公共利益仍处于受侵害状态的,检察机关可以以"公益诉讼起诉人"的身份依法提起民事公益诉讼。③ 因此,检察机关提起刑事附带民事公益诉讼条件有两个:一是程序性条件,即经过公告程序,没有适格主体或者适格主体不提起民事公益诉讼;二是损害后果条件,即社会公共利益持续处于受侵害状态。对于程序性条件,一般不会产生争议,只需满足条件即可。

(一)公益受损害程度

公益受损害程度是判断是否符合提起刑事附带民事公益诉讼的重要条件。对于有些案件,虽然刑事部分达到了追诉的门槛,但对公共利益侵害比较轻微,可能不需要通过启动刑事附带民事公益诉讼程序来维护,而可以通过其他诸如和解等程序更为高效率地解决公益受损问题。比如,在非法捕捞类案件中,违法行为人在禁渔期、禁渔区内使用禁用的捕捞工具非法捕捞,获得渔获物不到2千克,也非国家保护动物,虽已满足非法捕捞水产品罪的入罪条件,但不一定

---

① 参见《最高检通报2018年检察公益诉讼工作情况》,载最高人民检察院官网,https://www.spp.gov.cn/spp/zgrmjcyxwfbh/zgjtbjnjcgyssqk/index.shtml?_refluxos=a10,最后访问日期:2025年3月12日。

② 参见《2020年1至9月全国检察机关主要办案数据》,载最高人民检察院官网,https://www.spp.gov,cn/spp/xwfbh/wsfbt/202010/t20201019_482434.shtml?_refluxos=a10#2。

③ 《最高人民法院 最高人民检察院关于人民检察院提起刑事附带民事公益诉讼应否履行诉前公告程序问题的批复》(法释〔2019〕18号)曾专门就刑事附带民事公益诉讼的起诉前置程序进行过解释:人民检察院提起刑事附带民事公益诉讼,应履行诉前公告程序。对于未履行诉前公告程序的,人民法院应当进行释明,告知人民检察院公告后再行提起诉讼。

需要提起附带民事公益诉讼。在这种情况下,违法行为人非法捕捞数额不大,对生态环境虽有一定的影响,但损害是轻微的,经评估案涉非法捕捞行为造成的水生生物资源损害费用不足300元,而且通过刑事打击或行政处罚,已经达到了警示教育及损害赔偿的目的,显然没有必要再提起附带民事公益诉讼,而是可以通过让其主动缴纳相关费用的方式来进行公益修复。

(二)公益受侵害状态

在具体个案中,公益受侵害状态也是提起刑事附带民事公益诉讼的考虑因素之一。公共利益仍处于受侵害状态,存在保护的必要性、紧迫性是提起刑事附带民事公益诉讼的必要条件。公益保护的必要性、紧迫性是指社会公共利益正持续受到侵害,通过刑事打击、行政处罚无法实现生态修复、解决损害赔偿问题,公益无法得到有效保护,必须且只能通过尽快提起民事公益诉讼来解决。

另外,有人认为诉讼请求可执行的评估情况也应当作为判断能否提起刑事附带民事公益诉讼的条件之一。此外,如果诉讼请求要求承担的鉴定费用、修复费用数额较高,不仅远大于损害赔偿数额,而且高于被告的承受能力,可能无法执行,将在很大程度上损害案件的社会效果。而如果提出的诉讼请求无实际价值意义,如在刑事附带民事公益诉讼案件中仅要求被告赔礼道歉(英烈保护类案件除外),社会舆论可能认为检察机关提起刑事附带民事公益诉讼有哗众取宠之嫌,则难以实现检察履职所追求的社会效果。

三、刑事附带民事公益诉讼在实践中遇到的问题

(一)法律规范不明确

在实践中,因为审理刑事附带民事公益诉讼案件的审判组织通常是办理刑事公诉案件的同一合议庭,主要适用的法律规范是《刑事诉讼法》及其司法解释、《民事诉讼法》及其司法解释和《检察公益诉讼适用解释》等。从相关规定来看,由于在刑事、民事司法理念存在差异,两者在侵权赔偿范围上存在明显不同。在刑事附带民事案件中,民事赔偿的范围仅限于实际损失,一般不适用惩

罚性赔偿。例如，根据《刑诉解释》第192条的规定，造成他人人身损害的，只能赔偿为了医治和康复支付的合理费用，如医疗费、营养费、误工费等，其范围甚至不包括残疾赔偿金和死亡赔偿金；造成他人财产毁坏的，也只能请求赔偿实际损失，不可要求赔偿精神损失，不仅在刑事附带民事诉讼中不能要求赔偿精神损失，即使另行提起民事诉讼的，仍适用与附带民事诉讼相同的判赔范围与标准，除非是通过调解或和解的方式结案。而根据有关民事领域法律的规定，对民事侵权行为除可以主张赔偿实际损失外，还可以要求侵权人承担精神损害赔偿责任。由此可见，附带民事诉讼与单纯民事诉讼在赔偿理念上存在明显不同，在公益诉讼实践中也面临不同赔偿标准的适用问题。①

  刑事附带民事诉讼与普通民事诉讼的关系，同刑事附带民事公益诉讼与单纯民事公益诉讼的关系是相似的。按照当前的制度框架，刑事附带民事公益诉讼属于刑事附带民事诉讼的一种特殊形态，应当遵循刑事附带民事案件的基本理念。那么，在附带民事公益诉讼案件中到底能否提出惩罚性的赔偿请求是实践中必须要面对和考虑的问题。目前看来，绝大部分法院办理的刑事附带民事公益诉讼案件均是仅判决赔偿实际损失，但是也存在作出惩罚性赔偿判决的案件。如2021年年初江西省浮梁县人民检察院对A公司环境污染提起刑事附带民事公益诉讼案，法院最终的判决就支持了检察机关提出的惩罚性赔

---

① 从法院主流观点来看，在不同的程序里适用不同的标准有其自身逻辑。立法对附带民事诉讼与单纯民事诉讼的赔偿责任作出不同规定，是与两类诉讼的不同性质和我国的法文化传统相适应的。单纯民事案件，责令被告作出相应赔偿，是对被害方进行抚慰、救济的唯一手段，故有理由要求被告承担相应更重的赔偿责任；由于无须承担刑事责任，被告往往也有意愿、有能力作出相应赔偿。而附带民事诉讼则不同，被告人不仅要在民事方面承担赔偿责任，还要承担相应的刑事责任。判决被告人承担刑事责任，既是对犯罪的惩处、对重新犯罪的预防，也是对被害方抚慰、救济的主要方式。以故意杀人案件为例，如判处被告人死刑，实已让其"以命抵命"，显然不应再要求其作出与单纯民事案件相同的精神损害赔偿，否则势必存在双重处罚的问题。参见姜启波、周加海、喻海松等：《〈关于适用刑事诉讼法的解释〉的理解与适用》，载《人民司法》2021年第7期。

偿请求。①

(二) 案件适用的范围不明确

根据当前的司法解释等相关规定,能够提起刑事附带民事公益诉讼的案件包括:(1) 生态环境和资源保护领域的案件,主要包括《刑法》(2023年12月修正)第二编第六章第六节破坏环境资源保护罪,但是从实践中的案例来看更多是以侵害的法益作为判断的标准,而非单纯以罪名作为划分标准;(2) 食品药品安全领域的案件;(3) 其他类型的案件,主要包括国有财产保护、国有土地使用权出让、英烈权益保护等领域。综观实务中的做法,在是否提起刑事附带民事公益诉讼问题上,除生态环境保护和消费者权益保护类案件标准较为明确,其他案件缺乏统一而明确的标准,更多地取决于检察办案人员评估决定和自行裁量,导致不同地方的检察机关对于同类案件,有的提起刑事附带民事公益诉讼,有的提起单独民事公益诉讼,甚至有的未提起公益诉讼,这也在一定程度上造成了同案不同判的现象。

(三) 证明规则的适用存在冲突

在刑事附带民事公益诉讼案件中,存在民事与刑事法律规范的交叉适用,在具体操作中可能会出现证明规则适用冲突的情况。首先,就证明的标准而言,刑事案件定罪量刑的标准必须达到事实清楚、证据确实充分,而证据的确实

---

① 2018年3月至7月,A公司生产部经理吴某将公司产生的硫酸钠废液交由无危险废物处置资质的人员处理,将30车1124余吨硫酸钠废液跨省运输至浮梁县寿安镇八角井、湘湖镇洞口村的山上倾倒,导致8.08亩土壤和6.6平方公里流域的地下水、地表水被污染,1000余名村民饮水、用水安全受到严重妨害,社会公共利益受到严重损害。浮梁县人民检察院在办理该环境污染刑事案件时,认为仅追究相关人员的刑事责任不足以形成对违法犯罪行为的最严厉惩戒,不能有效修复生态环境受到的损害。2020年11月17日,浮梁县人民检察院以A公司为被告提起民事公益诉讼,诉请法院判令被告承担污染修复费2,168,000元,环境功能性损失费57,135.45元,应急处置费532,860.11元,检测费、鉴定费95,670元,共计2,853,665.56元,并在国家级新闻媒体上向社会公众赔礼道歉。后又在原诉讼请求基础上增加诉讼请求,要求A公司以环境功能性损失费的3倍承担环境侵权惩罚性赔偿金171,406.35元。2021年1月4日,浮梁县人民法院公开审理本案并当庭依法判决,支持检察机关全部诉讼请求。参见最高人民检察院第四十批指导性案例:江西省浮梁县人民检察院诉A化工集团有限公司污染环境民事公益诉讼案(检例第164号),载最高人民检察院官网,https://www.spp.gov.cn/xwfbh/dxal/202209/t20220926_579080.shtml?_refluxos=a10。

充分要求所有的证据能够相互印证且排除合理怀疑。例如，在失火罪案件刑事审判中，如果是事实不清、证据不足，法院会作出"证据不足而宣告被告人无罪的判决"。而在民事诉讼中采取的证明标准则是"高度盖然性"的优势证据标准。因而在刑事部分能够定罪的时候，相应的附带民事公益诉讼可以直接处理，但是在事实不清、证据不足之时，附带民事公益诉讼事实认定标准及其案件如何处理未有相应的明确规定，导致法院裁判时无所适从。其次，从举证责任分配来看，刑事诉讼中被告人构成犯罪的举证责任由检察机关承担，而民事诉讼中环境污染引起的损害赔偿诉讼，由侵权行为人就法律规定的免责事由及其行为与损害结果之间不存在因果关系承担举证责任，也就是说其适用的是举证责任倒置的规则。因此，在刑事附带民事公益诉讼案件中如何分配举证责任，对审理相关案件的法院合议庭也是一个不小的考验。

四、刑事附带民事公益诉讼程序的完善

（一）统筹刑事与民事办案理念

刑事责任是犯罪行为人为自己的行为付出的人身自由和财产方面的责任，而刑罚作为最严厉的惩罚手段必须保持谦抑性，适用刑罚须保持足够的警惕，作为威慑与惩罚行为人最严重的手段，只能在必要的时候运用。对于某一侵害公共利益的违法犯罪行为既然已经采取了严厉的刑罚手段，在相应刑事附带民事公益诉讼中便应对相关情况予以综合考虑，首先要确保能够填补公共利益所遭受的实际损害。而对于恶性极大，且社会影响十分恶劣的案件，可以提出适当的惩罚性的赔偿。但在刑事附带民事公益诉讼中惩罚性赔偿不可滥用，否则不仅起不到威慑的作用，反而会因承担过重的责任，使侵权行为人产生一种逆反心理，有可能在执行中生出不必要的障碍。同时，刑事附带民事公益诉讼作为附带民事诉讼的特殊情形，应当遵循附带民事诉讼的基本法理，以保持规则的一致性。

（二）明确证明规则

环境污染等侵权案件的部分举证责任之所以倒置给被告人，主要是就举证

能力而言，被侵权人或者其代表多数情况下无法掌握与侵权相关的具体证据材料，很难证明因果关系的存在。如法律规定在污染环境类民事诉讼中实行无过错责任，只要造成环境污染事故，无论行为人主观上有无过错均要承担侵权责任。因为行为人从事对周围环境有高度危险性的行为，本身就要承担更高程度的注意义务，需要承担采取更多安全措施的责任。此外，污染侵权事故发生的原因和过程也很难为外人所知悉，只有侵权人掌握现场第一手的情况和证据。法律推定侵权人应承担侵权责任，而由侵权人对其行为与损害后果之间不存在因果关系及相关的免责事由承担举证责任，具有当然的合理性。这些证明责任规则与刑事诉讼规则逻辑明显不同，在刑事附带民事公益诉讼中对比鲜明，而相关司法人员也需要从理念上对此有明晰的认知和把握。

刑事附带民事公益诉讼本质上仍然是民事公益诉讼，只不过从审理方便经济的角度考虑，由同一审判组织审理，其理所当然地仍应当遵循基本的民事诉讼举证责任分配原则和逻辑，而非将刑事诉讼的规则一并延伸到民事部分。检察机关在提起刑事公诉的同时，一并提起附带民事公益诉讼，将收集固定的证据一并随案移送，有利于法院快速妥善地解决纠纷，既能保障公共利益损失得以弥补，又能真正实现诉讼效率的提升。

(三) 完善刑事附带民事公益诉讼起诉前置程序

最高人民法院、最高人民检察院2020年12月修正的《检察公益诉讼适用解释》第13条规定的公告期为30日，而刑事案件的一般审查期限为1个月，公告期往往会影响刑事案件的办案期限。实际上，有些类型的附带民事公益诉讼案件根本就没有除检察机关以外的其他适格主体，公告的作用和意义亦无从体现，实际上并无必要。因此，笔者认为，对于根本无其他适格主体的案件可以直接免去公告程序。实际上，在英烈保护等特殊领域以外的民事公益诉讼中，对包括刑事附带民事公益诉讼在内的检察民事公益诉讼，应该实行以先诉为原则，各适格主体的起诉以有管辖权的法院最先立案为标准来确定起诉资格。

(四)探索更科学的法律责任承担方式

结合现行的认罪认罚从宽制度实践成果,创新刑事附带民事公益诉讼的责任承担方式。在犯罪嫌疑人认罪认罚的情况下,探索通过化繁为简的方式以刑事和解或者调解方式解决附带民事公益诉讼的赔偿问题,也不失为一种事半功倍的公益保护和纠纷解决方式。另外,对于法院宣判前侵权行为人自动提前履行附带民事公益诉讼请求内容的,检察机关也可以建议法院对其刑事责任依法酌情从轻处罚。

第六节　检察机关在公益诉讼中的支持起诉

在公益保护中,检察机关除直接提起公益诉讼外,还可以根据《民事诉讼法》(2023年9月修正)第58条第2款的规定,对破坏生态环境和资源保护、食品药品安全领域侵害众多消费者合法权益等损害社会公共利益的行为,在法律规定的机关和有关组织向人民法院提起诉讼的情况下支持起诉。此外,《民事诉讼法》第15条规定:"机关、社会团体、企业事业单位对损害国家、集体或者个人民事权益的行为,可以支持受损害的单位或者个人向人民法院起诉。"[①]当公共利益受到损害或有受到损害的现实危险时,检察机关通过支持法律规定的机关和有关组织提起诉讼,要求侵害方停止侵害、排除妨害、消除危险、恢复原状或者赔偿损失,以达到维护公共利益的目的。这种模式在实践中已经经历了较长时间的探索,早在检察机关被授权提起公益诉讼之前,就是各地检察机关

[①] 根据《民事诉讼法》第15条规定,检察机关支持起诉的范围不限于公益诉讼。2018年至2022年5年间,全国检察机关(民事检察)依法支持起诉16万多件,其中支持农民工起诉10.8万余件。参见《专访最高检第六检察厅厅长冯小光:力争抗诉一个案件,解决一个司法导向问题》,载最高人民检察院官网,https://www.spp.gov.cn/zdgz/202303/t20230306_606399.shtml?._refluxos=a10。

开展公益保护探索与实践的最主要也最为有效的途径之一。① 现在当然也仍是检察机关履行公益保护职责的重要方式。

一、检察机关支持起诉的基础

对民事诉讼而言，一般来说只能由民事权益受到侵害或者发生纠纷争议的公民、法人或者其他组织向人民法院提起诉讼，无须其他机关、组织或者个人的介入和干预。但是在特殊情况下，如果受损害的单位或者个人处于弱势地位，凭借其自身的力量，无法独立维护其正当权益，则需要有关机关、团体、单位给予支持，以帮助其通过法律途径维护权益。

支持起诉原则自1982年《民事诉讼法(试行)》确立以来，历经40余年发展，检察机关、环保部门、民政部门以及妇联、消费者保护组织等都有通过支持起诉的方式维护国家利益、社会公共利益的实践，当然，由于检察机关作为司法机关的优势，其在支持起诉工作中处于主力军的地位。《民事诉讼法》(1991年4月通过，包括后来的5次修订)第15条规定的支持起诉主体包含机关、社会团体及企事业单位，无疑也包括检察机关，不过支持起诉的案件范围不限于公益诉讼。根据2017年修订《民事诉讼法》增加的第55条第2款②内容来看，立法又特别强调了检察机关对生态环境资源保护、食品药品安全领域侵害众多消费者合法权益公益诉讼案件的支持起诉。

(一) 支持起诉源于对实质正义价值的追求

相当多的声音认为民事诉讼属于私法自治的范畴，是平等民事主体之间的关系，检察机关介入支持起诉是将公权力延伸至私法领域，将打破诉讼当事人双方的平衡状态。在现代社会中由于一个违法侵权行为致使众多主体权益受损事件频繁发生，层出不穷的消费侵权事件证明，把一个诉讼案件放在两个当

---

① 在检察公益诉讼制度建立之前，检察机关从事支持起诉实践的法律依据主要是《民事诉讼法》第15条。《民事诉讼法》自2007年10月以来虽经多次修正，但支持起诉原则的内容及条文顺次未发生变化。根据该条规定，机关、社会团体、企业事业单位对损害国家、集体或者个人民事权益的行为，可以支持受损害的单位或者个人向人民法院起诉。

② 现为《民事诉讼法》(2023年9月修正)第58条第2款。

事人之间进行考虑的框架越发显得不完备。① 在民事公益诉讼中,社会公共利益遭到侵害往往表现为多个个体的利益受到侵害,而让每个利益受到侵害的个体单独起诉是不现实的;在未形成有效的公益诉讼激励机制的情况下,让众多的个体选出代表进行诉讼也不现实。因此,立法机关授权法律规定的机关和有关组织提起公益诉讼。

公益诉讼制度的建立主要是弥补传统民事诉讼理论中直接利害关系原则的欠缺,其首要目的并非与侵权人形成均势,而是解决在损害公共利益的案件中,因受害人经常处于弱势地位且人数上具有不特定性,容易出现无人起诉的局面。此时需要检察机关及时补位,维护好公共利益。如果其他适格主体代表不特定多数人提起公益诉讼动力不足、能力偏弱,可能致使公共利益得不到有效救济,故检察机关支持其起诉符合立法本意。此外,并且作为支持起诉机关的检察机关并非当事人,不具有当事人在诉讼中的质证、答辩等诉讼权利,不会打破诉讼平衡,符合对实质公平正义价值的追求。

(二)支持起诉是法律监督机关的职责所在

检察机关作为法律监督机关,有义务监督和保障法律的正确、有效实施。现代社会工业经济飞速发展,在生态环境污染、消费者权益保护、个人信息保护等领域,权益受损更多会引发集体性利益和扩散性利益纠纷,这种纠纷对当事人的经济能力、专业能力、诉讼能力等都提出了非常高的要求。利益受损方由于与加害方的经济、诉讼能力的不对等而成为相对弱势群体,这种弱势导致诉讼双方地位事实上的不平衡,需要检察机关支持起诉来补强其诉讼能力,以恢复当事人双方在诉讼态势上的均衡。

对于专业性强、成本高昂的诉讼,由于受到案件诉讼费、律师代理费,以及自身诉讼能力不足等方面的限制,受害者尽管人数众多,却往往不愿、不敢、不能通过诉讼来维护其自身权益。即便进入诉讼程序,其本身的这种弱势也仍然

---

① 参见[意大利]意诺·卡佩莱蒂编:《福利国家与接近正义》,刘俊祥主译,法律出版社2000年版,第124页。

存在,这种弱势上的状态毫无疑问将阻碍其权利救济的有效实现。在这种情况下,如果有法律规定的机关和有关组织愿意为了维护公共利益而提起诉讼,检察机关有义务通过支持起诉来提供协助,以这种外在的补强来使受损害的单位、个人或者其代表有能力起诉、应诉,也使最终的胜诉成为可能。

(三)支持起诉是维护公共利益的需要

民法不仅仅是私人之间秩序的维护者,也是实现公共利益和社会秩序的法律部门。[①] 公共利益受到侵害往往具有集合性、扩散性、不确定性以及隐蔽性等特征,这决定了其后果的复杂性。受侵害的对象不是指向某个特定的个人,而是指向不确定的多数人,其侵害具有群体的多样性。例如,食品药品安全事故,不仅会对大量消费者的身体健康、生命安全造成侵害,还会对国内相关行业造成沉重打击,甚至影响社会稳定。除了在立法上进一步完善制度设计以实现有法可依,执法上做到有法必依、执法必严、违法必究,司法机关也必须担当作为,通过依法履职来推动和促进公益保护事业的发展。

检察机关除了直接提起公益诉讼,还可以以支持起诉的形式对更多的公益诉讼案件进行指导、监督,以支持法律规定的机关和有关组织通过公益诉讼来维护公共利益,满足人民群众对污染环境、破坏生态、危害食品药品安全等侵害公益行为进行惩罚制裁和对公益进行修复的强烈要求。

二、检察机关支持起诉的历史发展

支持起诉是我国民事诉讼的一项基本原则,自20世纪80年代初民事诉讼立法确立以来不曾有过改变。1982年3月8日,第五届全国人民代表大会常务委员会第二十二次会议通过了《民事诉讼法(试行)》,其第13条规定:"机关、团体、企业事业单位对损害国家、集体或者个人民事权益的行为,可以支持受损害的单位或者个人向人民法院起诉。"这是我国民事诉讼中支

---

① 参见蒋大兴:《论私法的公共性维度——"公共性私法行为"的四维体系》,载《政法论坛》2016年第6期。

持起诉制度的滥觞。《民事诉讼法》后经多次修改,条目顺序虽有变化,但支持起诉的条文表述基本未变。

多年以来,检察机关在民事诉讼领域进行了支持起诉的诸多探索和实践,成为检察机关履职的重要内容。检察机关支持起诉实践逐渐由普通的民事诉讼,开始触及公益保护的主题。2001年全国检察机关第一次民事行政检察工作会议上确定了"两率提高、结构改变、业务规范、整体推进"的工作思路,突破了单纯抗诉的局限性,民行检察监督结构呈现生效裁判监督(包括抗诉与再审检察建议)为主,支持起诉、民事公诉等探索发展的格局。民行监督方式进入了多元化探索阶段,督促起诉、支持起诉、民事公诉等监督方式开始起步。①

检察公益诉讼及检察机关支持公益诉讼制度在2017年之前立法上并未予以明确,当时的支持起诉工作呈现以下几个特点。

(一)支持起诉案件类型多元

检察机关在民事诉讼领域开展支持起诉工作之初,案件范围主要集中在国有资产保护,后来逐渐扩大到社会弱势群体利益保护等领域。如山西省检察机关充分发挥检察职能,积极探索开展支持起诉工作,从2014年到2017年年初共办理支持起诉案件7861件,为弱势群体追回欠薪5000余万元。②2016年吉林省人民检察院还办理了全国首例食药安全领域消费民事公益诉讼支持起诉案件。③

(二)支持起诉方式灵活

检察机关支持起诉实质上是在探索履行法律监督职责的表现,其支持起诉的具体方式相当多样,有的仅限于协助调查搜集证据、提供法律咨询或提交支持起诉意见书。但在有的案件中,检察机关在支持起诉中,除了上述工作内容

---

① 参见王鸿翼:《民事行政检察工作的发展历程与展望》,载《人民检察》2011年第12期。
② 参见《山西:近三年办理支持起诉案件7861件》,载最高人民检察院官网,https://spp.gov.cn/dfjcdt/201704/t20170419_187464.shtml?_refluxos=a10。
③ 参见《吉林:支持起诉首例消费民事公益诉讼案件》,载最高人民检察院官网,https://spp.gov.cn/dfjcdt/201609/t20160927_168174.shtml?_refluxos=a10。

外,还会出庭发表意见,甚至参与法庭调查和辩论,在诉讼权利义务上除了不承担实体权利义务,实际上与原告的诉讼权利义务在本质上相差无几。

2015年7月,检察公益诉讼制度开始在我国13个省、自治区、直辖市进行试点,支持起诉作为检察机关公益保护的方式开始有了明确依据。2017年6月,全国人大常委会对《民事诉讼法》进行修改,检察机关对民事公益诉讼支持起诉有了明确的法律规定,检察机关对生态环境和资源保护、食品药品安全领域侵害众多消费者合法权益等侵害社会公共利益的违法行为,可以通过提起诉讼或者支持起诉的方式来实现公益保护的目的。

2020年9月,最高人民检察院制定的《人民检察院公益诉讼办案规则》专门用一节对"支持起诉"进行了规定。依照该规则规定,检察机关可以支持其他适格主体提起民事公益诉讼,检察机关支持起诉的公益诉讼案件类型包括:生态环境损害赔偿权利人提起的生态环境损害赔偿诉讼案件;英雄烈士等的近亲属提起的维护英雄烈士等的姓名、肖像、名誉、荣誉的民事诉讼案件;军人和因公牺牲军人、病故军人遗属提起的侵害军人荣誉、名誉等合法权益的民事公益诉讼案件;适格主体提起的生态环境和资源保护、消费者权益保护、个人信息保护等领域的民事公益诉讼案件以及其他依法可以支持起诉的民事公益诉讼案件。检察机关支持起诉的方式可以是提供法律咨询、向法院提交支持起诉意见书、协助调查取证、出席法庭等。

三、支持起诉面临的问题

尽管检察机关支持起诉在实践中对于保护公共利益发挥了积极的作用,但在运行过程中,也存在一些不同的认识和争议,影响该制度功能的充分发挥,需要进一步研究和完善。

(一)支持起诉的边界存在争议

检察机关支持起诉是仅限于提起诉讼及之前的阶段,还是可以涵盖整个诉讼过程,目前无论是理论界还是实务界,均存在不同认识。有的观点认为,支持起诉原则严格来说与民事诉讼活动并无直接的关系,只在起诉之前发挥作用。① 但检察实务界多数观点认为,支持起诉原则不仅应当在起诉阶段发挥作用,而且应该贯穿整个诉讼过程。检察机关支持起诉不只是进行精神道义上的支持或物质上的帮助,也不只是提供简单的法律咨询,而是运用检察权进行调查取证以及提供法律帮助,以强化原告的诉讼能力。在实践中,对支持起诉的具体形式也存在不同的认识和理解。如有的检察人员将支持起诉理解为仅仅是对起诉的支持,在当事人起诉时检察机关向法院提交支持起诉意见书,但并不参与后续的庭审活动;有的检察人员将支持起诉理解为对整个诉讼活动的支持,不仅在起诉前协助当事人调查收集证据,在提交支持起诉意见书之后,还会派员出席庭审,并发表对案件事实和适用法律的意见。在支持起诉的时间节点上,绝大多数检察机关是在起诉前介入开展支持起诉工作,但也有个别是在当事人已提起诉讼的情况下才介入开展支持起诉②。

(二)检察机关支持起诉与当事人处分原则存在冲突

民事诉讼的处分原则要求民事诉讼的启动、运行和终止都是基于当事人的意思自治,当事人对自己程序和实体上的民事权利享有自由处分的权利。《民事诉讼法》(2023年9月修正)第15条规定:"机关、社会团体、企业事业单位对损害国家、集体或者个人民事权益的行为,可以支持受损害的单位或者个人向人民法院起诉。"从条文表述来看,我国《民事诉讼法》中的支持起诉原则还是建立在尊重当事人处分权的基础之上,民事权益受损害的单位或者个人是诉讼的主体。司法实践中,一些检察人员认为支持起诉也是在履行法律监督职责,尤其是在公益诉讼案件中,应当坚持国家利益或者社会公共利益优先,并可以不考虑当事人的意愿,甚至直接对当事人的意愿和处分权利进行限制。

---

① 参见江伟主编:《民事诉讼法》(第6版),中国人民大学出版社2013年版,第48页。
② 在张某某与中航安盟财产保险有限公司黑龙江省分公司、王某某机动车交通事故责任纠纷案中,被支持的对象是精准扶贫的对象,检方在了解情况后于事中介入。参见黑龙江省兰西县人民法院民事裁定书,(2017)黑1222民初594号。

(三)法律规定仍不够明确

现行法律对支持起诉方式的规定仍然不够明确,检察机关是否可以出庭支持起诉、出庭时应当享有哪些权利,目前尚无具体的规定。长期以来,检察机关在支持起诉具体案件中的诉讼地位一直争议较大,法学界对诉讼中可以介入程度的理解也众说纷纭。检察机关支持起诉在诉讼中的地位更多取决于法院接受程度,以及检察机关的强势与否。实践中,有相当一部分法院认为检察机关在诉讼中并非案件当事人,也不在法律规定的其他诉讼参与人范畴内,参与庭审活动于法无据,故检察机关不应出庭参与庭审。[①]

四、检察机关支持起诉制度的完善

最高人民检察院颁布的《人民检察院公益诉讼办案规则》尽管对支持起诉进行专节规定,但支持起诉本身是一项相对独立的工作,仍有较多程序和细节需要在总结实践经验的基础上进一步予以明确和完善。

(一)起诉前置程序与支持起诉进行衔接

检察机关通过公告、制发检察建议等形式履行起诉前置程序以后,如果被督促、建议的机关和有关组织准备起诉,并提出需要检察机关支持起诉,那么检察机关应依照相关法律规定支持其提起公益诉讼。在现阶段,由于我国公益组织力量普遍比较薄弱,专业水平和诉讼能力有限,即使愿意投身公益诉讼,也多力有未逮,因此来自检察机关或其他机关的专业支持和引导显得至关重要。检察机关通过支持起诉,可以引导、培育社会公益组织的发展,帮助其增强诉讼能力,在一定程度上解决其不能诉、不敢诉的问题。此外,通过支持起诉,检察机关可以指导、帮助其他适格主体把握关联案件的标准予以统一。同时,对于作为原告的其他适格主体在诉讼过程中的撤诉、和解等,检察机关也可以通过充

---

① 参见唐玉玲、苏锡飞:《检察机关出庭支持起诉民事案件之据及实践应对》,载《中国检察官》2013年第24期。

分发表专业意见,形成相应的监督牵制,防止一些组织借公益诉讼之名行损害国家利益和社会公共利益之实。因此,在制度上做到起诉前置程序与支持起诉启动程序顺畅对接就非常重要。检察机关在履行职责过程中发现的侵害社会公益线索,在履行公告等起诉前置程序后,其他适格主体决定提起公益诉讼的,检察机关可以依法支持起诉。其他适格主体申请检察机关支持起诉的,应当提交支持起诉申请书、身份证明材料、代表人证明材料、证明案件事实的相关证据材料。

(二)支持起诉案件的管辖和立案

公益诉讼案件的支持起诉工作,原则上应由承办案件法院所在地同级检察院管辖。一审的支持起诉由一审法院所在地对应的同级检察院管辖;二审则由相应的上一级检察院管辖。受理支持起诉案件的检察院经审查认为不属于本院管辖的,应当向有管辖权的检察院进行移送,并通知当事人。受移送检察院认为不属于本院管辖的,应当报请上级检察机关指定管辖,不再自行移送。案件管辖发生争议的,由最终审理案件法院所在地检察院管辖。

拟提起民事公益诉讼的适格主体可以向检察机关申请支持起诉,检察机关也可依职权对拟提起民事公益诉讼的案件进行审查。检察机关在综合评估侵权行为的扩散程度、被侵权主体的规模程度、公共利益损失程度、社会影响大小以及拟提起诉讼的适格主体涉诉经验多寡等因素后,决定是否进行支持起诉立案。检察机关依职权进行支持起诉的,也可直接进行立案。立案后应当制作立案决定书,并书面告知双方当事人。

(三)支持起诉案件的审查和办理

检察机关受理支持起诉案件后应当在规定期限内审查完毕,制作支持起诉审查终结报告,必要时进行集体讨论。检察机关的支持起诉意见书应当于开庭审理前提交法院,如需制作书面法律咨询意见书,应于审查终结后合理期限内作出。案件审查过程中可以帮助申请人调取证据、进行鉴定等,但应按照程序和权限进行。案件审查过程中,申请人撤回支持起诉申请而不损害公共利益的,应终结审查。如发现撤回支持起诉申请后可能发生损害公共利益的情形,应当变更为依职权进行支持起诉,并书面告知申请人相关决定和理由。案件审查过程中,可与法院共同主持或者参与法院主持的调解,如当事人达成和解且不违反公序良俗及社会公共利益,应当依照法定程序公开相关协议内容,并由法院予以司法确认。

(四)出席法庭

检察机关办理支持起诉案件,应当由员额检察官出庭宣读支持起诉意见书,并就检察机关协助调取的证据材料进行举证和说明,参与法庭辩论。庭审中双方当事人达成调解协议,调解协议内容不违反公序良俗、不损害公共利益的,检察机关应当予以支持,并要求依法公开并予以司法确认。协议内容如存在违反公序良俗、侵害公共利益情形的,检察机关应当向法庭提出意见建议。如确有必要,二审时检察机关可以继续支持诉讼,提交二审法庭意见书,并出庭参与庭审活动。

从公益诉讼发展趋势来看,检察机关支持起诉也是在履行公益保护检察职责,还有利于对法定履职领域以外的公益诉讼进行有益探索,条件成熟时可以推动通过立法将相关类型范围发展为检察公益诉讼法定履职领域。当前关于支持起诉的规定过于原则,缺乏实践可操作性,在一定程度上制约了检察机关支持起诉工作的开展和作用的充分发挥,需要适时在总结实践经验的基础上予以完善。

第七章　特定领域的检察公益诉讼和配套制度

2012年8月,全国人大常委会对我国《民事诉讼法》进行第二次修正,公益诉讼制度正式确立。2017年7月1日,再次修改后的《民事诉讼法》《行政诉讼法》正式实施,检察公益诉讼制度全面推开。公益诉讼检察作为新时代检察工作创新发展的新动力,与刑事检察、民事检察、行政检察统筹发展,制度运行成效显著。现阶段检察公益诉讼立法正在顺利推进,除了对宏观的、通用性的制度规则进行研究和构建外,还需要对特定领域的检察公益诉讼制度予以关注和思考。

尽管检察公益诉讼制度整体运行效果良好,但作为一项全新的制度,还需要诸如鉴定评估、裁判执行、生态修复、公益基金等一系列配套制度的辅助和支撑,才能达到良好的运行效果。由于配套制度涉及社会治理系统的诸多方面,相当全面复杂,现就其中部分内容作一些探讨。

第一节　湿地生态环境保护制度建设

湿地在概念上有广义和狭义之分。狭义上的"湿地"是指陆地与水域之间的过渡地带,这些过渡地带土地表面常年潮湿或积水;广义上则把地球上除海洋(水深6米以上)以外的所有水体覆盖或浸润地带均界定为湿地。[①]《关于特

[①] 参见葛勇平、陈思:《〈湿地保护法〉下占用补偿制度的法制推进与完善》,载《湿地科学与管理》2024年第6期;巩固:《生态环境法典生态保护编基本范畴探究》,载《甘肃政法大学学报》2025年第1期。

别是作为水禽栖息地的国际重要湿地公约》(以下简称《湿地公约》)即采广义概念,认为湿地是陆地、流水、静水、河口和海洋系统中各种沼生、湿生区域的总称,可包括与湿地毗邻的河岸和海岸地区,以及位于湿地内的岛屿或低潮时水深超过6米的海洋水体,而不问其为天然或人工、长久或暂时的沼泽地、泥炭地或水域地带,带有静止或流动的淡水、半咸水或咸水水体,包括低潮时水深不超过6米的水域,均视为湿地①。近年来,随着检察公益诉讼制度的建立和逐步完善,检察机关在生态文明建设中发挥着越来越大的作用。而湿地本身汇集水资源、土壤、气候等多种环境要素,有着丰富的自然资源和生态价值,是生态文明建设极为重要的一环。面对保护生态环境的新形势、新要求,作为国家法律监督机关,如何在履职过程中为保护好包括湿地在内的生态环境贡献检察力量,是检察机关必须高度重视的一项重大课题。

党的十八大之后,作为统筹推进"五位一体"总体布局和协调推进"四个全面"战略布局的重要举措,生态文明建设被提到更加重要的战略位置。2014年10月党的十八届四中全会通过的《中共中央关于全面推进依法治国若干重大问题的决定》,提出要用最严格的法律制度保护生态环境。湿地与森林、海洋并称为三大生态系统,具有涵养水源、净化水质、调蓄洪水、控制土壤侵蚀、补充地下水、美化环境、调节气候、维持碳循环和保护海岸等极为重要的生态功能。湿地是生物多样性较为丰富的生态系统之一,是给人类提供经济和社会重要资源的具有高生产率的生态系统,被誉为"地球之肾""天然水库""天然物种库"。

截至2025年2月,我国湿地面积稳定保持在5635万公顷以上。② 占世界湿地面积的10%,居亚洲第一位,世界第四位。③ 对于我国这些宝贵的湿地资源,其保护现状并不乐观。近年来,随着经济的发展和城市化进程的加快,由于土地开垦、水体污染、基础设施建设、过度利用以及外来物种的引入等,许多湿

---

① 参见1971年《湿地公约》第1.1条、第2.1条。
② 参见中国绿色时报:《全国湿地面积稳定在5635万公顷以上》,载国家林业和草原局国家公园管理局网,https://www.forestry.gov.cn/c/www/mtbd/607897.jhtml?_refluxos=a10,最后访问日期:2025年4月12日。
③ 参见金铭:《中国湿地危机》(上),载《生态经济》2012年第4期。

地遭受严重破坏。近 50 年来我国湿地数量减少 243 个,面积减少 9606 平方公里。① 因此,在湿地保护问题上,国家和社会均需要有进一步的行动和作为。近几年学界在湿地生态环境保护问题上也多有关注和研讨,出现了不少质量较高的学术成果,如 Habib – ur – Rehman Solangi、刘思岐的《评析中国湿地污染的法律保护》②,苏芸芳的《对我国湿地保护立法问题及对策研究》③,马涛、陈家宽的《我国湿地保护立法探讨》④,张志奇的《从经济学角度分析湖泊湿地保护》⑤,何茂秋的《论我国湿地保护的法律问题》⑥,等等。但这些成果多单纯从行政管理、立法技术等角度去探讨湿地保护问题,基本没有论及在湿地环境保护中负有重要监督保护责任的检察机关的角色与职责,本节试就有关检察机关在服务和保障湿地生态文明建设中的法律制度及相关机制进行一些研究和探讨。

一、检察机关参与湿地保护的理论基础及优势

2014 年以来,检察机关通过刑事公诉及民事、行政公益诉讼来参与生态环境的综合保护工作,通过理论探讨、实践探索,最终为国家立法的顶层设计所确认。但国家立法确立起来的是原则性的制度框架,其具体的内容细节及背后的理论根基仍有待于进一步夯实和完善。

(一)检察机关参与湿地保护的理论基础

检察机关参与湿地保护,与检察公益诉讼其旨一揆,不外有四:

1. 检察监督保护确保湿地环境行政保护的有效性。"作为现代社会的典型公共问题,环境问题往往具有多样性、系统性、综合性、动态性、科技性、复杂

---

① 参见周誉东、王晓琳:《"地球之肾"期待湿地保护法》,载《中国人大》2019 年第 22 期。
② 参见 Habib – ur – Rehman Solangi、刘思岐:《评析中国湿地污染的法律保护》,载《中国政法大学学报》2016 年第 5 期。
③ 参见苏芸芳:《对我国湿地保护立法问题及对策研究》,载《法制与经济》2018 年第 8 期。
④ 参见马涛、陈家宽:《我国湿地保护立法探讨》,载《湿地科学与管理》2013 年第 3 期。
⑤ 参见张志奇:《从经济学角度分析湖泊湿地保护》,载《中国林业经济》2019 年第 4 期。
⑥ 参见何茂秋:《论我国湿地保护的法律问题》,载《贵州广播电视大学学报》2019 年第 1 期。

性、不确定性等特点。对现代环境问题的治理,主要依赖于行政权这一积极、灵活、富有效率的公共权力,而不是立法权和司法权。"①

环境公益保护是一项系统工程,在国家顶层设计过程中不应不考虑制度选择的效率性。以公益诉讼制度比较发达的美国为例,美国联邦司法部主要扮演联邦环境保护署行政执法辅助者的角色。虽然法律并未禁止联邦司法部越过联邦环保署径行提起诉讼,但实践中联邦环保署对各类执法措施的选用决策获得了联邦司法部的充分尊重,联邦司法部不曾主动提起环境公益诉讼。"环境问题的特殊性决定了行政主导的必要性,检察机关的民事公益诉权一般隐而不显,优先由环境监管部门运用行政手段处理解决。因此,我国可以借鉴美国的经验,将检察机关提起民事公益诉讼定位为行政执法活动的辅助者。当种种现实因素的存在导致行政手段难以奏效,司法手段反而更有利于保护环境公共利益时,环境行政机关可将案件交由检察机关起诉,以求降低环境治理成本,提高环境治理效率。"②

2. 检察监督保护彰显对湿地环境社会保护的尊重性。检察环境公益诉讼制度的建立,是立法者为应对环境污染等公害案件中公众权益的保护问题,从而对传统的肇始于私益保护的诉讼制度进行相应的改造,赋予了与环境污染等公害不具有"直接利害关系"的民事主体和特定机关提起诉讼的权利。在具备起诉资格的多个主体并存的情况下,如何协调相互之间的顺序及关系,就是一个需要做出选择的问题。如果有适格的普通民事主体基于公序良俗的美好意愿提起公益诉讼,希望通过个体的努力来达到维护公益的目的,并从这一过程中获得某种幸福和满足感,国家公权力对此非但不应拒绝和排斥,而应予以支持和鼓励。

2020年3月,中共中央办公厅、国务院办公厅印发的《关于构建现代环境治理体系的指导意见》要求健全环境治理全民行动体系,强化社会监督,发挥

---

① 参见王明远:《论我国环境公益诉讼的发展方向:基于行政权与司法权关系理论的分析》,载《中国法学》2016年第1期。

② 参见李艳芳、吴凯杰:《论检察机关在环境公益诉讼中的角色与定位——兼评最高人民检察院〈检察机关提起公益诉讼改革试点方案〉》,载《中国人民大学学报》2016年第2期。

各类社会团体的作用等举措,正是体现了这一理念。那么作为公权力行使者的检察机关,应做的是在没有适格主体或适格主体不愿诉、不能诉或不敢诉的情况下,才及时补位担负起诉讼和公益保护的责任。

作为司法机关的检察院只作为公益维护的后备队,由其提起公益诉讼只是最后的选择,之所以保留这一最终的制度途径,一个重要的价值就在于确保前面的有关环境公益保护的设计和制度能够正常而有效的运行,使生态环境获得应有的保护。在制度设计上,由检察机关提起公益诉讼发挥的是拾遗补阙的价值和功能。

3. 检察监督保护体现对环境多元保护的协同性。公益诉讼的目的是维护公共利益而非私人利益,这是公益诉讼最鲜明、最本质的特征。当发现国家利益和社会公共利益因生态破坏、环境污染而受到侵害时,检察机关通过督促、建议、支持其他适格主体或者行政机关采取相应的行动,这首先是因为其他主体和行政机关同样负有保护公共利益的义务或者职责,同时也具有维护公共利益的权利或者职权。当公共利益受到侵害,在检察机关采取司法救济措施之前,通过公益保护起诉前置程序,如果其他适格主体诉诸法律手段或者行政机关及时采取了行政措施,社会公共利益就及时得到了救济和维护,否则检察机关则会通过诉讼这一最终途径来实现公益保护的目的。

就公益保护来说,在检察机关启动诉讼程序之前,应当首先尝试由其他主体来发起和使用相应的救济途径和解决方式。"如向有关行政机关发出检察建议,促使其积极履职,从而使公益得以恢复和保护,避免行政公益诉讼的发动。再如,在决定提起民事公益诉讼前,可以督促或者支持其他社会团体、组织率先提起公益诉讼,只是在无主体提起公益诉讼时,检察机关才最终提起公益诉讼。即使公益诉讼已启动,若行政机关积极作为,采取了有效保护公益的举措,检察机关也可以撤回诉讼。"[1]就生态环境的维护来说,行政管理保护、检察监督保护以及其他环保公益组织乃至一般的社会公众的参与,在主体、方式和

---

[1] 参见汤维建:《检察机关提起公益诉讼试点相关问题解析》,载《中国党政干部论坛》2015 年第 8 期。

手段上虽有不同,但保护环境公益的目的则完全一致,这体现了社会共同体在维护公共利益上的协同性。

确立、完善和发展检察环境公益保护的最基本、最直接的目的就是为环境公共利益提供一道最终的法律保障。有效的协同机制较之单一权力和权威,更能充分、及时地达到维护公共利益的目的和初衷。在环境公益维护上,通过不同主体、不同手段、不同机制的共同作用,更能够调动社会的热情和积极性,同时也是更能发挥制度的潜能和聚合力的一种安排。

(二)检察机关参与湿地保护的优势

我国在湿地等生态环境保护法律制度中,重视并引入检察监督保护意义重大,具有其必要性、合理性和正当性。对湿地生态环境的保护是一个系统工程,需要立法机关、行政机关、司法机关、市场主体以及公民个人等社会各方面力量的积极参与,各参与主体在各自范围内以自己的独特方式发挥着积极的作用。在对湿地的司法保护程序中,检察机关的监督保护有着先天性的独特优势。

1. 其他主体参与湿地司法保护的局限性

在我国现阶段,检察机关以外的国家机关、社会组织及公民个人在参与湿地保护工作中,尤其是在参与湿地保护的司法程序中,存在这样那样的不利因素和局限性。

(1)现阶段一般社会组织和公民个人参与湿地司法保护的局限性。有学者将检察机关等国家机关提起的环境公益诉讼称为环境公益公诉,而将一般社会组织和公民个人提起的公益诉讼称为环境公益私诉。① 目前在我国,可提起环境公益诉讼的有关组织只有专门从事环境保护公益活动的组织,而且即使是环境公益组织,法律也作出了较为严苛的限制。实际上,从相关法律出台之后的司法实践来看,由环保组织提起的公益诉讼并不多,远没有达到人们当初的

---

① 参见孙志强:《论环境公益诉讼的原告资格》,华中师范大学2006年政治学理论专业硕士学位论文,第2~3页。

期望。理性分析这种现象,出现这一局面一点也不令人奇怪,因为在我国现阶段,公益组织由于各方面条件的限制,在参与公益诉讼方面,先天存在一些较为明显的局限性和不足。

多年来我国公益组织发育不够充分。近年来虽然有较大进步,但大多处于起步阶段,从发展到成熟还有很长的路要走,短期内大多难堪大任。体制内以"公益组织"为名的团体又大多习惯于按部就班,各有其他主业,对参与公益诉讼既缺乏热情和积极性,也多不具备相应的专业背景和能力。

在我国经济社会处于深度转型期的当下,一方面,公民的权利意识尚处于起步阶段,维权的热情和能力有待提高,几千年来的"厌讼"文化及"穷不与富斗,富不与官争"的社会心理仍然影响深远,因此对于与无直接利害关系或者所受损失不大的公益诉讼案件,尤其是面对强势的侵害公共利益的侵权人,大多数人都是心有余而力不足,因此最终态度多是选择隐忍与忽视。另一方面,现阶段就公民个人来讲,由于受专业知识、经济支持、时间精力等多方面的限制,决定了由公民个人提起环境公益诉讼,即所谓的环境公益私诉,其环境和条件尚不够成熟,故我国现行法律制度设计暂时未考虑开放公益私诉,没有将公民个人涵盖在提起公益诉讼的主体范围之内,也是可以理解的。

(2) 其他机关参与湿地司法保护的局限性。如果不考虑环境刑事公诉和环境行政公益诉讼,就环境民事公益诉讼来说,在现阶段我国法律仅将机关和社会组织作为公益诉讼的适格原告,而将个人排除在提起公益诉讼的范围之外,应该说是一种较为保守的立法思路。立法者之所以作如此规定,实际上也是在考虑了我国社会状况之后的一种理性现实选择。在我国现行国家体制中,国家机关包括立法机关、行政机关、司法机关以及军事机关,其中立法机关、军事机关显然不适合作为公益诉讼的发起人,那么就剩下行政机关和司法机关了。司法机关又包括法院和检察院,法院作为国家审判机关,是不可能作为公益诉讼的提起主体的,因此,我国《民事诉讼法》规定的可以作为公益诉讼发起人的机关就只能在行政机关和检察机关中产生了。

由于各方面的原因,行政机关作为环境公益诉讼原告的局限性比较突出,其提起公益诉讼的动力也明显不足①。如果由行政机关作为公益诉讼的原告,从逻辑上讲,不可能把这一重担交给毫不相关的部门,而只能由对侵害社会公共利益行为负有监督管理职责的机关去担负。然而由负有监督管理职责的行政机关提起诉讼,不可避免地存在一些局限性。因为一则行政机关对公共利益的保护是其应尽的职责,在管理保护方面有其先天优势,一般情况下其有能力通过事先预防或事后处罚违法行为的方式,来实现保护社会公共利益的目的,而无须通过民事公益诉讼来解决问题;二则当行政机关违法行使职权或不履行法定职责,致使国家利益或者社会公共利益遭受侵害时,其本身就要承担相应的责任,可能成为环境行政公益诉讼的被告。因此,行政机关对于提起公益诉讼在主观上缺乏积极性,甚至可能还会有一些抵触。此外,从诉讼模式的构造来看,由行政机关担当公益诉讼原告在理论上也存在障碍。行政机关握有行政上的监督管理权,本身对于另一方当事人就具有强制约束力,现在又以原告的身份提起公益诉讼,两种身份的叠加,可能会对另一方当事人造成过分的威胁和压迫,势必加剧诉讼过程中两造的失衡。

综上,其他国家机关要么在职责上与可能出现的公益诉讼毫无关联,要么因对生态环境负有监督管理职责,并不适合再发起环境保护司法程序。因此,由检察机关以外的其他国家机关来参与生态环境司法保护在实际上存在各种不利因素,而只有检察机关,因其职责定位和人员专业化优势,更符合作为提起环境公益诉讼的法定机关的条件。

2. 检察机关实施湿地监督保护的优势

从学界、立法机关、司法实践部门乃至社会舆论等各方面的反应来看,对于在环境刑事公诉之外,再在民事、行政诉讼程序中赋予检察机关在保护生态环境中的职能和责任,成为明显的主流意见。检察机关在公益诉讼(保护)方面

---

① 2015年11月中共中央办公厅、国务院办公厅印发了《生态环境损害赔偿制度改革试点方案》,对生态环境损害赔偿制度改革试点工作进行部署,批准江苏、山东、重庆等7个省市政府作为本行政区域内生态环境损害赔偿权利人,开展生态环境损害赔偿制度改革试点工作。随后江苏省政府作为共同原告申请参加了江苏省环保联合会对德旺达(南京)染料有限公司提起的环境污染民事公益诉讼,法院同意后也通过本案在诉讼制度上进行了积极探索。但由行政机关作为环境民事公益诉讼的原告,一方面法律依据仍然没有得到明确,另一方面在实践中仍面临着动力和积极性不足的现实。

客观上有着其他主体无可比拟的条件和独特的优势。

(1) 检察机关作为国家利益和社会公共利益的代表者、维护者和实现者的职能定位。我国《宪法》(2018年3月修正) 第129条规定:"中华人民共和国人民检察院是国家的法律监督机关。"从宪法定位来看,检察机关作为国家的法律监督机关,负有监督法律统一、正确实施的职责。自我国检察制度产生以来,检察机关就以国家利益和社会公共利益代表的身份出现。当国家利益或者社会公共利益受到侵害,在其他社会主体不愿、不敢起诉,或者无人、无法起诉时,由作为国家利益和社会公共利益代表的检察机关提起诉讼为理所当然。这与检察机关所承担的刑事公诉职能相比,在追求的价值和达致的目标方面如出一辙。

(2) 检察机关在收集证据的能力、担负诉讼成本的能力和进行政诉讼所需的专业素养等方面有着突出的优势。根据我国的国家体制,检察机关是国家法律监督机关,在性质上属于司法机关,故在部门人员构成上配备了较多的法律专门人才。在工作上,检察人员熟悉对各种法律事实的调查核实程序,对于证据的发现、提取、固定、收集等具有相对的专业优势,有着熟悉各类诉讼程序的人员,在参与公益诉讼的专业能力和素养方面有着社会组织、公民个人,乃至其他行政机关都无法比拟的优势。对此,检察机关作为法律监督机关,可以发挥自己的专业优势,来担负起公益诉讼这一挑战性较强的任务。

二、中国有关湿地检察保护的法律政策现状

随着经济社会的发展,人们对湿地的概念及其功能和价值有了越来越清晰的认识,全社会对湿地的重视程度和保护力度也在不断加强。《湿地公约》又称《拉姆萨尔公约》,签订于1971年2月2日,并经1982年3月12日议定书修正,是各国政府间通过协同合作,以保护湿地及生物多样性,特别是水禽和它赖以生存的栖息地为目的国际公约。我国于1992年加入该公约,目前全国已指定国际重要湿地57处。[①] 2019年7月第43届联合国教科文组织世界遗产委

[①] 参见《中国国际重要湿地生态状况白皮书首次发布》,载中央人民政府网,https://www.gov.cn/xinwen/2019-01/20/content_5359448.htm?_refluxos=a10。

员会会议又审议通过将地处江苏盐城的黄(渤)海候鸟栖息地(第一期)列入世界自然遗产名录,这也是我国首个滨海湿地类型的自然遗产,对于相关湿地的保护也将起到极大的推动作用。

我国对湿地生态保护法制建设工作也很重视,经过四十多年的努力,初步建立了一套具有自身特色的法律体系。湿地检察保护法律体系涵盖了所有可用于湿地生态环境保护的法律,不仅包括有关湿地保护的专门法律法规,也包括具有保护生态环境规范内容的综合性法律法规。

(一)专门法规和政策

除了参与国际性的湿地保护项目和工作,近年来我国也不断制定有关湿地保护的专门法规和政策。

1. 国家层面有关湿地保护的法律法规和政策。2003年国家林业局等9个部门共同编制了《全国湿地保护工程规划(2002—2030年)》,2013年3月国家林业局又颁布了《湿地保护管理规定》,成为我国首部国家层面的湿地保护部门规章。2017年12月,国家林业局对《湿地保护管理规定》予以修订,明确了全面保护的方针,确定对临时占用的湿地实行限期生态修复的原则。2016年12月,国务院办公厅公布了《湿地保护修复制度方案》,细化了湿地修复的具体措施。2021年12月24日,第十三届全国人民代表大会常务委员会第三十二次会议审议通过《湿地保护法》,并于2022年6月1日起施行。

2. 地方有关湿地保护的法规和政策。除在国家层面出台湿地保护的规章,各地也相继制定了相关的地方性法规和政策。根据中国法律法规信息系统查询结果显示,自2003年6月第一个省级湿地保护地方性法规出台以来,截至目前已有30个省级人大常委会制定出台了地方性湿地保护条例。其中,《黑龙江省湿地保护条例》是我国第一部省级湿地保护地方性法规,第一次将湿地资源档案管理制度、湿地补水机制、湿地监测制度、湿地许可制度等通过立法方式确立下来;《甘肃省湿地保护条例》(2003年11月)的特色是注重湿地的恢复治理;《陕西省湿地保护条例》(2006年4月)对湿地保护规划和湿地自然保护区作了专章的规定;《广东省湿地保护条例》(2006年6月)专门对红树林湿地的保护作出规定,还规定了湿地生态效益补偿制度;2016年9月,江苏省人大常委会通过的《江苏省湿地保护条例》规定设立省湿地保护委员会和湿地保护专家委员会,实行湿地分级管理和生态红线制度。而没出台湿地保护条例的部分省份也通过湿地保护修复制度方案、湿地自然保护区和湿地公园专项管理规定等文件作为湿地保护的依据。

有关湿地保护的地方性法规除了各省的保护条例,一些有地方立法权限的设区的市也制定了相应的管理办法和管理条例,如《福州市湿地保护管理办法》(2016年10月)、《盐城市黄海湿地管理条例》(2019年6月)等,都是地方人大针对当地具体情况而制定的地方性法规,以求更好地指导本地的湿地管理保护工作。

有关湿地保护的地方性立法,为维护湿地生态环境积累了不少经验,如划定重点湿地的保护范围,明确湿地保护的综合协调、分部门实施的管理体制,确立湿地资源档案管理制度、湿地补水机制、湿地监测制度、湿地许可制度,实施分级保护,等等。这些宝贵经验为更高层面的国家立法与制度构建完善奠定了较好的基础,也提供了有益借鉴。

(二)有关生态环境保护的综合性法律

除了专门的湿地保护法律法规外,现阶段还有很多生效的全国人大立法及国务院行政法规,虽未将湿地作为一个独立的自然要素予以保护,但在诸如海洋环境保护、水污染防治、草原、渔业、野生动物保护以及水土保持等法律法规中却大多包含有关于湿地保护的要素。因此,关于湿地保护的法律规定或者说可适用于湿地保护的法律规范,散见于《刑法》《环境保护法》等各法律部门的基本法及单行法之中。

现行《宪法》(2018年3月修正)对保护和改善生态环境作了明确规定,其第26条规定:"国家保护和改善生活环境和生态环境,防治污染和其他公害。国家组织和鼓励植树造林,保护林木。"在刑事立法方面,现行《刑法》(2023年12月修正)分则第六章第六节专门规定了"破坏环境资源保护罪",从第338条到第346条分别规定了"污染环境罪""非法处置进口的固体废物罪"等13个破坏环境资源保护罪方面的具体罪名,在分则第九章第408条还规定了"环境监管失职罪"。2017年3月颁布的《民法总则》特别加入了绿色原则,其第9条规定:"民事主体从事民事活动,应当有利于节约资源、保护生态环境。"①随着环境危机意识的强化,最高司法机关还不断通过司法解释的形式加大对破坏生态环境的犯罪及违法行为的打击和惩罚。

除了上述基本法律有关保护生态环境方面的规范内容,我国还有关于环境保护的专门综合性法律。1979年9月,五届全国人大常委会第十一次会议原则通过了《环境保护法(试行)》,这是我国环境保护事业发展的里程碑事件。《环境保护法(试行)》规定了环境保护的对象、任务、方针和适用范围,规定了"谁污染,谁治理"等原则,确定了环境影响评价、"三同时"、排污收费、限期治理、环境标准、环境监测等制度,明确了环境保护机构设置及职责。该法内容全面、系统,是我国环境法制走向体系化一个重要标志。1989年12月,第七届全国人大常委会第十一次会议重新修改通过后,正式颁布了《环境保护法》。2014年4月《环境保护法》再次修订,不仅将湿地以独立自然要素的身份进行保护,而且增加了关于环境公益诉讼的规定。

除了法典式的《环境保护法》,我国还针对特定领域或环境要素制定了专门性的污染防治、环境保护方面的单行法律:《海洋环境保护法》(1982年)、《水污染防治法》(1984年)、《大气污染防治法》(1987年)、《野生动物保护法》(1988年)、《固体废物污染环境防治法》(1995年)、《野生植物保护条例》(1997年)、《土壤污染防治法》(2018年)。其中,《海洋环境保护法》第94条对滨海湿地从法律上进行了界定②;第20条规定了国务院和沿海地方各级政

---

① 2020年5月,十三届全国人大三次会议表决通过了《民法典》,自2021年1月1日起施行。《民法典》第9条与原《民法总则》第9条"绿色条款"的表述完全一致。

② 《海洋环境保护法》第94条第3项规定:滨海湿地,是指低潮时水深浅于六米的水域及其沿岸浸湿地带,包括水深不超过六米的永久性水域、潮间带(或洪泛地带)和沿海低地等。

府对滨海湿地等海洋生态系统的保护职责①;第22条还规定了对于具有特殊保护价值的海域、海岸、岛屿、滨海湿地、入海河口和海湾等,应当建立海洋自然保护区。②

为防治社会生产破坏生态污染环境,我国在相关行业、领域进行立法时也特别规定了环境保护的内容:《森林法》(1984年)、《草原法》(1985年)、《渔业法》(1986年)、《矿产资源法》(1986年)、《土地管理法》(1987年)、《水法》(1988年)、《水土保持法》(1991年)、《农业法》(1993年)、《电力法》(1995年)、《煤炭法》(1996年)、《节约能源法》(1997年)、《防洪法》(1997年)、《气象法》(1999年)、《清洁生产促进法》(2002年)、《环境影响评价法》(2002年)、《畜牧法》(2005年)、《城乡规划法》(2007年)、《环境保护税法》(2016年)、《深海海底区域资源勘探开发法》(2016年),等等。这些法律均有污染防治和自然资源保护方面的规范。其中,《农业法》第62条规定:"禁止围湖造田以及围垦国家禁止围垦的湿地。已经围垦的,应当逐步退耕还湖、还湿地;《渔业法》第34条规定:"禁止围湖造田。沿海滩涂未经县级以上人民政府批准,不得围垦;重要的苗种基地和养殖场所不得围垦"。

除了在实体法上的努力,为防治污染保护环境,近年来我国在程序法上也做了重大的修改和突破,其中影响最大的是环境公益诉讼制度的建立和不断完善。2012年8月,十一届全国人大常委会第二十八次会议通过的《民事诉讼法》修正案,增加第55条:"对污染环境、侵害众多消费者合法权益等损害社会公共利益的行为,法律规定的机关和有关组织可以向人民法院提起诉讼。"这

---

① 《海洋环境保护法》第20条规定:国务院和沿海地方各级人民政府应当采取有效措施,保护红树林、珊瑚礁、滨海湿地、海岛、海湾、入海河口、重要渔业水域等具有典型性、代表性的海洋生态系统,珍稀、濒危海洋生物的天然集中分布区,具有重要经济价值的海洋生物生存区域及有重大科学文化价值的海洋自然历史遗迹和自然景观。对具有重要经济、社会价值的已遭到破坏的海洋生态,应当进行整治和恢复。

② 《海洋环境保护法》第22条规定:"凡具有下列条件之一的,应当建立海洋自然保护区:(一)典型的海洋自然地理区域、有代表性的自然生态区域,以及遭受破坏但经保护能恢复的海洋自然生态区域;(二)海洋生物物种高度丰富的区域,或者珍稀、濒危海洋生物物种的天然集中分布区域;(三)具有特殊保护价值的海域、海岸、岛屿、滨海湿地、入海河口和海湾等;(四)具有重大科学文化价值的海洋自然遗迹所在区域;(五)其他需要予以特殊保护的区域。"

是我国首次在诉讼法律层面肯定了环境民事公益诉讼的合法性,从而为我国环境民事公益诉讼的发展廓清了道路。2015年7月,全国人大常委会授权北京、江苏等13个省(区、市)开展检察机关提起公益诉讼的实践探索。由于两年的试点工作成效显著,2017年6月全国人大常委会正式对《民事诉讼法》和《行政诉讼法》进行修正,把检察机关提起民事公益诉讼和行政公益诉讼的制度作为法律固定下来。此后,最高司法机关出台了《关于检察公益诉讼案件适用法律若干问题的解释》等司法解释。

综上所述,当前我国包括专门湿地保护法律法规在内的所有关于生态环境保护的法律规范,均是检察机关湿地生态保护法律制度的重要组成部分,作为一个整体共同为检察机关开展湿地生态环境保护工作提供了法律依据和行动指南。

三、检察机关对湿地生态环境保护的实践

党的十八大以来,随着我国对依法治国的全面推进和生态文明制度建设的加强,相应领域改革为检察机关参与生态文明建设提供了崭新的机遇。2014年10月党的十八届四中全会正式提出"探索建立检察机关提起公益诉讼制度"。检察公益诉讼制度的确立,既是我国司法制度改革的一大成果,也是我国生态文明建设的重大推进。从此以后,对于湿地生态环境的保护,检察履职在刑事手段之外,又增添了民事和行政的法律监督手段,开启了刑事、民事、行政三位一体的综合保护模式。

根据《民事诉讼法》(2023年9月修正)第58条第2款的规定,人民检察院在履行职责中发现破坏生态环境和资源保护等损害社会公共利益的行为,在没有法律规定的机关和组织或者其不提起诉讼的情况下,可以向人民法院提起诉讼。根据《行政诉讼法》(2017年6月修正)第25条第4款的规定,人民检察院在履行职责中发现,生态环境和资源保护等领域负有监督管理职责的行政机关违法行使职权或不作为,致使国家利益或者社会公共利益受到侵害的,应当向其提出督促依法履职的检察建议;若相关行政机关在收到检察建议后仍旧不停止违法行政行为或仍不依法履行应有职责,检察机关在此基础上可以向人民法院提起公益诉讼。

检察公益诉讼制度在功能上可概括为"一体两翼":"一体"是以维护环境公共利益为主体;"两翼"是以督促行政机关依法行政和提起行政公益诉讼为保证。近年来,检察机关以办理环境刑事公诉、环境民事公益诉讼和环境行政公益诉讼案件为抓手,在促进包括湿地在内的生态环境保护工作上,取得了明显的成效。

从检察公益诉讼入法第二年的数据来看,检察机关在生态环境保护中的履职效果相当突出。2018年全国检察机关共立案办理自然资源和生态环境类案件59,312件,办理起诉前置程序案件53,521件,起诉前置程序行政机关整改率达到97%,提起相关民事公益诉讼和刑事附带民事公益诉讼1732件;在刑事检察领域,检察机关共批准逮捕涉嫌破坏环境资源保护罪9470件15,095人,起诉26,287件42,195人。检察机关通过公益诉讼办案,共挽回各类被损毁的林地约312.5万亩,耕地约15万亩,草原约25.2万亩,湿地约68.3万亩;督促治理恢复被污染水源地面积约121.5万亩;督促关停和整治违法排放废气和其他空气污染物的企业4015家;保护被污染土壤约23.7万亩。[①]

检察机关在大江大河等流域湿地保护中也发挥了积极的作用。2019年长江经济带11省市检察机关通过办案共督促修复被污染、破坏违法占用的林地、耕地、湿地、草原11.44万亩,消除污染隐患、治理恢复被污染水源地131.2万亩,整治造成污染环境企业、养殖场等3426个。[②] 2024年检察机关在所办结的长江船舶污染治理公益诉讼专案中,督促清理整治被污染水域、滩涂61万平方米,清理淤泥、固体废物等1400余吨、危废200余吨,有力加强了长江干支流生态环境保护治理。[③] 江西省鹰潭市人民检察院督促林业局对饶某等非法贩卖国家野生保护动物的行为进行行政处罚,并促成全市湿地候鸟和野生动植物资

---

① 参见《最高人民检察院公布中国生态环境检察工作情况》,载《法制日报》2019年2月15日,http://legal.people.com.cn/n1/2019/0215/c42510-30677418.html。
② 参见《绿色发展·协作保障服务保障长江经济带发展检察白皮书(2019)》,载《检察日报》2020年1月15日。
③ 参见《最高检发布〈公益诉讼检察工作白皮书(2024)〉》,载最高人民检察院官网,https://www.spp.gov.cn/xwfbh/wsfbh/202503/t20250309_688675.shtml?_refluxos=a10。

源保护专项整治行动的开展。①

下面通过具体案例,可以进一步了解检察机关在湿地生态环境保护中的履职情况和所发挥的作用。

案例一:拆除工厂恢复湿地督促解决历史遗留问题 ②

长江湿地对于两岸涵养水源、蓄洪防旱、调节径流、保持区域生态平衡起着重要作用,然而总有人受经济利益的驱动而占用或破坏这些宝贵的湿地资源。2008 年 3 月,江苏扬州广进船业有限公司(以下简称广进船业)向扬州市广陵区沙头镇人民滩村村委会租赁了该村长江岸边的 113 亩土地,不经有关部门批准擅自建造起了船厂。从此,这片湿地完全被混凝土覆盖,栖息在这里的鸟类再也不见踪影。2013 年,江苏省政府将该区域划为长江重要湿地二级管控区。2014 年至 2018 年,广陵区相关部门多次对广进船业作出罚款、责令拆除违章建筑物等行政处罚,但因诸多历史遗留问题,拆除一直未能进行。2018 年 12 月,江苏省检察院与省生态环境厅对该案进行联合挂牌督办。随后,扬州市人民检察院与广陵区人民检察院迅速联动,调查了解行政机关履职情况,还多次赴现场勘查,收集、固定证据,并于 2019 年 2 月决定对扬州市自然资源局、广陵区沙头镇政府等 6 家单位予以行政公益诉讼立案,对广进船业予以民事公益诉讼立案。在此情况下,当地政府严令广进船业于 2019 年 4 月底拆除到位。广陵区人民检察院向相关部门制发检察建议,要求各单位依法履职,对广进船业进行取缔拆除,并对已造成的损害进行生态修复。在检察机关的督促下,当地相关部门成立了专项整治工作小组,广进船业的拆除工作终于如期完成,113 亩湿地与长江重新连成了一片,一方湿地生态得以恢复。

---

① 参见张雪樵:《循法而行渐臻文明——对检察机关野生动物保护公益诉讼典型案例的解读》,载《人民检察》2020 年第 8 期。
② 参见《非法占用长江湿地十余年的船厂终于被拆了》,载微信公众号"江苏检察在线"2019 年 12 月 12 日,https://mp.weixin.qq.com/s?_biz=MjM5MjA1OTlyNg%3D%3D&mid=2658582552&idx=2&sn=3f99971ec089c35c6b415080785fb7a2&chksm=bd2e7a2d8a59f33b097aee55fa2b019c3c8946ee27a0c851a0ae7096c5dc3f4f400d15bea&scene=27&_refluxos=a10。

案例二：督促政府整改对湿地的不当开发建设①

重庆市石柱县水磨溪湿地自然保护区在 2011 年被国家环保部列入全国自然保护区名录，然而石柱县政府为发展当地经济，又于当年 6 月批复同意当地开工建设西沱工业园区，其一至三期规划建设面积共重叠湿地保护区 336.285 公顷，占湿地保护区总面积的 20.85%，改变了被占用区域生态系统的结构、性质与功能，并对湿地生态系统造成较大程度破坏。由于造成重大社会影响，重庆市人民检察院对该案实行提级办理，迅速查清了案件事实，检察长亲自到石柱县政府现场送达检察建议书，进行释法说理，并提出修复整改的具体要求。石柱县政府按照检察建议的要求，迅速开展修复整改工作。湿地保护区内须拆除、退出的 38 个项目，有 37 个迅速拆除并覆土完毕，另一个项目通过签订厂房收购协议，于 2018 年 12 月底前完成了整体搬迁。

案例三：通过专项监督，维护湿地生态环境②

2018 年 11 月，浙江省舟山市定海区人民检察院从公益诉讼随手拍平台接到群众举报，金塘沥港、大塘附近海域、滩涂堆积了大量生活、工业垃圾。经多次调查及现场取证后，定海区人民检察院于 2019 年 3 月向当地政府发出检察建议，要求立即清理垃圾，做好生态环境保护工作。金塘镇政府由此对该区域开展了专项环境整治，累计出动 70 余人次，清运垃圾 25 车次，共计 15 吨。此外，镇政府还建立健全金塘镇"湾（滩）长制"长效机制，加大巡查监管力度，强化联动治理，落实日常监管职责，建立部门协调联动机制，并加大宣传力度，提高群众环保意识。后经现场检查，该区域垃圾已基本清理完成，周边环境明显改善。检察机关还重点围绕海岸、海滩、滩涂、滨海湿地倾倒固体废物，破坏海洋生物资源，修造船企业作业过程中产生的海洋环境污染等问题开展了公益诉讼专项监督，并通过宣传引起社会对生态保护的关注，让环境公益诉讼成为湿地生态保护的"助推器"。

---

① 参见《最高检发布检察公益诉讼十大典型案例》，载最高人民检察院官网，https://www.spp.gov.cn/zdgz/201812/t20181225_403407.shtml?_refluxos = a10。

② 参见《三维监督一线回访舟山用公益诉讼守护"碧海银滩"》，载人民网，http://zj.people.com.cn/GB/n2/2020/0721/c186806 - 34170808.html?_refluxos = a10。

案例四：通过督促行政部门依法履职修复湿地生态 ①

下塞湖是洞庭湖湿地的重要组成部分，沅江市界内大部分下塞湖（约726公顷）位于湖南南洞庭湖省级自然保护区内，湘阴县内下塞湖全部位于横岭湖省级自然保护区实验区内。夏某某于2002年分别取得沅江市下塞湖芦苇场和湘阴县石湖包、响水坎芦苇的承包经营权，从2005年开始擅自在下塞湖修建矮围、涵闸，至2015年1月，建成一条长18,000多米、堤高3—5米的矮围泥堤，形成了一个面积约为1800公顷的封闭性湖泊，从事植树造林、渔业和畜牧养殖、种植油菜等。自2015年6月至2018年6月，沅江市政府、湘阴县政府相关职能部门实施拆围，本应由夏某某承担的矮围拆除费用全部由沅江市、湘阴县政府垫付或直接支付给夏某某。检察机关公益诉讼立案前，下塞湖矮围已全被拆除，但被破坏湿地的生态环境资源尚未恢复原状，依法应由违法行为人承担的拆围费用以及被夏某某领取的拆围资金尚未追回，国家利益和社会公共利益仍遭受侵害。

2018年6月最高人民检察院派专人到矮围拆除现场督办案件，湖南省检察院成立了"洞庭湖下塞湖矮围"公益诉讼专案领导小组，对"洞庭湖下塞湖矮围"涉及的公益诉讼线索进行全方位的摸排评估和调查取证，调取了夏某某违法修建矮围、自然保护区湿地被破坏和行政机关违法作为、不依法履行监管职责等事实的相关证据材料。同时，将案件初核阶段发现的国家工作人员涉嫌职务犯罪、骗取国家资金的线索及时移送监察机关。检察机关坚持恢复性司法理念，加强与益阳、岳阳市县两级党委、政府的沟通协调，为湿地生态修复治理工作等提出了建设性意见，并督促负有监督管理职责的行政机关依法履职，加快了被破坏湿地修复工作的进程，切实保护了洞庭湖生态环境。

案例五：通过刑事公诉和民事公益诉讼阻止破坏湿地生态环境 ②

无锡市锡山区宛山荡是江苏省级湿地公园，环境优美，吸引了不少野生禽

---

① 参见《最高检发布检察机关服务保障长江经济带发展典型案例（第三批）》，载最高人民检察院官网，https://www.spp.gov.cn/xwfbh/wsfbt/202012/t20201211_488711.shtml?_refluxos=a10。

② 参见《无锡检察机关提起公诉的环境民事公益诉讼案一审宣判》，载江苏检察网，http://www.jsjc.gov.cn/m/anjxx/201809/t20180918_641408.shtml?_refluxos=a10。

鸟在此栖居。然而,这个山清水秀的生物乐园却被一些嗜利之徒悄然倾倒了2000余吨污泥。2016年3月,锡山区人民检察院在履行审查起诉职责中发现被告陆某生、任某某等人向当地宛山荡河道内倾倒污泥破坏生态环境。后经审查发现,江阴一热电厂在承接当地污水处理厂的污泥并进行处置的过程中,违法将部分污泥转手交给陆某生进行处置。陆某生从该热电厂及他处承接污泥后,又违法将部分污泥转手交给任某某、徐某某、周某某进行处置。颜某某、王某某受指使驾驶船只将污泥运输至当地宛山荡河道内;陆某良、汤某某受指使驾驶挖机船将污泥倾倒入河道内。锡山区环保局委托的第三方机构检测发现,查获船只上残留的污泥与倾倒在宛山荡河道内的污泥均含有有毒有害物质铬、镍、砷,系同类污泥。2014年以来上述当事人通过上述方式倾倒入宛山荡河道内的污泥多达2000余吨,环境修复成本高达近百万元。对湿地环境污染案件而言,如果只追究行为人的刑事责任,则其违法行为对公共利益造成的损害依然存在。因为宛山荡湿地生态环境被破坏,侵害的是社会公共利益,而当地符合法定条件的环保组织因为能力不够、经验不足而无法提起公益诉讼,检察机关对陆某生、任某某等8人以污染环境罪提起刑事公诉的同时,向法院提起民事公益诉讼,要求当事的个人及企业清理宛山荡河道内被倾倒的污泥或承担相对应处置的修复费用。法院经审理,判决确认和支持了检察机关的刑事量刑建议和民事公益诉讼诉求。

检察机关在湿地生态环境保护中,除了以办理具体个案形式进行履职外,还尝试牵头建立协作机制,形成湿地生态环境保护的长效机制。2022年5月,最高人民检察院、水利部联合印发《关于建立健全水行政执法与检察公益诉讼协作机制的意见》,充分发挥检察公益诉讼的监督、支持和法治保障作用,共同维护涉水领域国家利益和社会公共利益。① 长江沿岸地方积极探索水事行政司法衔接制度建构,如江西省制定《关于建立"河长湖长+检察长"协作机制的指导意见》,开放省河长制河湖管理地理信息平台,检察机关可实时查看全省

---

① 参见《最高检、水利部印发〈关于建立健全水行政执法与检察公益诉讼协作机制的意见〉》,载最高人民检察院官网,https://www.spp.gov.cn/spp/xwfbh/wsfbh/202206/t20220609_559433.shtml。

河湖长制工作机构执法办案信息。① 江苏省盐城市检察机关聚焦黄海湿地保护，精准开展生态领域检察工作，2019 年将"守护海洋"、保护野生动物专项活动纳入全市检察机关服务黄海湿地申遗工作大局中，服务保障"两海两绿"发展路径。2019 年 12 月，东台市人民检察院还联合该市公安局、生态环境局、自然资源和规划局、交通运输局等 4 家单位共同签署了《关于建立"守护海洋"检察公益诉讼协作机制的意见》，明确了各成员单位职责，确定了线索移送反馈、调查整治协作、调研智库协作等五项机制，为保护好、传承好、利用好世界自然遗产"黄海湿地"构筑了一道法律屏障。②

近年来，通过法律的修订和诉讼制度的改革，检察机关已经能够综合运用刑法、民法、行政法、诉讼法等多个法律所赋予的手段和方式从事湿地生态环境的保护，不同的部门也通过检察机关履职综合发挥其调控机制的功能，从而实现对湿地环境法益的立体式保护。

四、湿地生态环境检察保护遇到的困难和发现的问题

虽然我国立法机关、行政机关近年来在湿地生态环境保护方面的积极作为，在一定程度上减缓了湿地退化的速度，但仍存在诸多与生态文明发展不相符的因素，从而阻碍了湿地保护工作的更有效开展。湿地生态文明建设是一项系统工程，检察机关作为国家法律监督机关，在推动湿地生态环境保护中做了很多工作，但同时也遇到一些需要面对和解决的问题。

（一）湿地保护法律法规需要进行系统化协调

湿地保护在国家层面的法律法规在 2021 年之前，主要是国家林业局于 2013 年 3 月颁布的《湿地保护管理规定》以及国务院办公厅于 2016 年 12 月发布的《湿地保护修复制度方案》。2021 年 12 月 24 日，十三届全国人大常委会

---

① 参见顾向一、高媛:《水行政执法与刑事司法衔接机制优化研究》，载《人民长江》2023 年第 3 期。

② 参见东台市人民检察院:《东台检察牵头建立"守护海洋"公益诉讼协作机制》，载东台市人民检察院网，http://ycdt.jsjc.gov.cn/shijue/201912/t20191206_937853.shtml。

第三十二次会议审议通过了《湿地保护法》。由于前期缺乏统一立法,各地方立法关于"湿地"的定义首先就不统一。

根据《湿地保护法》(2021年12月通过)第2条第2款的规定,所谓湿地是指具有显著生态功能的自然或者人工的、常年或者季节性积水地带、水域,包括低潮时水深不超过6米的海域,但是水田以及用于养殖的人工的水域和滩涂除外。《湿地保护法》对"湿地"概念的界定显然吸收借鉴了《湿地公约》。江苏、广东等地《湿地保护条例》由于出台较晚,对《湿地保护法》《湿地公约》等有关"湿地"的概念和界定作了参照吸收。如《江苏湿地保护条例》所称湿地是指具有显著生态功能的自然或者人工的、常年或者季节性积水地带、水域,包括低潮时水深不超过6米的海域,但是水田以及用于养殖的人工的水域和滩涂除外;《盐城市黄海湿地保护条例》第3条规定,黄海湿地,是指本市海岸线以东常年或季节性积水地带、水域和低潮时水深不超过6米的海域,包括泥质海滩、潮上草滩沼泽、潮间盐水沼泽、入海河流河口水域、浅海水域和重点保护野生动物栖息地、重点保护野生植物原生地等自然湿地、人工湿地,以及江苏盐城湿地珍禽国家级自然保护区、江苏大丰麋鹿国家级自然保护区、东台条子泥湿地公园等重点保护区域。

很多地方性立法大多只是考虑了本地区的湿地自然特征,未能遵循《湿地保护法》《湿地公约》对湿地的界定。如《黑龙江省湿地保护条例》中所称湿地是指"自然形成的具有调节周边环境功能的所有常年或季节性积水地段,包括沼泽地、泥炭地、河流、湖泊及洪泛平原等,并经过认定的地域"。《辽宁省湿地保护条例》中所称湿地是指"常年或者季节性积水、适宜喜湿野生动植物生存且具有一定面积和较强生态功能的地带或者水域。湿地分为沼泽、湖泊、河流、库塘、滨海等类型"。

现在国家层面的立法虽已出台,地方性立法很多尚未来得及修改。在国家立法出台之前,各地关于湿地保护的地方性立法起到了重要作用,但不可避免地存在湿地定义和范围模糊不一、保护目标不明确、内容杂乱零散和缺乏实际操作性等问题。法律法规作为调整湿地生态建设和环境保护的规范,存在的这些问题不可避免地会阻碍湿地管理保护部门工作的开展,制约湿地生态文明的建设。因此,无论是从宏观上进行湿地生态建设顶层设计,还是各地进行湿地具体管理和保护工作,都需要在国家高位阶法律的指引下做好统筹协调。

(二)经济发展与生态保护的冲突

经济社会的迅速发展也给我国湿地保护带来了诸多挑战,为发展地方经济而对湿地进行占用破坏、过度开发利用,工业生产排放的废水、废渣、废气等,都会对湿地造成不可逆转的损害。由于一些地方对发展经济的迫切,对破坏湿地生态环境的违法行为过于放任,对违法行为的处罚过轻,无法起到应有的警示和惩罚作用。如根据《贵阳市湿地公园保护管理规定》(2019年5月修订)第30条规定,在湿地公园内有洗涤、漂染、乱扔垃圾,损毁绿化、公共设施行为的,责令立即改正,予以警告。拒不改正的,处以50元以上200元以下罚款;在湿地公园内有开(围)垦湿地,改变湿地用途,取土、挖砂、采石等行为,责令停止违法行为,采取治理措施,处以1万元以上5万元以下罚款;造成损失的,依法赔偿。

目前我国一些地方有关湿地保护的地方性法规和政策,很多还是侧重于如何开发和利用湿地实现更多的经济效益,而不是从本质上认同湿地自身的生态价值,这就导致在实践中不能实现"尊重自然、顺应自然、保护自然"的生态保护原则和理念。如根据《浙江省湿地保护条例》(2012年5月通过)第36条第2款规定,有关部门在编制交通、通讯、能源等专项规划时,确需占用湿地的,应当征求有关湿地管理部门的意见。在有建设项目需要占用湿地时,只需征求湿地管理部门意见,无须包括评估在内的其他程序,即可改变天然湿地的用途。这种以优先发展经济为中心的立法思路和具体做法,实际上是与生态文明发展的理念相脱节的,需要尽快对相关内容进行修订。

虽然许多地区湿地立法中都有禁止破坏湿地生态系统的规定,但是对于真正破坏生态系统的行为如何追责,不同种类破坏行为的行为人所承担的责任是否有差异,都没有明确规定。由于关于湿地保护的理念滞后,对破坏湿地行为的处罚措施不科学,对湿地权利人的生态补偿制度不完善,现实中一些非法侵占湿地、破坏湿地生态环境的行为长期得不到纠正,不利于对湿地的有效保护。

(三)部门管理不统一

我国环境管理体制在横向关系上实行"统一管理与分部门负责相结合",在纵向关系上实行"以块为主"的体制,严格按照行政区划设定相应的环境保护部门,作为生态环境的综合管理部门,但具体到湿地保护又以林草部门为主。根据《湿地保护法》(2021年12月通过)第5条规定,国务院林业草原主管部门负责湿地资源的监督管理,负责湿地保护规划和相关国家标准拟定、湿地开发利用的监督管理、湿地生态保护修复工作。国务院自然资源、水行政、住房城乡建设、生态环境、农业农村等其他有关部门,按照职责分工承担湿地保护、修复、管理有关工作。我国目前的湿地保护管理体制,基本上都是这样将具体工作根据不同的对象范围和流程环节,分别归属在林业、生态环境、农业农村、自然资源、水利、保护区等不同的部门和系统进行管理。根据《江苏省湿地保护条例》(2024年1月修订)第5条的规定,林业主管部门负责本行政区域内湿地资源的监督管理,负责湿地保护规划和相关标准的拟定和组织实施、湿地开发利用的监督管理、湿地生态保护修复工作,会同有关部门加强湿地保护协作和信息共享,推进跨区域湿地保护协作和交流。自然资源、水行政、住房城乡建设、生态环境、农业农村等主管部门,按照职责负责湿地保护、修复、管理有关工作。发展改革、财政、交通运输、文化和旅游等有关部门和海事管理机构,按照职责做好湿地保护相关工作。而根据《湖南省湿地保护条例》第5条的规定,湿地保护的职责划分到林业、农业、渔业、水利、环保等部门。

目前的湿地管理体制是林业部门综合协调,其他部门如国土资源、环保、水利等部门在职权范围内监管配合。这种看似高效化的分割模式,似乎节约了政府资源,各部门利用自身优势实现了对湿地的全方位保护,但实际上打破了环境要素的完整性和平衡性,在实际操作中容易出现部门之间相互推诿等问题。加上我国湿地类型众多,而目前林业部门的规章对其他部门的管理在实践中约束力不够,因此我国湿地生态环境保护工作在整体上有些混乱。如南京检察机关在办案中发现,长江南京段的一段滩涂上近1400亩国家级生态公益林被租赁给他人经营谋利,林木被砍伐殆尽,长江土地资源、水资源、森林资源受到严重破坏。但办案人员却发现,林木及滩涂到底是由水利河道部门还是国土部门,抑或农林部门负责管理,竟然找不到明确的规定。①

(四)检察机关调查取证手段受限制

我国《行政诉讼法》(2017年6月修正)对检察机关的调查取证权没有明确规定,《民事诉讼法》(2023年9月修正)虽然在第210条规定检察机关可以向当事人或者案外人调查核实有关情况,但该条规定没有保障措施,而且是放在审判监督程序中,仅适用于检察机关履行法律监督职责提出检察建议或者抗诉的情形,显然在办理环境公益诉讼案件时无法引用。《检察公益诉讼适用解释》第6条虽然规定人民检察院办理公益诉讼案件,可以向有关行政机关以及其他组织、公民调查收集证据材料,有关行政机关以及其他组织、公民应当配合,但同时又强调需要采取证据保全措施的,依照《民事诉讼法》《行政诉讼法》相关规定办理。

在现行法律体系之下,就民事、行政案件调查取证权的配置而言,检察机关的保障和权能不仅弱于人民法院,甚至无法与行政机关相提并论。法院在民事诉讼和行政诉讼中,有诸如证据保全、强制调查等法律赋予的权力作保障,对于拒不接受调查的当事人还可以作出罚款、拘留等处罚决定。但是检察机关在办理公益诉讼案件过程中进行调查核实不仅几乎没有保障性的措施和手段,而且连是否享有调查核实权本身还存在法律依据上的问题。

《检察公益诉讼适用解释》的规定远远不能满足检察机关办理环境民事、行政公益诉讼案件的实际需要。首先,该解释仅是司法机关对办案过程中具体法律适用的解释,不仅效力层级低,而且缺乏上位法的明确依据,难以解决检察机关调查核实权的渊源问题,不能有效保证检察机关调查取证权的正常行使。

其次,没有规定被调查人的法律责任,缺乏对检察机关调查核实权的保障措施。该解释仅仅对相关人应当配合检察机关调查核实作出概括的义务性规

---

① 参见《长江生态环境保护:一个基层检察院的探索》,载搜狐网,http://m.sohu.com/a/225988656_162758,最后访问日期:2024年8月18日。

定,并没有明确阻碍调查取证或违反该义务的主体应承担何种法律责任。也就是说,这仅仅是一项没有强制力的义务约束,检察机关在实践中遇到不予协助配合的情况时缺乏有效应对之策。

最后,将检察机关办理公益案件调查取证的需要与一般民事、行政诉讼当事人的证据保全作相同处理并不合适。这不仅与检察机关以国家法律监督机关之身份致力于公益维护的情势不相称,而且通过法院进行证据保全,将会受到法院办案人员对案情认知及案多人少等主客观情况的影响,仅是流程上的操作和工作上的协调极有可能导致在实际中错失最佳取证时间,使相关证据的固定更为困难。

在实践中,特别是在检察院"两反"部门转隶的背景下,这样缺乏法律保障的调查取证权,且不说遇到对法律监督存在抵触情绪的行政部门时无法有效行使,即使是面对不予配合的企业和个人,检察机关也毫无办法,在一定程度上制约了环境公益诉讼的推进和开展。

五、强化湿地生态环境检察保护建议

(一)尽快整理统一湿地保护法律法规,明确检察机关的职责

在湿地生态建设和环境保护中,系统而有效的法律体系是其根本保障。我国已经于2021年12月制定了《湿地保护法》,目前有关湿地保护的立法有待于进一步修订细化,在与上位法进行协调的同时增强可操作性。此前,各地方立法对一些关键概念的界定各不相同,一些重要制度要么付诸阙如,要么过于原则缺乏可操作性,不能适应湿地生态文明建设的新形势和新要求,现在急需根据国家宏观层面的制度设计系统性地推进相关地方性立法的清理和修订工作,以构建一体多元的湿地生态环境保护法律保障机制。以《湿地保护法》为统领清理修改湿地保护类法律法规,既要增强法律的针对性和可操作性,还需要注意统筹协调好各种类型湿地的资源、生态、环境的开发与保护工作,并处理好湿地保护与其他环境要素保护,乃至与民事、行政、刑事、诉讼等基本法律之间的关系。

1. 湿地保护法律应体现生态文明建设新理念

随着经济社会的发展和环境问题的加剧,人们逐渐体会到生态环境的内在

价值,发现生态环境是一个整体,醒悟经济发展应当和生态保护相协调,明白人类活动在探索与利用自然过程中,需要摸清自然生态的内在规律并予以尊重。作为生态环境法律的重要组成部分,有关湿地保护的立法应紧密结合生态文明建设的理念,将生态文明体制改革充分融入湿地立法工作中去。在制定修改有关湿地保护的法律和政策时,应当把生态文明建设摆到更加重要的战略位置,结合生态文明体制改革的理念,从根本上确立自然价值、自然资本的湿地保护新理念。[1]

首先,不能把湿地单纯视为经济发展的资源和凭借,要充分认识到湿地作为重要生态系统所具备的不可替代的价值和功效。在发展的过程中注重协调保护和发展之间的关系,在尊重湿地生态环境的资本和价值下,顺应湿地环境的自然规律。其次,湿地保护立法需要有统一、整体保护的理念。除了加大对湿地内水、土壤以及野生动、植物的保护,还应对周边区域中与其相关的自然资源进行相应的保护,即注意自然资源的流通和关联性,对生态环境进行整体性的保护。最后,湿地保护立法应当与其他生态环境立法在理念上相协调。按照生态系统综合管理的理念来考虑和对待湿地法律,运用法学、社会学、经济学等多种手段,并考虑与湿地相关的各种环境要素法律,形成相互协调的法律制度。

2. 健全完善科学合理的湿地保护利用制度

目前,不少地方性湿地保护法规及有关部门涉及湿地的规范性文件还存在一些轻保护、重利用的倾向,有些地方甚至通过地方立法的方式将有经济价值的湿地资源加以开发利用,党的十八大以来,党和国家的一些湿地保护要求并未得到具体落实。[2] 有关湿地的保护立法,除了要参照《湿地保护法》《湿地公约》科学界定湿地概念,还应当扩大适用保护的湿地范围,将重要湿地以外的天然湿地也纳入程度不同的保护范畴,衡量掌控各类湿地的具体情况,将资源进行合理的分配,确保湿地保护工作全面到位。

---

[1] 党的十九大报告强调,推进绿色发展。推进绿色发展需要树立自然价值和自然资本的理念。我们应深刻认识到,自然生态是有价值的,保护自然就是增值自然价值和自然资本的过程。具体参见《加深对绿色发展的理解树立自然价值和自然资本的理念》,载人民网,http://finance.people.com.cn/n1/2018/0111/c1004-29757786.html。

[2] 参见潘佳、汪劲:《中国湿地保护立法的现状、问题与完善对策》,载《资源科学》2017年第4期。

坚持适度合理开发、规范有效开发、统筹协调开发的原则,妥善处理好经济发展与湿地保护之间的关系,促进区域经济发展与湿地生态保护关系和谐顺畅。构建完善的湿地规划编制、分类管理、分级保护、名录报批、红线控制等制度,规范占用或者征收湿地行为,稳步推进退耕还湿,适时扩大实施范围,不断完善湿地保护利用制度。构建湿地生态监控系统,形成跨区域、跨部门的湿地生态环境动态大数据与信息共享平台。尽快建立湿地生态效益补偿制度,探索建立政府引导、市场化运作的横向生态补偿基金,形成多元化、多渠道的长效投入机制。

3. 湿地保护法律的制定修改应明确检察机关参与湿地环境监督保护职责

对湿地生态环境保护来说,行政机关是管理保护责任的主要承担者,而检察机关的监督保护,实际上是其最后一道防线和制度保障,在其他权利救济手段和纠错机制失灵的情况下,检察机关的监督保护必须介入。因此,作为国家环境治理体系中的重要环节,检察机关在推进湿地生态文明建设中具有不可替代的重要作用。在全面推进依法治国背景下,保护生态环境,治理环境污染,法治不可或缺。近年来,检察机关通过严厉打击污染环境犯罪,监督行政机关依法履行生态环境监督管理职责,依法提起环境民事、行政公益诉讼,加大对环境资源刑事、民事、行政案件的诉讼监督,让污染者付出了应有的代价,保证了广大人民群众的环境权益,有效促进了环境效益与经济效益、社会效益的有机统一。不过,综观湿地保护的有关法律性文件,对检察机关环境公益守护者的角色和所发挥的巨大作用,重视程度还不够高,这在一定程度上也影响到检察机关对这项工作的参与和成效。随着检察公益诉讼影响力越来越大,情况也正在悄然发生变化。一些地方在重新制定、修改湿地保护法规时,增加了有关检察机关职责的内容。如江苏省人大常委会于2024年1月对《江苏省湿地保护条例》进行了修订,该条例第54条第2款规定:"违反国家规定造成湿地生态环境损害的,国家规定的机关或者法律规定的组织有权依法请求侵权人承担侵权责任。检察机关等法律规定的机关和有关组织可以依法提起湿地生态环境损害公益诉讼。"

生态文明建设是一项系统工程,必须运用统筹兼顾的系统理念和方法来加以推进,需要立法、行政、司法、社会等各方面力量的参与。而现代法律对生态环境保护正是采取刑法、民法、行政法等多个法律部门的综合调控机制,不同法律部门通过发挥各自的调控机制来实现对环境法益的综合性保护。检察机关作为国家的法律监督机关,承担着打击破坏环境资源犯罪、提起环境公益诉讼、确保生态环境法律统一正确实施等重要职责和使命,是生态环境司法保障的重要一环。

当然,加强对湿地生态环境保护的法律监督,不是放弃对经济发展的追求,而是要在更高层次上实现经济社会发展与环境优美和谐共存的永续发展。有关湿地保护法律的制定修改应当重视检察机关在湿地生态环境保护上的重要角色和职责,通过法律条文的表述和宣示,明确检察机关在这一领域不可或缺的功能和作用。

(二)厘清湿地管理部门的职能和权责,确保行政管理保护与检察监督保护有效衔接

1.明确湿地管理保护负责机构及其法律地位、权能职责

由于湿地生态系统中不同要素资源由不同部门管理,虽说是各司其职、各行其是,但也可能会出现相互矛盾龃龉之处。自然资源、农业农村部门鼓励的垦荒造田、围湖造田等开发耕地的行为可能对湿地造成致命威胁。渔政管理部门赞同的渔业规模养殖可能使湿地水质变差,威胁水生生物的生存。[1] 因此,打破过去在湿地保护管理上的破碎化局面,明晰职责,提高湿地主管部门的权威性、公正性和高效性势在必行。

在加强生态文明建设的新形势下,湿地保护迫切需要统筹协调环境保护公共利益与地方经济发展利益之间的关系,各部门与各产业之间的关系,开发利用与保护改善之间的关系以及政府与公众之间的关系。林业部门受自身条件局限,在具体事务上往往缺乏相应的权威和领导地位,且相关部门在所属领域、所负职责上缺乏明确性,导致在湿地生态管理和环境维护上存在职能交叉、权

---

[1] 参见钱水苗、巩固:《我国湿地保护立法初探》,载《法制与管理》2004年第10期。

责不清、职责不明的混乱局面,大大降低了行政办事效率和管理职能的发挥。因此,首先应当明确湿地管理保护机构的法律地位和职能权限,强化其在湿地生态文明建设中的地位和作用,并明确规范其职能范围,增强其对湿地保护的施治和协调能力。

2.建立健全湿地生态环境协同治理和因地制宜保护机制

坚持人与自然、人与社会和谐共生的保护思路,优先提升湿地领域防控能力建设,建立各级政府之间、生态环境部门与相关部门之间的行政管理防控机制,建立集企业、社会组织、社会公众于一体的环境治理防控机制,两者相辅相成、相互合作,形成政府、企业、公众等多元主体共同参与的生态环境协同治理机制。在湿地保护管理体制上,突破条块分割垂直僵化的传统思维,根据不同的湿地类型,建立以全区域、全要素为核心的横向体系,与有关河流、港口、运输、海事、土地、环保管理相协调,形成跨区域、跨部门的综合性管理体系。

重要湿地建立生态环境保护全方位监控体系,实现湿地内资源、环境、生态统一监测、统一监督。实施相关扶持政策,在财经、政策上给予湿地环保产业相应补贴,引入市场主体积极参与,推动湿地生态环境维护和治理持续改善向好。鼓励各地根据湿地所属区域生态环境差异、经济发展水平,实行具有地方特色的管理保护制度,充分发挥地方在解决当地湿地保护实际问题上的针对性、便捷性和可操作性优势。

3.理顺湿地行政、检察保护的衔接与配合

在《湿地保护法》出台之前,各地及各相关部门依据各自客观条件、职能目标所制定的与湿地有关的法规文件很多,所涉及的部门也很多,但各部门由于自身的职责不同,立法目标不同,现行湿地保护相关法规与上位法之间存在一些抵牾之处,相互之间在补充和衔接上存在困难,难以形成共同保护湿地生态环境的合力。因此,各省原已制定的关于湿地保护的地方性法规需要及时进行修改,以与上位法保持协调一致。在以往的执法和监督过程中,曾经多次出现发生事故或发现环境违法行为,公共利益受到侵害的情况下,却无法迅速找到或最终也难以确定负有监督管理职责的部门和单位。在实践中,精准确定哪一级别的哪一部门对某一破坏生态环境的违法行为负有监督管理职责,有时会成为检察机关在办理环境公益案件中所面临的一大难题。

2015年9月,中共中央、国务院印发《生态文明体制改革总体方案》中提出,将散落在其他部门的环境职责集中到一个部门进行统一管理和监督。2018年3月,十三届全国人大一次会议上表决通过的国务院机构改革方案,针对自然资源保护和生态环境问题,整合原环境保护部、国土资源部、水利部、农业部、林业局等其他部门,组建自然资源部与生态环境部。在厘清部门职责的基础上,由主管部门负责湿地的日常监管、政策执行和违法行为的查处,检察机关依法打击湿地破坏犯罪行为,追究违法行为人的民事法律责任,督促行政机关依法履行职责,通过法律监督确保行政行为的合法性。

法治是国家治理体系和治理能力的重要依托,而有关湿地保护的行政监管、检察监督的衔接与配合是保障湿地生态保护法治有效运行的重要环节。在湿地生态环境保护过程中,行政机关与检察机关应建立密切的协作配合机制,畅通信息共享渠道,在湿地保护领域形成行政执法、检察司法的强大合力。在湿地生态文明建设中,最终的目标应该是建立一种以党委领导、政府主导、检察监督、公众参与为原则的顺畅运行、高效有序的现代湿地生态环境治理体系,不断提升湿地生态环境治理的能力和水平。

第二节　无障碍环境建设

无障碍环境建设是残疾人、老年人等群体权益保障的重要内容,对于促进社会融合和人的全面发展具有重要价值。党的十八大以来,以习近平同志为核心的党中央就推动我国人权事业发展,加强残疾人和老年人等群体的权益保障,推进无障碍环境建设,作出一系列决策部署。习近平总书记明确指出,"无障碍设施建设问题,是一个国家和社会文明的标志,我们要高度重视"[1],将无

---

[1] 参见《托起"稳稳的幸福"——残疾人事业五年发展成就综述》,载中国政府网2023年9月17日,https://www.gov.cn/yaowen/liebiao/202309/content_6904480.htm。

障碍环境建设的重要性提升到新的高度,为我们做好无障碍环境建设工作,开展相应立法指明了方向、提供了遵循。

2012年国务院《无障碍环境建设条例》颁布实施后快速发展,为包括残疾人、老年人在内的全体社会成员参与融入社会生活、共享改革发展成果发挥了重要作用,展示了我国经济社会发展和人权保障的成就。2023年6月28日,第十四届全国人民代表大会常务委员会第三次会议通过《无障碍环境建设法》,无障碍环境建设正式成为检察公益诉讼的法定履职领域。

《无障碍环境建设法》是我国首次就无障碍环境建设制定的专门性法律,该法将检察公益诉讼作为对特定群体权益保护的法治保障措施写入,是总结实践探索经验、反映人民群众现实期待的立法授权,是中国特色公益司法保护制度在人权保障领域的标志性成果。检察机关依托公益诉讼履职,可以对无障碍设施建设不达标、无障碍信息交流有困难、无障碍社会服务不到位,侵害公共利益的情形进行监督,督促相关责任单位依法履行法律职责和义务,确保无障碍环境建设法律规定的有效实施。在实践中,检察公益诉讼已经成为促进无障碍环境建设发展的特殊途径和重要力量,不仅维护了残疾人、老年人等特殊群体的合法权益,也推动了社会的和谐发展。可以说,检察公益诉讼在我国无障碍环境建设中发挥了重要而积极的作用,体现了法治对弱势群体利益的重视和维护。

一、检察公益诉讼助力无障碍环境建设

《无障碍环境建设法》贯彻落实了习近平总书记有关无障碍设施建设与检察公益诉讼制度设计的重要指示批示精神和党中央决策部署,其中第63条规定:"对违反本法规定损害社会公共利益的行为,人民检察院可以提出检察建议或者提起公益诉讼。"《无障碍环境建设法》将检察公益诉讼作为监督管理的兜底保障措施进行明确规定,为充分发挥检察公益诉讼职能,促进无障碍环境建设提供了直接法律依据。

我国有8500万残疾人,60岁及以上人口已达2.64亿人,失能半失能的老年人口约占4400万,60岁以上残疾人已占到残疾人总数的58%,无障碍环

刚需人口约占总人口的35%以上。① 在《无障碍环境建设法》出台之前，检察机关已经把无障碍环境建设领域公益诉讼作为检察履职新领域积极进行探索，办理了不少无障碍环境建设公益诉讼案件。2019年至2021年3月，全国检察机关共立案办理无障碍环境建设公益诉讼案件803件，其中行政公益诉讼案件801件，民事公益诉讼案件2件；发出检察建议643件，诉前磋商结案29件。《无障碍环境建设法》实施以来，检察机关更加关注无障碍环境建设，认真落实最高人民检察院关于"深入推进无障碍环境建设公益诉讼，切实保障残疾人、老年人等特殊群体合法权益"的要求和部署，仅2024年全国检察机关就在无障碍环境建设领域立案办理公益诉讼案件5270件。② 各地还深化开展无障碍环境建设领域检察公益诉讼专项监督工作，如2021年8月至2022年7月，江苏省人民检察院联合省住建厅、省残联开展无障碍环境建设专项监督行动，围绕城市道路、公共交通、公园景点、医院、银行等重点区域开展监督工作，全省检察机关共办理相关公益诉讼案件562件，最后发布8件典型案例以指导无障碍环境建设和公益诉讼案件办理工作。③

检察机关参与无障碍环境建设工作的主要方式如下。

1. 聚焦关键领域，立体化服务保障特殊群体权益

检察机关紧紧围绕残疾人、老年人、儿童、孕妇等特殊群体在交通出行、生活办事、文化需求等方面所面临的现实难题，立体化开展无障碍环境建设公益诉讼检察工作，切实提升特殊群体的生活便利度和幸福感。

在无障碍设施建设领域，针对城市道路、广场、大型商场、地铁站等人流密集场所盲道、电梯、无障碍标志等重要设施被占用、缺失等不规范问题，开展重点监督。南京市人民检察院针对新街口站点内一、二号轨道交通线路换乘点无

---

① 参见《〈无障碍环境建设条例〉实施九年综述》，载人民资讯网，https://ms.mbd.baidu.com/r/1z75k3xRN72?f=cp&rs=498761086&ruk=jeDx9aQk7omYFIRGvtwaJg&u=389829ce62f5b2ac&urlext=%7B%22cuid%22%3A%%22g8BQiYil-a_1iS8A0u2Daga12i_eu2a9Y8HmiYuOSiKo0qqSB%22%7D，最后访问日期：2025年3月9日。

② 参见最高检发布《公益诉讼检察工作白皮书（2024）》，载最高人民检察院官网，https://www.spp.gov.cn/xwfbh/wsfbh/202503/t20250309_688675.shtml?_refluxos=a10。

③ 参见《江苏发布无障碍环境建设检察公益诉讼》，载江苏广电网，https://news.jstv.com/a/20220730/1659146533552.shtml?_refluxos=a10。

障碍设施缺失，长期影响特殊群体正常出行问题，通过公开听证、制发检察建议、跟踪监督等方式督促南京地铁集团开展全线网站点无障碍设施建设专项治理，共摸排和整改各类问题110项。辽宁省人民检察院沈阳铁路运输分院推动实现省内14个地市高铁无障碍出行。江苏省扬州市检察机关通过办案推动全市改造公交站台128处，新建盲道1400余米。①

在无障碍信息交流领域，推动以信息无障碍弥补身体机能、所处环境差异功能，让特殊群体平等、方便、安全地进行信息交流。针对群众反映的部分公共图书馆未设置视力障碍阅览室，未配备盲文、语音读屏等设备和软件，淮安市人民检察院通过组织召开磋商会、制发检察建议等方式，督促相关部门增设视力障碍阅览室，完善视障阅读设施，满足残障人士阅读需求，助力丰富阅读障碍者精神文化生活。连云港市检察机关针对部分药品包装和使用说明书字号普遍过小，给老年人等特定群体造成阅读障碍等问题，依法向药品监管、市场监管部门制发检察建议，促使当地4家药企通过加重印刷、正反面印刷、放大纸张、调大字号等方式探索开展适老化改造，推动辖区39个药品零售药店开展药事服务台试点，向群众提供放大版说明书。该案入选最高人民检察院典型案例，并作为实践样本推动《无障碍环境建设法》对药品说明书相关问题作出明确规定。②

在无障碍社会服务领域，积极发挥检察公益诉讼职能，推动解决特殊群体平等、方便、无障碍地获得生活和文化等方面的服务。如无锡市梁溪区人民检察院针对街道便民服务中心、社区便民服务站等行政服务机构、社区服务机构未依法提供无障碍社会服务，致使特殊群体"办事难"的问题，督促相关职能部门对9个街道便民服务中心、140余个社区便民服务站进行整改。③扬州市宝应县人民检察院聚焦区域特色，推动辖区24处文保单位、烈士陵园完成无障碍

---

① 参见《公益诉讼检察工作白皮书（2024）》，载最高人民检察院官网，https://www.spp.gov.cn/xwfbh/wsfbh/202503/t20250309_688675.shtml?_refluxos=a10。
② 参见闫晶晶：《对老年人友好！药品说明书大字、语音版上线——药品说明书适老化无障碍改造检察公益诉讼专案取得最新进展》，载《检察日报》2023年10月23日，第2版。
③ 参见谈文玺、袁浩为、郎建强：《让服务窗口低下来无锡市梁溪区检察院为政务服务设施体检》，载《江苏法治报》2024年2月2日，第A01版。

设施建设改造,满足特殊群体接受红色教育、人文教育的需求,保障其平等参与社会生活的权利。①

2. 注重协同履职形成无障碍环境建设合力

无障碍环境建设是一项复杂的系统工程,《无障碍环境建设法》明确了相关部门和组织的职责分工。不少检察机关通过走访公安、残联、住建、工信等部门,对无障碍环境建设现状、残疾人等特殊群体实际困难与现实需求、无障碍环境建设标准等问题开展调研。在此基础上,根据法律规定的监督管理机制,充分发挥协调机制优势,主动加强与残联组织、老龄协会、住房和城乡建设、民政、工业和信息化、交通运输、网信等部门的协作配合,完善案件线索移送、信息共享、联合调查、工作联动等工作机制,形成监督合力,提升办案质效,推动形成无障碍环境建设"共建、共治、共享"格局。

2024年以来,福建、新疆、陕西等省区检察院会同住建、民政、残联等部门开展无障碍环境建设公益诉讼协作,实现行政执法、社会支持与检察公益诉讼良性互动。② 各级检察机关采取实地走访、勘查等方式摸排线索并筛选评估、分析研判,经调查取证,厘清行政机关监管职责,针对行政机关未依法履职情形,依法制发检察建议,督促行政机关及时履职整改,办理了一批涉及特殊群体急难愁盼案件。

3. 一体融合履职,强化数据赋能

深化运用建议、提案与检察建议衔接转化工作机制。强化代表建议、委员提案和检察建议书的双向移送,凝聚"人大、政协+检察"监督合力,推动无障碍环境建设,保障特殊群体合法权益。2024年,无锡市检察机关梳理出市区两级人大代表、政协委员提出的4份无障碍环境建设建议、提案,将其转化为3份行政公益诉讼检察建议,督促相关行政机关依法改造提升老旧无障碍设施,加

---

① 参见梅静、程亚男、管莹:《江苏宝应:红色教育基地设置无障碍通道》,载《检察日报》2021年5月16日,第4版。

② 参见《公益诉讼检察工作白皮书(2024)》,载最高人民检察院官网,https://www.spp.gov.cn/xwfbh/wsfbh/202503/t20250309_688675.shtml?_refluxos=a10。

快老旧小区加装电梯等无障碍设施建设进程。① 2023 年，常州市新北区政协委员提出"关于加强全区无障碍环境建设的建议"提案，提案主办单位会同新北区人民检察院邀请界别组委员代表、"益心为公"平台志愿者代表、商业综合体管理方代表和群众代表等参加协商，有力推动辖区无障碍设施建设。②

  充分发挥"益心为公"平台作用。"益心为公"检察云平台以互联网模式提升公益诉讼观察员制度效能，吸纳环境资源、特殊群体权益等领域热心公益事业人士参与公益保护工作。在无障碍环境建设检察公益诉讼办案履职过程中，各级检察机关充分利用"益心为公"志愿者平台，聘请残联委员、盲协成员、"12345"公共服务中心工作人员为志愿者，在线索提报、检察听证、专业咨询、跟踪观察、案件讨论、"回头看"、评估验收等方面发挥了积极作用。2022 年，泰州市海陵区人民检察院邀请残疾人志愿者参与无障碍环境建设公益调查，重点查看部分公交站台、人行道无障碍环境建设情况和公园内残疾人专用洗手间建设使用情况，同时对部分路段无障碍建设的整改情况进行跟踪观察。③

  强化科技赋能实现提质增效。检察机关在办案过程中充分运用信息化、大数据等科学技术，不断赋能线索发现、证据固定、长效治理，助力提升无障碍环境建设水平。如苏州市虎丘区人民检察院主动对接提供无障碍地图服务的科技公司，打造集线索反馈移送、履职展示、更新指引等功能于一体的联合处置数据平台。在地图嵌入"公益投诉"模块，群众可通过文字、语音、图片等形式反映线索，点击地图上检徽可查看评估无障碍设施整改情况。2021 年 3 月至 11 月，虎丘区人民检察院通过无障碍地图 App 受理线索 10 余件，立案 8 件，推动

---

① 参见《无锡检察以残疾人需求为中心让"无碍"更"有爱"》，载锡检在线微信公众号 2024 年 5 月 20 日，https://mp.weixin.qq.com/s?_biz=MjM5MjA1OTlyNg%3D%3D&mid=2650908403&idx=1&sn=4bcdc5ee67f4fee707e17497bd74525f&chksm=8a75dff2e4d9b4880eb34cdf73fe3ca685177fc68074dbd8c4b4c6317195639a874a4ad7ed63&scene=27&_refluxos=a10，最后访问日期：2025 年 4 月 23 日。

② 参见《聚焦无障碍环境建设，区政协开展提案办理"回头看"》，载新北政协微信公众号 2023 年 9 月 14 日，https://mp.weixin.qq.com/s?_biz=MzlwOTg0ODY2Mw%3D%3D&MID=2247523424&idx=1&sn=3b122bbf25e226ec70559c7b93ae07e6&chksm=976f4c58a018c54e20036a41a44c92e3b8cf1f13d88cd588129b066a45e2c5b5e7ee614a288ea&scene=27&_refluxos=a10，最后访问日期：2025 年 4 月 23 日。

③ 参见《保障残疾人权益，我们让爱无碍》，载泰州市人民检察院网，http://tz.jsjc.gov.cn/zt/jcg-sh/202205/t20220523_1388616.shtml?_refluxos=a10。

改造地铁站无障碍通道23处,规范商业、文化、医疗康复等公共建筑内无障碍电梯、洗手间、车位数十处。[1]

4. 探索溯源治理,建立长效机制

各级检察机关贯彻"双赢多赢共赢"理念,加强与行政机关协作配合,与住建、残联、文旅等行政机关构建完善无障碍环境建设协作配合机制,共同推进无障碍环境长效治理体系建设。最高人民检察院加强与民政部、中国老龄协会、中国消费者协会等部门对接,从线索移送、信息共享、联合宣传、案例发布等方面,共同推进落实政府主导、各方协同、社会参与的保障老年人权益工作机制。[2] 山东、甘肃等省检察院与省残联会签在检察公益诉讼中加强协作配合做好残疾人权益保障工作的意见。[3] 南京市检察机关与南京市残联建立沟通协作机制,检察官联合"益心为公"志愿者深入大型商场、医疗机构等公共场所排查线索,开展法治宣传,倡导构建"有爱无碍"社会环境。[4] 扬州市宝应县人民检察院与县文旅局、县残疾人联合会等部门联合会签《关于加强文物保护单位(革命文物点)、烈士纪念场所无障碍设施建设实施意见》,将无障碍环境建设纳入全县争创全国文明城市的重点工作。[5] 宿迁市泗洪县人民检察院与县残疾人联合会会签《关于充分发挥检察职能切实加强残疾人司法保护的意见》,建立泗洪县残疾人权益保护检察办案中心,切实履行公益诉讼检察监督职能。[6]

---

[1] 参见苏州日报:《虎丘区检察院案例入选最高检无障碍环境建设检察公益诉讼典型案例》,载中共江苏省委新闻网,http://www.zgjssw.gov.cn/shixianchuanzhen/suzhou/202311/t20231114_8148007.shtml?_refluxos=a10。

[2] 参见《公益诉讼检察工作白皮书(2024)》,载最高人民检察院官网,https://www.spp.gov.cn/xwfbh/wsfbh/202503/t20250309_688675.shtml?_refluxos=a10。

[3] 参见《公益诉讼检察工作白皮书(2024)》,载最高人民检察院官网,https://www.spp.gov.cn/xwfbh/wsfbh/202503/t20250309_688675.shtml?_refluxos=a10。

[4] 参见《利民实事,办一件成一件!南京市检察机关深耕7件惠民实事项目》,载江苏检察网,http://www.jsjc.gov.cn/yaowen/202501/t20250106_1688800.shtml?_refluxos=a10。

[5] 《最高检发布无障碍环境建设公益诉讼典型案例》,载最高人民检察院官网,https://www.spp.gov.cn/xwfbh/wsfbh/202105/t20210514_518136.shtml?_refluxos=a10。

[6] 参见《信息快车》,载《检察日报》2024年4月9日,第9版。

二、无障碍环境建设存在的问题

检察机关通过公益诉讼履行无障碍环境建设的公益保护责任,保障《无障碍环境建设法》统一、正确实施,推动制度优势更好地转化为治理效能。近年来,江苏省无障碍设施覆盖范围不断扩大,无障碍环境建设水平不断提升,无障碍环境建设成为社会文明进步的重要元素和展现窗口。但无障碍建设是一个综合工程,不仅是基础设施硬件的建设,还包括理念转变、服务提升、信息化建设等多个方面的发展和进步,需要包括检察机关、主管部门和全社会付出更多的努力。

(一)无障碍环境建设理念需进一步强化

《无障碍环境建设法》强调社会全体人员共享经济社会发展成果,有无障碍需求的人群均可以享受无障碍环境便利,但《无障碍环境建设法》及各地所制定的地方性法规基本上都沿用了"保障残疾人、老年人"的传统说法,未全面点明受益群体。对此,有可能会在客观上造成社会公众对"无障碍"的错误认识,觉得建设无障碍与健康人群、青壮年人群无关,全民共享无障碍的文化理念尚未达成社会共识,不利于社会公众对无障碍环境建设的理解和支持。在日常维护和行政监管方面,也存在重建设轻管理的现象,无障碍设施被闲置、占用、损毁及维护保养不及时的情况仍时有发生,如盲道被电动车、自行车占用,无障碍卫生间被杂物占用,施工单位未及时恢复被破坏的无障碍设施等,这都导致部分无障碍设施形同虚设。由于相关部门执法力量不足、重视程度不够等,极少对违法行为人损坏无障碍设施、无障碍设施责任人不履行维护和管理职责作出行政处罚,导致社会各界对无障碍设施日常养护不够重视,无障碍设施损坏后长期得不到维修。

(二)无障碍设施新建、改造仍需持续推进

无障碍设施改造难以短期内解决。由于资金不足和监管职能交叉等问题,一些已建成的公共服务场所、老旧小区等无障碍设施改造相对滞后。如徐州市

睢宁县红色资源达23处,但长期以来均未设置相应无障碍设施,无法满足全民参观和接受红色教育的需求。① 如何在协同不足、经费有限的条件下,优化资源配置,确保无障碍环境建设持续推进,成为当前亟待解决的问题。

部分无障碍设施建设投入滞后。《无障碍环境建设法》施行后,相关职能部门一方面更重视盲道等传统无障碍设施建设,但对无障碍标识、过街音响等设施投入不够;另一方面无障碍专业人才培养需要加强,部分施工图审查机构人员无障碍专业知识不精,导致图审后仍存在无障碍设计不符合标准的情形。如淮安市全市1391个交通信号路口中,仅43个设有过街音响提示装置,占比仅为3.09%,且设计也存在声响提示分不清指示方向、声响相互干扰等问题,指示效果不佳。淮安市8个县区中,淮阴区、涟水县、金湖县、盱眙县均未设置过街声响提示装置。②

无障碍环境建设不规范、不连贯问题较为普遍。虽然《无障碍设计规范》③等对无障碍建设标准进行了规范,《江苏省民用建筑及市政工程施工图无障碍设计文件技术审查要点》④对无障碍设计文件审查进行了规范,但实际生活中医院问询台、挂号处、取药处等低位服务设施、无障碍出入口宽度、轮椅坡道坡度、残疾人专用厕位设置等,不符合规范情况比较普遍,无障碍设施无法达到便利要求。特别是不同物理场景之间缺乏无障碍连通,存在难以从城市道路进入公共建筑物、从人行道进入公交站台等各种困难和不便。这种情况不仅有损特殊群体出行和日常生活的便利性,凸显无障碍环境建设对统一技术标准的迫切需要。

---

① 在睢宁检察机关公益诉讼的督促下,截至2024年10月已有12处红色资源完成了无障碍改造工作。参见《睢宁县检察院公益诉讼让红色资源"活起来、火起来"》,载江苏检察网,http://www.jsjc.gov.cn/yaowen/202410/t20241018_1668876.shtml?_refluxos=a10。

② 参见《江苏省残联"四大行动促进残疾人全面发展建新功"》,载中国残疾人联合会网,https://www.cdpf.org.cn/xwzx/dfdt1/976a75d94cc9496da02a91883df2b840_mobile.htm?_refluxos=a10,最后访问日期:2025年3月17日。

③ 住房和城乡建设部发布《无障碍设计规范》(GB 50763—2012),自2012年9月1日施行。

④ 2020年8月14日,江苏省住房和城乡建设厅发布《江苏省民用建筑及市政工程施工图无障碍设计文件技术审查要点》(苏建设计〔2020〕131号)。

(三)无障碍环境建设存在"重硬件轻软件"倾向

随着人工智能、大数据技术等新一代信息技术的快速发展,在线预约、扫码支付、网络服务等新生活模式竞相涌现,极大地便利了人们的生产生活,但无障碍信息服务与科技发展的融合相对较慢,残疾人、老年人通过网站浏览、使用手机 App 时存在诸多障碍,与现代社会生产生活存在一定程度的脱节,也就是人们通常所说的"数字鸿沟"。部分政府和部门网站、政务服务平台等利用财政资金建立的平台,包括部分残疾人联合会网站,未按照标准设计无障碍网站,无法有效提供无障碍信息服务。在紧急呼叫方面,目前多数"110"报警求助、"120"医疗急救等系统仍不具备文字、一键呼叫等无障碍功能,只能通过语音拨打进行反馈。此外,高昂的无障碍信息化研发成本和相对少量的市场空间,导致部分助残设备费用较高,残疾人、老年人无法享受优质的无障碍信息化服务。

(四)无障碍社会服务体系还不够完善

医疗、交通等无障碍需求较大的机构,无障碍服务还不够友好完善。一些场所虽然保留了现场指导、人工办理等传统服务方式,但无障碍设备和辅助器具较少、地位服务台等设置未全覆盖、医院未设置手语导医服务、乡镇医院楼层未设置无障碍卫生间、交通运输部门无法提供服务犬等问题较为普遍。同时,针对残疾人的优待举措存在落地难问题。《江苏省残疾人保障条例》(2021 年 9 月修订)第 60 条第 2 款规定:"城市公共停车场所应当在方便的位置按照规定的比例设置残疾人专用停车泊位,并减免停车费用",但这一规定,在实际操作中还存在困难。如 2023 年常州市发改委发布《关于调整常州市主城区机动车免费停放时长和部分停车设施收费标准的通知》,明确规定,持有残疾人证且由本人合法驾驶的非营运车辆,进入实行政府定价、政府指导价管理的停车设施,减半收取机动车停放服务费。该政策施行以来,多名残疾人反映部分停车场未落实该政策,即使落实优惠政策,也需要通过人工验证方能享受,而无人值守停车场给残疾人带来极大不便。①

三、进一步提升无障碍环境建设水平

(一)做好法律实施配套工作

《无障碍环境建设法》的出台从根本上填补我国无障碍环境建设基本法律、综合法律和专门法律的三大空白,但因法律文本内容原则性较强,为充分发挥其功能,需横向衔接相关法律法规、纵向细化地方立法,推动原则性、纲领性条文落细落实。

首先,需要强化法律衔接构建体系化保护屏障。《无障碍环境建设法》作为专门立法、综合立法,需与相关法律法规中的无障碍环境建设规定配套衔接,形成完备的无障碍环境建设法律体系。目前与无障碍环境建设紧密相关的很多法律,如《建筑法》《道路交通安全法》《民用航空法》《铁路法》《教育法》《旅游法》《消费者权益保护法》《突发事件应对法》《药品管理法》《国家通用语言文字法》《政府采购法》等,尚缺少无障碍相关条款,具体执行内容还需要相关法律在修改时作出详细规定。此外,关于志愿服务、养老服务、数字经济等领域的法律在制定时也应充分考虑设置无障碍有关条款。

其次,需要推动地方立法实现规则有效落地。充分发挥地方立法的活力和自主性,结合本地实际情况,尤其是综合考虑财政资金支持、市场成熟度、特殊群体实际需求等方面的因素。通过制定配套法规、出台解释性文件,因地制宜制定相应的无障碍建设标准,有效解决无障碍环境建设中的痛点、难点、堵点,打通法律实施"最后一公里"。在主体责任方面,明确无障碍设施所有权人、管理人责任内容,将多元主体的权利与义务明确固定下来形成制度,保证无障碍设施功能完善、使用安全、高效利用。在监管责任方面,严格依法落实无障碍环境建设与维护的监督管理职责。对于法律法规规定不够明确、执行中存在分歧

---

① 常州市检察机关已针对该问题启动公益诉讼程序,并有效推动问题整改,实现该市残疾人名下车辆停车自动减免停车费。参见《全市3688台残疾人名下车辆停车自动减免车费》,载江苏检察网,http://cz.jsjc.gov.cn/zt/fhjcznzy/202409/t20240924_1662256.shtml?_refluxos=a10。

的,按照上位法优于下位法、新法优于旧法的法律适用原则,辅以政府规范性文件、"三定方案"等压实部门职责。同时在各司其职的基础上,完善跨部门协同联动机制,推动形成协同治理、系统治理的共赢格局。在建设标准方面,制定针对不同群体、不同环境的无障碍建设标准。例如,根据老年人、孕妇、婴幼儿等特殊群体不同需求细化相应标准,区分火车站、公交车站、超市、医院、社区公共配套设施等不同场景的建设标准。在经费保障方面,以立法形式加强对无障碍环境建设的资金支持和投入,在"建立稳定的经费保障机制"基础上,畅通社会资本流入无障碍环境建设的渠道,合理利用社会和财政资金满足多元化、高质量、低成本的无障碍服务需求。

(二)提升无障碍设施建设水平

首先,加快新建工程无障碍环境规范化、标准化建设。随着无障碍环境建设日益引起重视,新建公共建筑均应严格依照国家标准《无障碍设计规范》(GB 50763—2012)、《无障碍设施施工验收及维护规范》(GB 50642—2011)等开展设计、审查、施工、监理、验收等工作,不区分强制性条文与推荐性条文的适用场景。在这一点上,2022年4月1日施行的《建筑与市政工程无障碍通用规范》[1]全文皆为强制性工程建设规范,就是一个很大的进步。在此基础上,加强对规划、设计、建设、验收等从业人员无障碍规范标准和相关知识培训,提高从业人员技能水平,深化无障碍环境新建和改造工作强制性条文的执行。同时,建议在无障碍环境建设中植入公共利益损前预防理念,让残联、妇联、老龄委等组织积极主动参与到无障碍环境建设事前规划、事中管控和事后监督中。

其次,高水平推动既有建筑无障碍环境问题改造。对于无障碍环境既有问题的整改,应当立足现行立法,由相关职能部门及时制定改造计划并组织实施。建议结合无障碍改造专项行动、老旧小区改造、城市更新、城市景观改造提升等项目,加强无障碍设施的建设、改造,并通过加挂公告牌等方式公示举报方式,

---

[1] 《建筑与市政工程无障碍通用规范》(GB 55019—2021),由住房和城乡建设部于2021年9月8日通过并发布。其为强制性工程建设规范,必须严格执行。

畅通群众反映无障碍设施缺失、损毁等情况的投诉途径。

(三)优化无障碍信息交流软硬件供给

首先,贯彻数字弱势群体倾斜保护原则。《无障碍环境建设法》规定的无障碍信息交流条款涉及公共信息、出版发行、互联网平台等诸多领域,但其中不少为建议性条款,缺乏强制性义务。为防范数字科技的不均衡传导等因素所引发的弱势群体权益受损困境,应积极推动建议性条款的落实,保障无障碍信息交流。

其次,推动政务信息无障碍。加快提升除市政府外各政府部门网站、网上办事大厅的信息无障碍服务,鼓励从事公共服务的各单位网站支持信息无障碍功能,支持网站接入服务商搭建互联网信息无障碍共性技术服务平台。

再次,推动公共场所信息无障碍。在城市公共服务场所全面设置无障碍信息交流设备,以方便有需求群体能及时获取信息。对暂时缺乏条件的部分场所,建议安排人工服务,并以文字、语音播报等方式在服务场所公布获取人工服务的方式、途径。

最后,推动无障碍信息技术开放共享。汇聚信息无障碍领域"产学研用"各方力量,鼓励企业间进行深度交流与合作,推进信息无障碍相关知识产权和技术的开放共享,降低企业参与信息无障碍建设的门槛。

(四)扩张无障碍社会服务范围

首先,加强无障碍志愿服务。充分发挥志愿服务队伍作用,陪伴特殊群体出行,如针对盲人的助行、助医志愿者服务,针对听力、言语残疾人的手语志愿者服务,针对下肢残疾人的爱心车队助游志愿服务,为老年人提供预约上门法律服务等,帮助残疾人、老年人等群体避开出行路上的障碍或减少他们不必要的出行,以弥补无障碍设置不到位带来的各种困难和不便。

其次,强化助残科技产品应用。采取有效措施调动市场主体积极性,利用新科技、新材料促进无障碍技术、产品及服务的研发、生产、应用和推广,提升市场有效供给。鼓励、支持残疾人、老年人使用无障碍信息化产品,给予相应的政策支持和资金补贴。

(五)充分发挥检察公益诉讼制度效能

首先,强化无障碍环境建设理念。总结公益诉讼高质量司法实践,结合"宪法宣传日"、检察官宣讲团等活动,把无障碍法律法规知识纳入法治宣传的重要内容,使广大群众不断增强无障碍环境维护的法律意识和文明自觉。开展公开听证,加强释法说理,兼顾法、理、情,调动社会各界参与无障碍环境建设公益诉讼的积极性。深化"益心为公"志愿者平台运用,让志愿者自觉主动当好无障碍环境建设公益故事"宣传员"。

其次,加强预防性检察公益诉讼。在无障碍设施建设领域,将检察监督触角向规划、设计、施工等前置阶段予以延伸,把事前与事中阶段的预防性监督作为重点,在实现经济效益最大化的同时有效保障相关群体权益。

最后,拓宽监督领域。充分发挥检察公益诉讼破解国家治理难题的制度优势,将办案领域从无障碍设施建设向信息无障碍、服务无障碍等领域不断深化拓展,整体推进无障碍设施、信息、服务环境建设,以检察公益诉讼保障相关群体无障碍权益的高质量落地。

第三节 知识产权公益诉讼制度构建

创新是引领发展的第一动力,保护知识产权就是保护创新。完备的知识产权法律法规体系、高效的执法司法体系,是强化知识产权保护的重要保障。人民检察院是国家的法律监督机关,担负着追诉知识产权犯罪、监督知识产权法律统一、正确实施的重要职责使命。近年来,各级检察机关认真贯彻党中央决策部署,聚焦知识产权保护重点领域和突出问题,持续加大知识产权司法保护力度,为促进经济社会发展作出了积极贡献。检察公益诉讼作为国家推进法治建设重要部署和相关制度设计的关键一环,也应当在知识产权保护中发挥积极作用。

一、司法实践提出知识产权公益诉讼问题

近年来,我国经济社会生活中因侵害知识产权或者滥用知识产权而导致公共利益受损的案例多有发生,对知识产权公益诉讼的研究和探索在学界和司法实践中逐渐引起关注。我们先看两个案例:

甘李药业股份有限公司(以下简称甘李药业公司)诉国家知识产权局商标权无效宣告请求行政纠纷案。① 甘李药业公司2002年将"长秀霖"商标用于其研制的胰岛素等人用药上,商品销往全国各省区,经过多年积累"长秀霖"商标在市场上达到驰名程度。2012年2月,通化东宝药业股份有限公司(以下简称通宝药业公司)在人用药上申请注册"长舒霖"等商标,其核定使用商品范围及商标本身的相似度足以使公众认为其与甘李药业公司"长秀霖"商标具有相当程度联系,对消费者造成误导,也损害了甘李药业公司的合法权益。后甘李药业公司提出"长舒霖"商标无效宣告的申请,国家知识产权局认为通宝药业公司不构成侵权,于2020年7月裁定"长舒霖"商标予以维持。甘李药业公司不服,向法院提起行政诉讼。北京市高级人民法院二审认为,通宝药业公司"长舒霖"商标是复制、模仿他人已经注册的驰名商标,误导公众,致使"长秀霖"商标注册人甘李药业公司利益受到损害,最终判决撤销国家知识产权局原裁定,并由国家知识产权局就甘李药业公司无效宣告申请重新作出裁定。

再看四川德先科技有限公司(以下简称德先公司)诉索尼株式会社(以下简称索尼公司)、上海索广电子有限公司(为索尼公司在华合资企业,以下简称索广公司)不正当竞争纠纷案。② 日本索尼公司是数码摄像机、数码照相机的全球知名生产厂家,同时公司也生产这些数码产品的配套可充电锂电池。索尼

---

① 该案具体案情参见北京市高级人民法院行政判决书,(2021)京行终1691号。
② 该案具体案情参见上海市第一中级人民法院民事判决书,(2004)沪一中民五(知)初字第223号,原、被告均未提出上诉,案件一审生效。该案被业界称为"中国知识产权反垄断诉讼第一案",这一案件也标志着中国企业在面对跨国公司滥用市场优势时,开始通过法律手段进行维权。参见肖黎明:《反垄断法剑指跨国公司知识产权滥用》,载《法制日报》2007年9月2日,第2版;王运辉:《德先科技诉索尼背后:电池市场暗战行业标准》,载《21世纪经济报道》2005年2月5日,第4版;李剑:《从搭售构成到市场的关联性——对德先诉索尼案的思考》,载《河北法学》2008年第6期。

公司通过对其生产的电池加装智能电池识别系统（InfoLITHIUM 专利技术），使上述数码产品只能选择使用索尼公司生产的电池。德先公司是国内的一家电池生产商，其于 2004 年 11 月以索尼公司滥用市场支配地位为由提起民事诉讼，要求索尼公司停止使用其锂电池智能识别技术。① 经过多轮法庭辩论和举证，法院最终认定，索尼公司确实在数码摄像机、照相机及其配套的锂电子电池上加设了智能密钥技术，但其目的是达到精准测定并显示电池剩余电量，目前没有证据显示被告是为了排除非索尼电池的使用，最终判决驳回德先公司的诉讼请求。

由于制度供给问题，上述两个涉知识产权案例虽然以普通行政诉讼、民事诉讼方式提起，但案件本身均涉及公共利益是否被侵害的问题。尤其是德先公司诉索尼公司、索广公司案，如果在反垄断及公益诉讼等法律制度更加健全的当下，诉讼结果可能会有不同。随着形势的发展和公益保护的客观需要，知识产权公益诉讼越来越受到重视。2022 年 3 月，最高人民检察院发布《关于全面加强新时代知识产权检察工作的意见》提出，加强对知识产权领域公益诉讼的理论研究和实证分析，依托公益诉讼法定领域积极稳妥拓展知识产权领域公益诉讼。在检察公益诉讼立法正在加紧进行之际，结合近年来的实践探索，在此有必要对知识产权公益诉讼相关问题进行相应的研究和探讨。

二、知识产权公益诉讼制度构建的法学分析

知识产权公益诉讼制度构建虽然引起了学界和有关机关的关注，但除 2023 年 4 月最高人民检察院发布的《人民检察院办理知识产权案件工作指引》对知识产权公益诉讼检察办案有所涉及，尚缺乏其他高位阶国家立法的明确规定与总体设计。为进一步推动立法活动，有必要从法学方法上对相关制度建构的基础作一些分析。

（一）知识产权公益诉讼的法社会学分析

1968 年美国学者加勒特·哈丁（Garrit Hadin）提出了著名的公地悲剧

---

① 参见张波：《德先诉索尼垄断案及其启示》，载《知识产权》2006 年第 4 期。

(Tragedy of the commons)定律:在公共的草地上,牧民出于自身利益最大化考虑,往往倾向于无节制地过度放牧,长此以往势必发生草原退化,承载能力降低,最终大家都无法在这片草原上维持生活。公地悲剧作为一种社会现象,常被用来解释由于公共产品的非竞争性和非排他性,很可能导致在使用过程中陷入低效甚至无效的状态。公共领域或公共产品之所以会出现这种状态,其根源在于公共性或开放性的利益、资源或者领域缺乏明确的权利主体和有效的监督约束,看似每个人都有权利,但因为没有人负责和管理,不可避免地被滥用或无视,最终造成整体利益的减损乃至灭失。由于知识产权的独特性,导致其既容易受到侵害,又容易被滥用,这两种情况都有可能导致公共利益受到损害。

在公共利益被侵害的情况下,如果没有明确的法律授权主体来维护或主张权利,也就难免发生类似公地悲剧的结果。正如有论者指出,我国法律规定自然资源属于国家所有,其初衷在于解决自然资源领域的"公地悲剧"。[①] 与此相类,法律授权检察机关或者其他适格主体提起知识产权公益诉讼,也是为了避免在知识产权领域公益维护中发生类似"公地悲剧"的局面。

(二)知识产权公益诉讼的法经济学分析

根据法经济学的观点,通过对法律构建的规则制度进行成本收益或经济效率分析,就可以对法律实施的效果进行评估,并对特定的法律安排的价值与功能作出评价。[②] 在经济领域财产信托是一种行之有年、广泛适用的成熟制度安排,委托人可以基于对受托人的信任,将其财产委托给受托人,由受托人以自己的名义,为受益人的利益或特定目的进行管理和处分。信托制度的运用,可以做到将资产所有权与管理使用权相分离,使受托人对信托财产的管理使用相对独立,从而更好地实现资产保值增值,以便更好地投入公益慈善,或者委托人的其他特定目的事业。换句话说,信托制度可以充分发挥专业人士的专业管理能

[①] 参见徐伟:《公共数据权属:从宪法国家所有到民法国家所有权》,载《当代法学》2024 年第 1 期。

[②] 参见周泽夏:《知识产权法经济分析的理论基础——基于〈知识产权法的经济结构〉的讨论》,载《政法论坛》2018 年第 4 期。

力,降低成本,提高效益。

在知识产权公益诉讼中,当涉及知识产权的公共利益被侵害时,权益受损的不特定多数人,由于单个权益受损较小或自身局限性等原因无法有效维权,但可以通过将其诉权及其他法律上相关权利委托给检察机关或者其他适格主体的方式,从而实现其维护自身权益的目的。检察机关或者其他适格主体通过知识产权公益诉讼,达到修复或维护因违法行为造成公益受损而受侵害的多数人的合法权益,也是一种提高效率、降低维权成本的制度安排。

(三)知识产权公益诉讼的法哲学分析

从知识产权制度本身的哲学意义和价值追求来分析,与其相关的公益诉讼制度构建的正当性和内在逻辑也同样是显而易见的。作为知识产权权利客体的智力成果,其最终目的还是在于满足人类发展的现实需求,如果过度保护权利人的专有权利,势必会加大人们学习、使用的成本,从而限制整个社会的创新能力,最终阻碍全人类自由全面发展。[①] 知识产权是因为权利人在技术、经济、文化发展进步中的特殊贡献等原因,而获得由国家立法授予的某种独占性权利。

权利人要行使其权利,就必然要对他人对知识产权客体的利用施加相应的限制。如果知识产权权利人滥用权利,则会对社会的技术、文化、资源的分享、传播、扩散产生不利影响,最终阻碍社会的发展与进步。而反过来,如果知识产权被侵害,权利人的权利得不到有效的保护,又会打击权利人进行发明创造、文化创造、企业经营的积极性,也会妨碍社会的技术进步和经济文化发展。因此,知识产权保护需要权衡知识产权权利人的权利与公众利益之间的关系,做到既要维护知识产权权利人的合法权益,又要能够及时保护好相应的公共利益,需要在两者之间取得某种平衡,最终确保两不相碍、各得其所。由于这种客观上的需求,就要在当前的法律框架下将知识产权保护与公益保护两种制度结合起来,既有效保护知识产权,又确保公共利益不致受损,从而促进社会共同体的和

---

① 参见林凌、周勇:《智能著作权保护的法哲学分析》,载《新闻大学》2024年第2期。

谐运行与良性发展。

三、知识产权公益诉讼制度构建的现实需要

就建立知识产权公益诉讼制度来说,不仅在理论上有着深厚而扎实的基础,而且在具体实践和制度需求层面也存在切实的必要性。

(一)弥补制度漏洞更好维护公益

我国刑法及其他实体法律将假冒注册商标、侵犯著作权、假冒专利等行为纳入打击规制范围,涵盖了知识产权违法犯罪的主要类型,在保护途径上民事维权、行政监管、刑事打击可以相互配合,在诉讼方式上民事诉讼、行政诉讼、刑事诉讼领域分明,似乎制度完备、保护充分。但认真检讨却发现仍然存在盲点和空白,尤其是对于知识产权领域侵害公共利益的违法行为,没有构成犯罪或者虽已进行刑事打击但依法仍需进行行政处罚,仍应承担相应的民事责任的情况,由于各种原因负有监督管理职责的行政机关未进行监管,权益受损的众多主体也无人主张权利,那么按照当下的制度设计及运作模式,违法主体就极有可能逃脱惩罚,不用承担本应当由他承担的全部法律责任。损公自肥又不用付出或者不用较高比例地付出违法成本,制度的漏洞一旦被人发现和利用,公共利益的损害就不可避免。因此,建立知识产权公益诉讼制度可以弥补制度漏洞,更好地维护公共利益。

(二)规制跨国公司滥用知识产权

在当今市场一体化和经济全球化的形势下,一些实力强大的跨国公司凭借其富可敌国的经济实力及关键技术优势,在全球市场饕餮恣肆以获取超额利润,我国也深受这些跨国公司滥用知识产权之害。这些跨国公司利用其在知识产权上的垄断地位,可以做出很多侵害我国国家利益或者社会公共利益的行为:故意抬高产品价格,加重消费者的负担,损害消费者的利益;在与国内企业进行市场交易时,迫使合作方承担不应有的高昂成本;在关键时候"卡脖子",采取技术封锁措施,妨碍、阻止我国正常的技术开发利用和提升进步。知识产

权公益诉讼可以规制和打击跨国公司这种滥用技术和市场优势的行为,为国内企业提供更加公平的市场环境,同时也有利于保护消费者的合法权益,维护我国的国家经济安全。

(三)反制国际单边主义、贸易保护的有效工具

近年来,由于一些西方政治人物别有用心的煽动,贸易保护主义重新抬头,有些国家把贸易问题政治化,甚至不惜退群、废群,在国际商贸往来中采取单边主义政策和贸易保护措施,通过设置和运用各种各样的贸易壁垒,干扰全球产业链稳定。我国企业频频成为一些国家贸易保护主义的受害者,"走出去"难度加大,障碍增多。在这种背景下,知识产权公益诉讼也可以成为我国反制国际单边主义、贸易保护的利器,在关键时候成为我国在国际交往中的筹码和有力工具。

四、知识产权与公益诉讼制度榫合界定

知识产权与公益诉讼作为两种相互独立的法律制度,其立法的初衷及其保护的利益原本并无太多关联,但因为侵犯或者滥用知识产权行为可能会带来公共利益损害的后果,知识产权保护与公共利益保护两列各自运行的制度之车由此存在交会的可能性。当此之时,两种制度可能会同向发力相互加持,也可能迎面相撞而发生龃龉,这时就应作出某种平衡与取舍。为了实现两种制度的协同并解决好潜在的冲突问题,就需要通过巧妙的制度设计安排,将其有效地榫合在一起。这样既能够有效保护公共利益不受损害,又可以很好地保护智慧财产权利人的合法权益和创新积极性。

根据已有的公益诉讼实践探索和初步构想,所谓知识产权公益诉讼应是检察机关或者其他适格主体,为维护国家利益或者社会公共利益,依照法定程序对涉知识产权违法行为提起的诉讼。归纳起来,其应当具备以下特征。

(一)提起的主体应为检察机关或者其他适格主体

普通民事诉讼或者行政诉讼都要求诉讼程序的发起者是争议法律关系的

一方,或者对争议标的具有直接的利害关系。公益诉讼则不要求"直接利害关系",但为防止滥诉,则对提起主体进行了适当的限制,即需要法律的明确授权才有资格提起诉讼。法律授权检察机关可以提起诸多法定领域的公益诉讼,包括民事公益诉讼和行政公益诉讼。除检察机关,其他法律规定的机关和社会组织,则可以对特定领域侵害社会公共利益的民事违法行为提起民事公益诉讼。

(二)目的是维护国家利益或者社会公共利益

在普通的知识产权民事诉讼或者行政诉讼中,当事人关注的是自身权利义务的分配、享有和承担,而公益诉讼则带有鲜明的公共性,是为了维护公益,而不专注于个体利益之得失。它的提起是因为公共利益被侵害或者具有被侵害的急迫风险,审判机关在裁判时也要重点考虑公共利益是否受损以及受损的程度等事实。

(三)违法行为涉及知识产权,且造成公益被侵害的后果

知识产权公益诉讼中的违法行为既包括侵害公益的知识产权民事违法行为,又包括负有知识产权监督管理职责的行政机关违法行使职权或者不作为致使国家利益或者社会公共利益受到侵害的情形。作为知识产权公益诉讼指向的民事违法行为和行政违法行为两种不同的对象有两个共同点:一是均导致了公共利益被侵害;二是均与知识产权相涉。

(四)需履行法定程序

由于公共利益涉及不特定多数人,那么对公益的维护就必须做到公开、透明、有效,故立法机关对公益诉讼设计了独特而严密的程序。在民事公益诉讼中,法院在受理案件后要依法公告受理情况并告知行政主管部门,而检察机关提起的民事公益诉讼案件则将公告程序前移到调查终结后的审查起诉阶段。在行政公益诉讼中,检察机关在提起诉讼前应当向行政机关提出检察建议,督促其依法履行职责,只有行政机关不依法履行职责的,检察机关才可以依法提起行政公益诉讼。

五、知识产权公益诉讼内容想定

现阶段虽然各地检察机关对知识产权公益诉讼进行了积极探索，但是由于目前还不属于法定领域①，知识产权公益诉讼在实践中还面临着法律依据缺失、程序内容不明等方面的困难，需要尽快从制度层面上进行完善。除了公益诉讼通用规则，知识产权公益诉讼特有内容应当包括以下几个方面。

（一）案件范围

从实践探索和逻辑分析来看，知识产权公益诉讼的案件范围大致应包括以下内容：

1.因滥用专利权或者侵犯专利权而损害公益的行为，包括但不限于：垄断、滥用专利权侵害公共利益，包括利用因知识产权而产生的优势实施限制竞争协议、滥用市场支配地位、经营者集中三种垄断行为；不以技术进步为目的而大规模控制同类专利技术牟利的行为；侵害专利权的同时侵害国家利益或者社会公共利益。

2.滥用或者侵害商标权损害公益的行为，包括违法进行侵害公共利益的商标注册，如将行业共用标志、地理标志等注册成商标；假冒伪劣产品非法使用驰名商标、有一定影响的商品误导消费者，造成混淆。

3.滥用著作权及损害公益的侵害著作权行为。对于已经属于公共领域的作品要求付费下载或违法设置获取、阅读障碍；对于传统、民间文化艺术作品不当占有和使用；其他涉及非物质文化遗产保护的著作权违法行为。

4.侵害集成电路布图设计专有权、侵害植物新品种权，违法使用地理标志等特殊标志，损害公益的行为。

5.窃取、泄露商业秘密、国家秘密，损害国家利益或者社会公共利益的。

---

① 2023年4月26日，最高人民检察院发布了《人民检察院办理知识产权案件工作指引》，涉及知识产权公益诉讼案件的办理；一些省、市人大通过地方性立法也对探索知识产权公益诉讼作出了规定。如2020年《上海市知识产权保护条例》（第33条）、2022年《江苏省知识产权促进和保护条例》（第32条）等，但这些地方性立法相关规定只能表述为"探索"，尚缺乏国家高位阶法律文件对知识产权公益诉讼的明确授权性规定。

6. 技术合同、特许经营等涉知识产权合同损害公益的。

7. 擅自使用有一定影响力的网络域名、企业名称(商号)、产品名称、包装、装潢及虚假宣传、商业贿赂、商业诋毁等行为,损害消费者权益和社会公益的。

(二)提起诉讼主体

按照我国目前的公益诉讼制度,公益诉讼可以分为民事公益诉讼和行政公益诉讼两类,其提起的主体和适用的程序各不相同。"检察机关作为党绝对领导下的政治机关、法律监督机关和司法机关,是保护国家利益和社会公共利益的重要力量"[1],可以提起当前几乎所有法定领域的民事公益诉讼和行政公益诉讼。其他的适格主体,包括法律规定的机关和社会组织,仅能在与自己职责、业务范围相关的特定领域提起民事公益诉讼。从实践来看,由适格社会组织提起的公益诉讼不是太多,检察机关无疑是公益诉讼的主力军。2018年至2022年五年间,社会组织提起的公益诉讼案件有700件左右[2],而同期检察机关提起公益诉讼案件40000件,年均上升41.5%[3]。仅2023年上半年检察机关就立案办理公益诉讼案件10.9万件,最终提起诉讼5308件,同比上升9.7%。[4]

就知识产权公益诉讼来说,仍应当采取当前已经成熟的公益诉讼模式,即由检察机关单独提起行政公益诉讼,而在民事公益诉讼上则相对开放,除检察机关还应授权符合法律规定条件的社会组织,如中国知识产权研究会[5]、中国(江苏)知识产权维权援助中心[6]以及知识产权各特定领域符合条件的社会组

---

[1] 参见《更加自觉扛起做实"公共利益代表"神圣职责》,载《检察日报》2024年12月23日,第1版。

[2] 参见孙谦:《中国特色检察公益诉讼的制度与实践》,载中国检察官网,http://zgjcgw.com/html/jcrw/djcgs/2023/0414/17297.html。

[3] 参见应勇:《以习近平法治思想为指引加快推进检察公益诉讼立法》,载《人民检察》2023年第21期。

[4] 参见应勇:《以习近平法治思想为指引加快推进检察公益诉讼立法》,载《人民检察》2023年第21期。

[5] 中国知识产权研究会成立于1985年,是全国性的非营利社会组织,由国家知识产权局主管,旨在促进知识产权事业的发展。

[6] 中国(江苏)知识产权维权援助中心成立于2008年,由国家知识产权局批准设立,受江苏省知识产权局管理,是一个比较著名的知识产权公益组织,为社会公众和企事业单位提供公益性的知识产权维权服务。

织等,对侵害公共利益的涉知识产权违法行为提起公益诉讼。

(三)案件类别

检察机关本身具有国家法律监督机关、公共利益代表的职责属性和角色定位,故由其提起公益诉讼有着其他主体所不具备的特殊优势。在知识产权公益诉讼实践中,可以以行政公益诉讼为主,同时兼顾民事公益诉讼。检察机关在公益诉讼履职中应当有选择有重点,让有限的司法资源投放在社会公共利益受损最严重或者说最易受损的地方。对于行政机关通过监督管理即能够及时有效纠正的,督促行政机关依法履职是一种高效率的检察监督方式。① 这样不仅可以调动维护公共利益的社会各方面积极力量,同时又契合当前社会阶段的现实情况,在通过挖潜扩大制度的价值和功能的同时,又能较好地限制它可能带来的混乱和不必要的成本消耗。

检察机关对其他适格主体提起的知识产权民事公益诉讼可以支持起诉,其具体方式除了提供法律和专业咨询、协助调查核实、提出支持起诉意见、出席法庭等较为成熟的方式,还可以探索和解审查、执行监督等其他支持方式。

(四)提起程序

在现行检察公益诉讼法律条款中,检察机关提起诉讼均有前置程序设置。检察机关提起行政公益诉讼前,应当先制发检察建议督促行政机关履职,只有被督促的行政机关不依法履职,检察机关才提起公益诉讼。在提起民事公益诉讼前,检察机关要先进行公告,以其他适格主体提起诉讼为优先,如果没有其他适格主体或者其他适格主体不愿意提起诉讼,检察机关才补位提起诉讼。

从实践来看,行政公益诉讼起诉前置程序是科学合理的,而民事公益诉讼中检察机关的起诉前置程序,在有的领域如生态环境、英烈保护等领域是合理可行的,但其他大部分领域可能会对检察机关履职造成困扰,甚至发生社会组

---

① 参见姜伟:《聚焦反垄断:知识产权检察公益诉讼的新进路》,载《中国检察官》2022 年第 5 期。

织利用起诉优先权谋取利益的情况。① 因此,知识产权行政公益诉讼仍以制发检察建议督促行政机关依法履职为前置条件,而在知识产权民事公益诉讼中检察机关与其他适格主体在诉权上应当实行"平行"顺位,不再设置公告程序,以先诉为原则。

(五)诉讼请求类型

知识产权行政公益诉讼的诉讼请求主要包括撤销特定行政行为、确认特定行政行为违法或者无效、限期履行、予以变更等,与其他领域的行政公益诉讼差别不大,故在此将关注重点放在知识产权民事公益诉讼上。民事公益诉讼绝大多数为侵权类纠纷,其诉讼请求类型一般包括停止侵害、排除妨碍、消除危险、恢复原状、赔偿损失、赔礼道歉等。这些诉讼请求基本上可以分为四大类,即预防性诉讼请求、禁止性诉讼请求、恢复性诉讼请求和赔偿性诉讼请求。预防性诉讼请求最具代表性的就是要求消除危险,主要是在可能会造成侵害公共利益的重大急迫风险的情况下提出,如某种专利技术存在缺陷,导致相关的专利产品存在危及消费者生命财产安全的现实风险,需要提出召回产品、停止生产等诉讼请求。禁止性诉讼请求是针对侵害公共利益的违法行为已经发生,所以要提出停止侵害、排除妨碍的诉讼请求,适用于侵害知识产权、滥用知识产权行为正在进行的所有涉知识产权违法行为。恢复性诉讼请求是要求恢复原状、赔礼道歉等,是在违法行为已经造成公益损害的情况下提出的。赔偿性诉讼请求是要求违法责任主体赔偿损失,这是最为常见的侵权责任承担方式,适用于大多数知识产权公益诉讼案件。知识产权民事公益诉讼案件的诉讼请求应当根据个案的具体情况进行确定,并在侵害他人知识产权或者滥用知识产权主观过错

---

① 2022 年 9 月,最高人民检察院发布的第四十批指导性案例(生态环境公益诉讼主题)中有一个"山东省淄博市人民检察院对 A 发展基金会诉 B 石油化工有限公司、C 化工有限公司民事公益诉讼检察监督案(检例第 165 号)",在检察机关发布公告后,A 发展基金会向法院提起民事公益诉讼。后因 A 发展基金会与两涉案企业达成的和解协议可能损害社会公共利益,经检察机关提出书面异议,法院对和解协议效力不予确认,后依法作出判决。参见《第四十批指导性案例》,载最高人民检察院官网,https://www.spp.gov.cn/spp/xwfbh/wsfbt/202209/t20220914_577177.shtml?_refluxos=a10。

明显且情节恶劣的情况下,可以提出惩罚性赔偿诉讼请求。①

(六)举证责任分配

在知识产权民事领域,不管行为人主观心态如何,凡是未经知识产权权利人许可,也不具备其他阻却违法的正当理由,实施落入受法律保护的他人专有权利范围的行为,即被认为是侵害他人知识产权的行为。易言之,在知识产权侵权领域适用的是无过错责任原则。② 由于大多数的知识产权侵权行为所侵害的对象是某一特定权利主体的专有权,并未导致公共利益受损,不会引起公益诉讼程序的启动。但对于那些因侵害他人知识产权,同时又导致公共利益受损而提起的公益诉讼,提起诉讼的一方只需要提供证据证明侵权行为、危害后果及二者之间存在因果关系,至于侵权行为人的主观是否存在过错则无须进行举证。而对于滥用知识产权而侵害公共利益的案件,提起诉讼的一方除了要证明侵权行为、危害后果及二者之间存在因果关系,还需要证明侵权行为人主观上存在故意。此外,对于有证据证明被告持有对其不利的证据无正当理由拒不提供,或者篡改证据材料及实施其他破坏证据的行为的,应当由其承担不利后果。根据《行政诉讼法》(2017年6月修正)相关规定③,行政机关对其行政行为的合法性负有举证责任,即通常所说的举证责任倒置。因此在知识产权行政公益诉讼案件中,检察机关举证责任相对较轻,无论其举证情况如何,都不影响行政机关对其行为的合法性所承担的证明责任。

在加快建设知识产权强国、构建知识产权大保护工作格局的背景下,构建包括知识产权公益诉讼在内的完备知识产权法律体系,同时兼顾经济创新激励

---

① 对知识产权领域侵权行为提出惩罚性赔偿有明确的法律依据,其中《民法典》第1185条规定,"故意侵害他人知识产权,情节严重的,被侵权人有权请求相应的惩罚性赔偿";第1207条规定:"明知产品存在缺陷仍然生产、销售,或者没有依照前条规定采取有效补救措施,造成他人死亡或者健康严重损害的,被侵权人有权要求相应的惩罚性赔偿。"

② 行为人无过错与故意侵害他人知识产权的区别,仅在于赔偿数额的差别,后者可能引起惩罚性赔偿规则的适用。

③ 《行政诉讼法》第34条规定:"被告对作出的行政行为负有举证责任,应当提供作出该行政行为的证据和所依据的规范性文件。被告不提供或者无正当理由逾期提供证据,视为没有相应证据。但是,被诉行政行为涉及第三人合法权益,第三人提供证据的除外。"

与技术推广普及、个体合法权利与社会公众普遍福祉,把握好知识产权保护与公共利益维护之间的平衡,不断完善社会治理体系、提升社会治理能力,才能做到既有效维护经济社会发展利益,又保护好总体国家安全和技术进步。

第四节　消费者权益保护公益基金的建立和发展

市场经济乃是以消费为导向的经济形态,经营者之生产与消费者之消费为一币之两面,两者循环衔接无碍,社会经济才能正常运行。消费者购买商品与服务的目的在于满足生活消费之需要,而经营者生产商品与提供服务的目的在于最大限度地追求利润。两者诉求不同,立场各异,虽因市场而联系在一起,产生矛盾与纠纷也在所难免。人类社会自进入大规模工业化时代以后,产品的销售范围越来越大,在消费过程中发生的权益损害也往往涉及众多消费者,如何维护人数众多,甚至难以确定范围的消费者的合法权益就成为一大难题。于是,消费公益诉讼被人们设想和提出,并成为在消费时代中维护众多消费者权益的司法利器。

公益诉讼程序发起者与案件本身没有直接利害关系,而诉讼往往耗时费力,除了要求发起者具有一定的专业知识外,还需要其具备一定的经济基础。对此,如果单纯依赖相关主体的热情和积极性不仅难以持久,而且不足以鼓励更多的力量投身公益保护事业。就消费者权益保护领域来说其破解之策有多种,其中一个关键是建立和发展消费者权益保护公益基金。

一、消费者权益保护公益基金的制度基础分析

对于基金,《布莱克法律辞典》的解释是:"为某种特定目的设置的一笔资金或其他流动资产。"根据设置目的的不同,基金可以分为投资基金和公益基金。前者以投资收益为目的,如证券投资基金等,后者以从事社会公益为目的,如环保基金、扶贫基金等。消费者权益保护公益基金,是为了维护和促进消费者权益而设置的专项资金,其受益对象为不特定的消费者,毫无疑问属于公益

基金之一种。在消费日益成为拉动经济增长的"三驾马车"中最关键力量的当下,通过设置公益基金的方式来保护和促进消费者权益,有其必要性与正当性。

(一)有利于对损害赔偿金的合理分配与处置

传统的民事诉讼遵循利害关系原则,要求提起诉讼的原告须与案件有直接利害关系,公益诉讼的引入则突破了这一限制,提起公益诉讼的主体可不与案件有利害关系。有人根据诉讼利益的不同将公益诉讼分为具有直接利害关系的公益诉讼和不具有直接利害关系的公益诉讼,认为前者的发动者与案件本身具有一定的利害关系,即虽然其主要是为了公益,但同时附带有自身的私益在内;后者的发动者本身与案件没有任何的直接利害关系,而是完全依据法律的授权,从维护公益的初衷提起诉讼。① 因此,不具有直接利害关系的公益诉讼也可以称为纯粹公益诉讼,而具有利害关系的公益诉讼可以称为不纯粹公益诉讼。

按照我国现行法律规定,目前可以提起消费公益诉讼的主体仅限于消费者协会和检察机关。一般来说,消费者协会和检察机关不能成为法律意义上的消费者,其对经营者侵害众多不特定消费者合法权益或者具有危及消费者人身、财产安全危险等损害社会公共利益的行为提起诉讼,可以说完全不涉及自己的私利。由于没有直接利害关系,对于经营者支付的赔偿金,消费者协会和检察机关自然无权占有和支配。即使将来我国法律对公民个人提起民事公益诉讼予以放开,但考虑到公益诉讼中被告支付的赔偿金数额具有惩罚性,除了原告受到的损失,还包括潜在受害人及社会公共利益所受的损失。在消费公益诉讼中,对于已获得的赔偿金在由受害消费者获得充分的赔偿后,其剩余部分就应当通过归入公益基金等方式来进行合理处置,让这些赔偿金能继续投入消费者权益保护事业,这也是对潜在受害者和公共利益进行补偿的一种独特方式。

---

① 参见陈阳:《检察机关环境公益诉讼原告资格及其限制》,山东人民出版社2009年版,第19页。

(二)有利于对社会公共利益的救济与维护

公共利益虽然是一个使用广泛的概念,但其内涵不是十分明晰,其随着经济社会、文化传统乃至地域风俗的不同而有调整和变化。古今中外的不少学者都对这一与人类群体或者共同体等密切相关的课题进行过研究和论述,虽然言人人殊,莫衷一是,但大多同意凡公共利益一般具有不可分性、非排他性和不确定性三个特点。公共利益的内容和受益对象都具有相当的不确定性;辐射范围比较广泛,在较大范围内为人们所认可;是对多数人有价值的利益,其超越了任何个体利益,具有公共性。[①]

在商品经济社会中,每一个市民个体无论从事什么职业,哪怕本身就是商品经营者或服务提供者,其一旦到市场上购买商品或接受服务,就成为消费者。可以说,消费者是每一个市民在现代社会所扮演的诸多身份中所必有之一种。在涉及众多消费者的侵权案件中,由于信息占有的不对称、经济实力的巨大差距等因素,处于原子般分散状态的消费者根本无法与经营者颉颃。就某一个具体的消费者来说,可能其涉及的价款并不多,但是购买不合格产品的消费者总数极为庞大,消费价款总额十分惊人。从权利救济或提起诉讼的角度来说,单个的消费者所能得到的利益并不多,但从违法经营者不当获利的可能性来看,如果无人或者只有极少的人主张权利,那么该不法经营者最终将会从其违法行为中获得大量的不当利益。消费公益诉讼则解决了这一难题,它是以处于弱势的人数难以确定的消费者群体为受益对象。虽然在某些情况下,在某一个具体的案件中,可能消费者的人数能够确定下来,但由于其本身具有典型性,代表了某一特定产品、服务或某一类产品、服务的消费者群体,案件的具体审理不仅有关于本次纠纷的当事人,而且对以后同类纠纷的消费者都会产生辐射利益。因此,这部分消费者的利益,也应视为公共利益的范畴。

由消费公益诉讼而获得的损害赔偿金,本身包含超出违法经营者不当得利数额的制裁和惩罚,包括权益受损却没有或不愿提起诉讼的消费者的损害,在

---

① 参见潘申明:《比较法视野下的民事公益诉讼》,法律出版社2011年版,第27~28页。

对有明确受害人的部分支付赔偿后,利用剩余的款项成立公益基金,继续从事该领域消费者权益的发展和维护事业,就成为消费公益诉讼配套制度完善的方向和目标。从这个意义上来说,不仅是消费公益诉讼的提起关乎公共利益的维护,相关配套基金的建立也是公益事业进一步发展的题中应有之义,而这对于社会利益的救济与维护有着十分重要的意义。

(三)有利于对损害公益违法行为的威慑预防

消费公益基金的资金来源主要是消费侵权案件中违法经营者支付的损害赔偿金,而立法者规定损害赔偿金制度,尤其是惩罚性的损害赔偿金制度,其本意无外乎追求一种威慑预防及补偿的功能。法律设置 2 倍、3 倍乃至 10 倍的惩罚性赔偿金,目的在于剥夺违法经营者因违法行为所获得的不法收益。只有当赔偿金的数额等于或者大于其不法收益时,才能使经营者无法从自己的违法经营行为中获益。违法经营者承担的不利法律后果必须足以产生威慑,使其最终不敢乃至不愿再从事此类违法行为。同时,惩罚性赔偿金的支付也会向社会上其他的经营者传递一种信息,即任何侵害消费者合法权益的行为都是违法行为,都将受到法律的严厉惩罚,从而使潜在的违法者从中受到教育和威慑,消除违法的思想根源,养成良好的规则意识,最终成为诚实守信、合法经营的市场主体,市场秩序由此得以维护,经济环境也最终得以净化和规范。

在大规模工业化生产条件下,产品销售范围通常极为广泛,故受不合格商品侵害的消费者群体往往也极为庞大,人数和范围甚至难以确定。除非是对人身健康、财产安全造成了重大损失,很多消费者出于时间精力、成本收益及信息掌握等方面的原因,可能根本不会对不法经营者提出诉讼。这就使违法行为所造成的外部社会成本未能有效地内部化,容易使违法经营者心存侥幸,为其继续实施违法行为留下空间。惩罚性赔偿金的引进正是考虑到此一情况,让违法经营者所支付的高额赔偿金中隐含其他权益受到侵害而未提起诉讼的消费者的补偿。对于违法的经营者来说,判处惩罚性赔偿金虽然可以发挥威慑和预防的功能,但对于权益被侵害的消费者,尤其是那些未曾向公权力机关主张权利的消费者来说,却不一定能获得相应的救济与补偿。于是,利用消费公益诉讼案件中判处的赔偿金设立消费者权益保护公益基金,就成为补上"最后一公里"正义罅隙的替代手段。

二、消费者权益保护公益基金的运作模式

对于公益基金的运作模式,实践中主要有两种,即基金会模式与公益信托模式。这两种运作模式各有其特点与优势,下面分而论之。

(一)基金会模式

《世界基金会指南》对基金会的定义被普遍认为具有权威性,它认为基金会是一个非政府、非营利的组织,它有自己的资金,由其受托人或者董事会管理,旨在资助教育、慈善、宗教等社会公益事业。① 根据传统大陆法系民法学说理论,法人可分为公法人与私法人,而私法人又可进一步细分为社团法人与财团法人。社团法人以人的集合为成立之基础,如公司、学会等,而财团法人以财产集合为成立之基础,如基金会、教堂、学校等。② 我国立法对私法人的分类不以社团法人和财团法人为标准,而提出了营利法人和非营利法人的概念。非营利法人又进一步分为事业单位法人、社会团体法人和捐助法人。按照我国《民法典》(2020年5月通过)的分类和规定,基金会为捐助法人,是为公益目的以捐助财产设立,具备法人条件,经依法登记成立的非营利法人。③ 基金会模式有以下主要特征:

1.基金会以公益为目的。基金会是非政府组织,其财产主要源于国内外自然人以及企事业单位、社会团体等组织的捐助。作为非营利法人,基金会的设立目的就是通过资金资助推进公益事业的发展,其主要的对外活动就是将所接受的捐助财产用于实现特定的公益目的。

---

① 参见吴锦良:《政府改革与第三部门发展》,中国社会科学出版社2001年版,第295页。
② 参见梁慧星:《民法总论》,法律出版社1996年版,第121页。
③ 《民法典》第87条规定:"为公益目的或者其他非营利目的成立,不向出资人、设立人或者会员分配所取得利润的法人,为非营利法人。非营利法人包括事业单位、社会团体、基金会、社会服务机构等";第92条第1款规定:"具备法人条件,为公益目的以捐助财产设立的基金会、社会服务机构等,经依法登记成立,取得捐助法人资格。"

2. 基金会取得捐助法人资格。从设立条件来看，基金会必须按照法律规定的法人设立方式设立，有自己的章程，满足法定的最低资产限额条件，经依法登记成立，取得捐助法人资格，才能从事相关业务活动。在依法登记成立后，基金会的财产与捐赠人以及基金会的理事会、监事会等决策、监督、执行机构人员的自有财产相分离，基金会享有法人财产权。

3. 基金会有自己的组织机构。基金会依法设立理事会等民主管理决策机构，理事长为基金会的法定代表人。此外，还要设立相应的执行机构和监督机构等法人机关。与社团法人不同的是，基金会没有自己的意思形成机关，它只能依据章程规定进行运作，任何管理人员都不得改变基金会的章程。

4. 基金会没有成员。与社团法人不同，基金会以财产集合为中心，没有自己的成员或会员，其管理者仅能依据章程规定进行管理和运作，管理者的变动不影响基金会的法律人格和存续。管理者本身并非基金会的成员，对基金会不具有剩余索取权。基金会终止时，其剩余财产不得向出资人、设立人、管理人进行分配，而应当分配用于公益目的。

1981 年 7 月成立的中国儿童少年基金会是我国第一家公益基金会。自 2004 年 6 月《基金会管理条例》施行以来，我国的基金会发展极为迅速。2004 年全国范围内共有基金会 736 家（其中公募 558 家，非公募 178 家），到了 2016 年 2 月，全国基金会数目就达到 4876 家（公募 1547 家，非公募 3329 家）。就资产增长来说，2009 年全国公益基金行业净资产 400.15 亿元，而到 2014 年，这一数值已达到 1055.25 亿元。① 截至 2023 年 12 月，中国境内正常运行的基金会共有 9711 家，其中具有公开募捐资格的基金会有 1061 家。截至 2021 年年底，全国基金会净资产规模达到 2493 亿元，平均净资产规模为 3370.8 万元。②

在我国公益基金会良好发展的前景下，却有着一个不容忽视的问题，即在这些非营利基金中，参与投资理财的数量不多，能够实现自我保值、增值的过

---

① 参见王鑫等:《中国公益基金投资管理优化的思考》，载《金融与经济》2016 年第 5 期。
② 参见叶红梅:《中国基金行业数据发布，近半数基金会项目支持教育领域》，载新京报官方微博 2024 年 1 月 15 日，https://mr.mbd.baidu.com/r/1BBKk2UQk4o? f = cp&rs = 3678442989&ruk = jeDx9a Qk7omYFIRGvtwaJg&u = 9598bb6ceccc2139。

少。好不容易募集来的公益资金,很多都没有充分发挥其保值、增值的功能,基本上处于一种停滞状态,这实际上是一种浪费和不作为。公益基金虽然以公益为目的,不以营利为追求,但并不等于说其本身不能获利。只有实现基金本身的保值、增值,才能加大对公益的投入,更充分地发挥其功能,实现当初设立基金之初衷。

(二)信托模式

信托是委托人为了特定的目的,将其财产委托给受托人,由受托人以其自己的名义,按照委托人的意愿进行管理或处分的行为。为了实现委托人的特定目的,完成信托财产的使命,保持信托财产的独立性,必然要求将信托财产与受托人之固有财产进行分离。就受托人来说,不仅要对其资格进行规范和限制,对其管理信托财产的行为也要严加监督。不少公益基金采用信托的方式对资金进行管理运作,这在经济和法律上均不失为一种智慧的处理方式。通过信托的方式将资金委托给作为受托人的基金管理人,由基金管理人依据信托合同进行管理,双方的权利、义务依据信托法的规定和合同的特别约定来确定。

将信托财产与托管人的财产和受托人的财产分开,使信托财产具有独立性和稳定性。公益信托设立后,受托人将信托财产与其固有财产分别管理、分别记账,并将不同委托人的信托财产分别管理、分别记账。对于管理、运用基金财产而取得的财产和收益归入基金账户,由此产生的债务也由基金负担,托管人和受托人不承担责任。基金为了特定目的而设立,基金管理人必须围绕该目的进行运作,不得为他人提供担保及从事特定目的以外的活动。

除了具有信托的一般特征,公益信托还具有自己的独特之处:

1. 信托目的的公益性。虽然由于经济社会发展阶段和历史文化背景的不同,每个国家对社会公共利益的范畴界定存在差异,但对于公益信托均强调其目的的公益性。我国《信托法》(2001年4月通过)第60条规定了属于公益信托目的的七种情形,包括扶贫、救灾、教育、医疗、环保等公益事业。

2. 受益人具有不特定性。信托的设立,除了委托人、受托人,一般还有明确的受益人,当然受益人也可以和委托人、受托人重合。在私益信托中,受益人都是特定的民事主体,而公益信托的受益人是特定范围内不特定的社会公众。虽然按照信托合同最终也能确定具体的受益人,但这些所谓的受益人在权利上与私益信托中的受益人不同,在资格上受到很大的限制。

3.信托目的具有排他性。公益信托既为公益目的而设立,则其初衷或意图应全部出于公益,不应带有其他非公益的内容,否则所谓的公益即会受到质疑。对此,全国人大《信托法》起草工作组在《〈中华人民共和国信托法〉释义》[①]中指出,公益信托是委托人为了社会公益目的而设立的信托,其目的必须有利于全社会或者社会中的部分公众。要使所设立的信托属于公益信托,就必须使该信托设立的目的完全彻底地属于公益目的,而不能包括任何非公益目的。

(三)两种模式之比较

消费者权益保护基金是采用基金会这种捐助法人的方式,还是委托给专业组织的信托方式,关键是看在具体条件下,哪一种方式更为合适。两种方式虽然都能实现保护消费者权益,促进社会公共利益的目的,但也存在明显的区别:

1.设立条件不同。从形式上来说,设立基金会除为特定公益目的,还需要具备较高的条件,如达到原始基金限额,有规范名称、章程、组织机构和专职工作人员,有固定住所,能独立承担民事责任等,而且需要业务主管单位同意,并经过省级以上人民政府民政部门依法登记。公益信托的设立则相对简单,在经公益事业管理机构批准后,托管人依照信托法与受托人订立信托合同,合同一经签订,信托即告成立。如采用其他书面形式,则在受托人作出承诺时,信托即成立。

2.财产分离状态不同。就财产权的状况来说,基金会一经成立,基金财产即与捐赠人财产相分离,由基金会享有法人财产权。而公益信托的基金财产,在信托设立后,不仅与托管人的财产相分离,而且与受托人所有的财产也相区

---

① 参见全国人大《信托法》起草工作组:《〈中华人民共和国信托法〉释义》,载中国人大网,http://www.npc.gov.cn/zgrdw/npc/flsyywd/jingji/2003-11/14/content_324171.htm?_refluxos=a10。

别,不得归入受托人的固有财产或者成为固有财产的一部分,以保证其完全用于既定的信托公益目的。

3. 管理使用公益资金的要求不同。从对资金的管理使用来看,基金会需要按照《基金会管理条例》等法律法规安排使用资金,如公募基金会每年用于从事章程规定的公益事业支出,不得低于上一年总收入的70%;非公募基金会每年用于从事章程规定的公益事业支出,不得低于上一年基金余额的8%。而公益信托对基金的使用相对更为灵活,如何安排使用基金及通过什么途径实现保值、增值,取决于托管人与受托人的约定和选择。可见,基金会和公益信托两种运行方式各有特色,在消费者权益保护方面,也各有其适用价值和发挥功能的空间。相比较而言,基金会模式更适用于活动范围广泛,业务持久稳定,基金数额较大的情况;而信托模式方式简便,成本不高,基金数额和存续时间富有弹性,小额的资金也可以实现自由参与公益的目的。

三、对我国消费者权益保护基金设立及运作模式的思考

在实践中,基金会模式与公益信托模式在运作上各有所长,基金会适合稳定持续的大额基金,公益信托适合形式多样的小型基金管理和运作。因此,就消费者权益保护来说,基金会和公益信托两种模式可以根据具体情况灵活选择,以充分发挥两种制度造福社会的功能。

(一)充分发挥基金会在消费者权益保护中的基础性作用

由于成立基金会的要求较高,需要满足法定的最低资产限额[①]等条件,具体操作和运行较为复杂,非筹集较大数额的资金及具备相关专门人才不能设立。因此,可以考虑在全国层面和有条件的省级范围内设立消费者权益保护公益基金会。1989年11月成立的中国保护消费者基金会,为全国性、非营利的公益性社会团体,其基金主要用于奖励为保护消费者权益作出突出贡献的单位

---

① 根据《基金会管理条例》(2004年2月通过)的规定,全国性公募基金会的原始基金不低于800万元人民币,地方性公募基金会的原始基金不低于400万元人民币,非公募基金会的原始基金不低于200万元人民币,而且原始基金必须为到账货币资金。

和个人，开展消费教育，资助和参与商品检验，进行消费调查和引导消费工作，资助保护消费问题研究和宣传活动，支持受损害的消费者提起诉讼，救助受损害的消费者。

从公益事业发展角度考虑，在全国层面还可以再成立一到两家相关的基金会，分领域、有重点地投入发展和维护消费者权益的事业中。在经济发达、具备条件的省域，也可以考虑成立相关的消费者权益保护基金会，在本省范围内从事消费者权益保护工作。成立基金会的原始基金可以是财政拨款、企业捐赠、公众募捐，也可以来自特定消费公益诉讼案件的赔偿金，等等。

在新的时代条件下，消费者权益保护类基金会应实现理念和角色的转变，不断完善自身结构，强化公益项目的专业化管理水平，探索实现基金的保值和增值功能，丰富公益基金的运作经验，充分发挥基金会在消费者权益保护中的基础性作用。

（二）对于众多小额基金应充分发挥信托模式的优势

相较于基金会的模式，信托运作模式更为灵活，受托人的选择范围也更为广泛，既可以委托基金会运作，也可以选择在投资理财方面具有较强专业能力和丰富管理经验的信托投资公司来对信托财产进行管理运作。

1. 以基金会作为受托人。自然人或者企业等组织有回馈社会的想法，愿意拿出一定的资金投入消费者保护类公益事业，或者消费民事公益诉讼案件的赔偿款项，无论是消费者协会提起，还是检察机关提起，均可以用来设立消费类的专项公益基金。在设立主体不愿意、不合适或者无力管理、运作基金的情况下，可以将所设立的专项基金通过公益信托的方式，选择由其他相关的基金会进行托管，以实现服务于社会公益的目的。

2. 以信托投资公司作为受托人。信托投资公司作为专业理财机构，可以根据市场需要，按照信托目的、信托财产的种类或者对信托财产管理方式的不同设置信托业务品种。信托投资公司管理运用或处分信托财产时，可以依照信托文件的约定，灵活采取投资、出售、存放同业、买入返售、租赁、贷款等方式进行，确保信托财产保值、增值。

根据2007年1月中国银行业监督管理委员会发布的《信托公司管理办法》第17条规定，信托公司可以根据《信托法》等法律法规的有关规定开展公益信托活动。将公益基金委托给专业的信托投资公司，后者通过有针对性的设计信托产品，可以吸引到众多的投资者，将投资收益与公益目的结合起来，扩大公益事业的影响力及参与群体的数量，更有利于信托财产的保值、增值，并最终推动相关公益事业的快速成长。

作为民事诉讼的一种，消费民事公益诉讼的诉讼请求除了要求停止侵权行为，还应当可以主张赔偿损失。赔偿损失是适用最为广泛的一种责任形式，既可以适用于违约责任，也可以适用于侵权责任。普通消费诉讼由特定消费者提起，毫无疑问可以提出赔偿损失的诉求。但消费民事公益诉讼提起者代表的是不特定消费者，所获得的赔偿款可能无法向难以明确的消费者一一支付，因此对于公益诉讼是否可以提出损害赔偿的诉讼请求，在一段时间内理论界和社会舆论曾有所争论，相关机关对此也一度较为迟疑①。如果设立有相应的公益基金，提起公益诉讼所获得的赔偿款便可以放在公益基金里，用于之后的消费者维权专项活动，或者表彰对消费者维权有贡献的个人和机构。对此，一些地方已经进行了积极而有益的尝试。如江苏省海安市史某某设摊制售小笼包，为使包子松软更好看，在2016年11月至2017年4月，其在生产过程中添加含铝的香甜泡打粉，经海安市人民检察院提起公益诉讼，法院判决史某某赔偿2万元，并在媒体上公开赔礼道歉，此外判决还明确要求将上述2万元赔偿款由检察机关纳入公益基金依法管理。② 消费者权益保护公益基金的设立、管理和运作是一个相当复杂的问题，其涉及行政、司法等诸多部门的工作，只有使相关的制度问题获得有效的解决和应对，消费者权益保护乃至于公益诉讼，才能够行稳致远。

---

① 《最高人民法院关于审理消费民事公益诉讼案件适用法律若干问题的解释》第13条第1款规定："原告在消费民事公益诉讼案件中，请求被告承担停止侵害、排除妨碍、消除危险、赔礼道歉等民事责任的，人民法院可予支持。"该司法解释对于消费民事公益诉讼的诉讼请求的列举，唯独缺少了"赔偿损失"这一类别。

② 参见《典型案例：海安市院"铝包子"刑事附带民事公益诉讼案》，载南通市人民检察院网，http://nt.jsjc.gov.cn/tslm_8051/dxalts/201812/t20181219_705601.shtml?_refluxos=a10。

后　记

"麦随风里熟，梅逐雨中黄。"正值南京梅雨之季，终于完成了定稿。掩卷而思，虽自觉仍有诸多不足不敷之处，但在此完稿之际，仍有孙行者腾出五行山之豁然。初稿完成殊为艰难，此后又数易其稿，历时两载有余。回首来时之路，心尚历历有所动。其间所经历之彷徨、苦闷、艰难、困苦又何足为外人道，然生而不敏，虽庶竭驽钝，仍竭蹶步趋常不相及。踌躇难继之时，常感自己学力不够，积累不足。现虽完稿，至于能否达其最初目标，心中实有未安。

此书之能最终付梓，尚赖省检察官协会在经费上之资助，盛致谢意。当此之时，尤其应当提及的是，更有自来所受之大量无私指导、关爱、支持与帮助。在书稿之撰写、修改、出版过程中，分管领导陶国中副检察长不时予以热心之鼓励与慷慨之支持。对于公益诉讼之思考，曾得李浩师之指导，于此出版之时又得其赐序。陆军二高不时点拨，数次坚我志向。检察公益诉讼部立武主任在工作分配上多所照顾，俾得精力以作成其事。研究室学武主任顾念勉导，受益良多。马融老师热心相助，每有解惑释疑之言。出版社许睿老师耐心细致，不仅就书稿提出宝贵意见，又躬自担当多有协调，予我以鼎力之支持。向诸位领导、老师、同仁表示由衷之感谢，并祝身体健康，事业顺利。

我之能踽踽坚持完成此书，亦得力于爱人梅华与一双儿女之付出与忍耐，他们之鼓励与支持，常使我无力时有力，有力时前行。对两年来在家庭角色上之缺位及家人之宽厚理解与帮助，自己愧意与感动并存。

在书稿之撰写、出版过程中,尚得多位同事、朋友之帮助。在此虽未一一列出,然将常念于心间。

兔走乌飞,逝者如斯不舍昼夜;白驹过隙,弹指一挥恍然两年。疏影梧桐映夏日,金陵无处不飞絮。在这仲夏之月,满城梧桐飘絮如雨之时写下此后记之文。

杨学飞

2025年6月17日

于南京水佐岗寓所